협업의 시대
COLLABORATION

The Power of
COLLABORATION

개인의 역량을 극대화하는 힘
협업의 시대
COLLABORATION

테아 싱어 스피처 지음 · 이지민 옮김

보랏비소
Borabit 之 Cow

옮긴이 이지민

책이 좋아, 글이 좋아 5년 동안 다닌 직장을 그만두고 번역가가 되었다. 고려대학교에서 건축공학을, 이화여자대학교 통번역대학원에서 번역을 공부했으며 현재는 뉴욕에서 두 아이를 키우며 틈틈이 번역을 하고 있다. 《철도, 역사를 바꾸다》, 《멋진 건축이야기》, 《쉿! 방해하지 마》, 《미운 오리 티라노》, 《너의 사춘기를 응원해》, 《긱 이코노미》, 《어반하우스》, 《마이 시스터즈 키퍼》, 《망각에 관한 일반론》, 《시간여행자를 위한 고대 로마 안내서》 등 서른 권 가량의 책을 우리말로 옮겼으며, 저서로는 《그래도 번역가로 살겠다면(전자책)》, 《어른이 되어 다시 시작하는 나의 사적인 영어 공부(전자책)》가 있다.

협업의 시대
COLLABORATION

초판 1쇄 발행 | 2019년 2월 10일

지은이 | 테아 싱어 스피처
옮긴이 | 이지민
펴낸곳 | 보랏빛소
펴낸이 | 김철원

기획·편집 | 김이슬
마케팅·홍보 | 박소영
디자인 | 전병준

출판신고 | 2014년 11월 26일 제2014-000095호
주소 | 서울특별시 마포구 월드컵북로6길 60, 덕산빌딩 203호
대표전화·팩시밀리 | 070-8668-8802 (F)02-338-8803
이메일 | boracow8800@gmail.com
ISBN 979-11-87856-66-5 03320

진정한 협업에는
새로운 전략이 필요하다

유명한 재즈 앙상블의 일원인 여덟 명의 음악가가 새로운 곡을 열심히 연습 중이다. 기량이 뛰어난 음악가 개개인이 자신의 파트를 연주하는 소리가 꽤 듣기 좋다. 그러다가 다 같이 연주하기 시작하고 갑자기 기가 막힌 일이 벌어진다. 연주곡이 활기를 띠기 시작하는 것이다. 더 이상 그저 숙련된 음악가 몇 명이 내는 소리가 아니다. 그들이 연주하는 악기가 서로 녹아들어 하나의 풍부하고 단일한 목소리가 탄생한다. 음악가들 사이에 독특한 대화가 이루어진다. 바로 '음악성'이다.

이 장인들이 업무 현장에서 하나의 팀을 이룬다고 생각해보자. 이 놀라운 협업의 결과, 아이패드나 터보텍스(세금 환급 신청 프로그램-옮

에일린 조르나우 그림

간이)가 탄생하고 농구팀이 승리를 거둔다고 생각해보자. 직원이나
관리자로서 우리의 역할은 개인이나 팀의 노력을 하나로 합쳐 이
같은 '멋진 음악'을 만드는 것이다.

　연주팀이 협업을 잘할 경우 관객을 도취시킬 수 있으며 그래미상
을 거머쥘 수도 있다. 이와 마찬가지로 협업을 잘하는 업무팀은 수
많은 고객과 직원, 주주를 행복하게 만들 수도 있다. 반대로 협업이
잘 이루어지지 않을 경우 평범한 제품이나 심지어 실패한 제품이 탄
생할 수 있다. 이러한 실패는 기업 내에서 쉽게 찾아볼 수 있다. 개
인과 팀은 집중할 대상을 두고 치열하게 경쟁하는 사이일 수 있지
만 어쨌든 서로 협업하지 않을 경우 실패작을 낳게 된다.

지난 수십 년 동안 업무 현장에서 더 나은 협업이 이루어지도록 많은 노력을 기울인 결과 큰 발전이 있었다. 그럼에도 불구하고 직원들이 효과적으로 협업할 수 있도록 만드는 일은 여전히 관리자와 직원들을 밤잠 설치게 만드는 골치 아픈 문제다. 아직 개선해야할 점이 많다. 기존 방식을 고수할 경우 이 성가신 문제를 제대로해결할 수 없다. 우리에게는 새로운 모델이 필요하다.

실리콘밸리의 마법

경영 컨설팅 관리자로 30여 년 활동하면서 나는 수많은 전문분야를 탄생시켰다. 기업들이 해당 분야에서 도움을 필요로 했기에 개발한 것도 있지만 내 열정에 기인한 것들도 많다. 협업 분야에서 내전문성은 기업의 요구와 내 열정이 융합된 결과물이다. 나는 다양한 분야의 수많은 기업에서 직원들이 효율적인 협업으로 업무 성과를 향상시키는 데 기여했으며 마이크로소프트와 거대 통신업체 GTE(현 버라이즌)에서 협업 프로그램을 개발해 상을 받기도 했다.

지난 수년간 샌프란시스코 배이 지역의 수많은 기업과 일해오면서 나는 그곳 직원들의 협업방식이 다른 곳과는 다르다는 사실을 알게 되었다. 실리콘밸리에서는 마법과도 같은 일이 벌어지고 있다. 경험과 관찰을 토대로 나는 실리콘밸리 협업방식(Silicon Valley

Approach to Collaboration, SVAC)을 개발했으며, 스물여덟 명의 실리콘밸리 리더들을 인터뷰해 이 방식을 보다 정교하게 가다듬었다.

모든 기업이 이 방법을 쉽게 활용하고 직원들이 협업을 통해 눈부신 성공을 거둘 수 있도록 돕는 것이 이 책의 목표다.

▌실리콘밸리의 성공 비법

'실리콘밸리'라는 별칭은 1970년대 초 탄생했다. 이는 실리콘칩 제조업체들이 집중되어 있는 남 샌프란시스코 배이 지역을 일컫는 명칭이었다. 시간이 지나면서 이 지역은 훨씬 더 넓게 확장되어 북쪽으로 샌프란시스코 시에서부터 남쪽으로 새너제이 대도시권까지 이어지며 이스트 배이 지역의 상당 부분을 아우르게 되었다.

실리콘밸리는 물리적인 경계뿐만 아니라 상징적인 경계 또한 확대되었다. 그리하여 현재는 기술, 생명공학을 비롯한 기타 산업을 가리키는 유행어로서뿐만 아니라 특정 업무와 생활양식을 가리키는 비유어로도 사용된다.

실리콘밸리는 성공적인 기업을 구축하는 것으로 유명하다.

- 혁신의 주요 발생지로 전 세계에서 1인당 특허 건수가 가장 많다.[1]

- 대도시권 중 가장 많은 투자를 유치한다.[2]
- 전 세계 상위 300개 대도시 중 GDP가 세 번째로 높다.[3]
- 캘리포니아 경제 규모가 전 세계 6위를 차지하는 가장 큰 이유가 바로 실리콘밸리 덕분이다.[4]

실리콘밸리는 다양한 영역에서 사람들의 삶을 풍요롭게 만드는 최첨단 혁신 제품을 구축함으로써 명성을 쌓았다. 기술 분야뿐만 아니라 태양에너지, 고급 의료 서비스, 제약 등 수백만 명의 사람들에게 영향을 미치는 수많은 분야가 이에 해당된다.

많은 이들이 실리콘밸리의 성공 비법을 알고 싶어 한다. 그 비법 중 하나가 바로 독특한 협업방식이다. 실리콘밸리의 기업들은 기존의 사업 모델과 도구를 적용하는 데서 한 발 더 나아갔기 때문에 성공할 수 있었다. 그들은 자신도 모르는 사이에 새로운 협업 모델을 개발하기 시작했다. 나는 이 새로운 모델을 설명한 뒤 기업의 목표를 달성하기 위해 이 모델을 적용할 수 있는 보편적인 방법을 제시할 것이다.

실리콘밸리의 협업방식은 왜 그렇게 독특한 것일까? 그곳에서 일하는 사람들은 대부분 협업과 관련해 실질적인 관점을 유지한다. 그들은 결과를 중시한다. 그리고 서로의 지식을 활용할 때, 더 나은 결과로 이어지는 실속 있는 대화에 정직하고 성실하게 참여할 때, 원하는 결과가 나온다는 것을 그들은 경험을 통해 알고 있다.

실리콘밸리 사람들은 협업의 잠정적인 단점도 잘 알고 있다. 많은 사람이 참여할 경우, 특히 서로 견해차가 존재할 경우, 때로는 일을 진행하는 데 더 오랜 시간이 걸린다는 사실을 알고 있다. 또한 하던 일을 잠시 멈추고 다른 이들을 도울 때 본업에 일시적으로 집중하지 못한다는 사실도 안다. 하지만 비용 대비 이득을 고려해보면, 협업은 제대로 이루어질 경우 장점이 단점보다 훨씬 더 많다. 다행히 협업의 성공 사례는 실리콘밸리에만 국한되지 않는다. 이 지역의 교훈은 모든 기업이 성공을 거두는 데 적용될 수 있다. 이 책에서는 협업이 제대로 이루어진 수많은 사례를 곁들여 실리콘밸리의 협업방식(Silicon Valley Approach to Collaboration, 이하 SVAC)을 자세히 소개하고자 한다.

| 왜 지금 협업이 더 절실한가

새로운 협업 모델은 특히 지금 시의적절하다. 비슷한 사고방식을 지닌 상대에게는 쉽게 마음을 내주고 그렇지 않은 사람과는 거리를 두려는 사람이 증가하는 추세이기 때문이다. 정반대의 관점을 지닌 사람 간의 균열이 업무 현장에 침투하고 있다. 그로 인해 분열이 일어나고 그동안 조화롭게 일하던 직원들 간에 신뢰가 무너지고 있다. 일부 경우 상대를 소외시키는 '우리 대 그들'의 사고방식이 팽

배해지면서 협업이 더욱 어려워지고 있다.

더 나은 협업을 위해서는 이러한 균열을 먼저 메워야 한다고 생각하는 사람들이 있다. 하지만 꼭 그런 것만은 아니다. 성공적인 협업을 원한다면, 상호 신뢰 하에 다양한 관점을 융합함으로써 적절한 해결책을 내놓을 수 있도록 열린 대화를 시도하면 된다. 이 책에서 제안하는 협업방식에 내포된 철학과 실천방식은 협력적인 문화를 구축하는 동시에 이러한 분열을 메우고 '우리 대 그들'의 사고방식에서 벗어나도록 하는 데 도움이 될 것이다.

▮ 이 책에서 다루는 내용

1장에서는 협업의 정의를 정립하고 왜 협업을 해야 하는지 그 중요성을 살펴볼 것이다. 2장에서는 협업을 추구하는 사람들의 신조(ethos)와 중요한 특징을 몇 가지 살펴볼 것이다. 예상 밖의 특징에 놀랄지도 모르겠다.

3장에서는 실리콘밸리에서 이루어지는 협업의 세계로 더욱 깊이 들어가 내가 인터뷰한 리더들이 전해준 상당히 성공적인 협업 사례를 몇 가지 살펴볼 것이다.

4장에서는 SVAC를 본격 소개한다. SVAC와 세 가지 중점 대상(개인의 역량, 팀 도구, 기업 관행)을 개략적으로 살펴볼 것이다.

나머지 장에서는 이 모델을 실현하는 데 반드시 필요한 세 가지 중점 대상을 보다 자세히 살펴볼 것이다. 5장, 6장, 7장에서는 개인의 역량을, 8장과 9장에서는 팀 도구를, 10장, 11장, 12장에서는 기업 관행을 살펴볼 것이다. 13장에서는 이 방법을 적용한 전사적 협업 신조의 비법을 살펴볼 것이고, 마지막으로 14장에서는 다음 단계로 나아가기 위해 밟아야 할 절차를 제안한다.

▎인터뷰에 참여한 실리콘밸리 리더들

이 책을 집필하면서 나는 스물여덟 명의 리더들을 인터뷰했다. 그들은 친절하게도 기꺼이 자신의 경험을 공유해주었다. 그들과의 인터뷰가 없었다면 이 책은 이렇게 생생한 정보를 담지 못했을 것이다. 이들에 관한 정보는 다음 표에 나와 있다.

이 표에는 인터뷰 당시 몸담고 있던 회사명으로 소속이 명시되어 있지만, 그들이 제공한 답변은 대부분 수많은 실리콘밸리 기업에서 일한 경력을 바탕으로 한 다양하고 폭넓은 경험에서 우러나온 것이다. 그들이 전해준 사례는 특정 기업의 공식적인 관점이 아니라 그들 자신의 관점을 반영한다. 일부는 이 리더들과 그들이 소속된 기업의 허락을 받아 공개했으며 나머지는 기업과 직원들의 사생활 보호를 위해 익명으로 처리했다.

소속을 밝힌 스물두 명과 익명을 택한 여섯 명의 리더들은 실리콘밸리 기업들이 협업을 꾀하는 방식에 관해 풍부한 정보를 제공해준다. 이들은 다양한 분야에 속해 있으며 연령 또한 서로 수십 년이나 차이가 난다. 소속된 기업들 역시 직원 수가 수백 명에서 10만 명 이상에 이르기까지 다양하다. 일부는 실리콘밸리 지역에서만 활동하지만 다른 이들은 미국 내 다른 지역에서 혹은 전 세계적으로 활동하며, 이들이 속한 산업 분야 역시 소셜미디어, 예능, 의료 서비스, 의학, 자동차, 금융, 전자, 게임, 장난감, 기술, 소매, 상업 등 다양하다.

인터뷰에 참여한 리더	고용주
하나의 기업에 소속된 리더	
기셀라 부쉬	샌디스크
애덤 클락	일렉트로닉 아츠
존 도날슨	판도라
마리안 프랑크	시스코 시스템즈
조지 글래스콕	제넨텍
마이크 글래스	마이크로소프트(애자일에서 보여준 전문가다운 리더십으로 유명하다)
에이미 핸론-로드미히	마일스톤 테크놀로지
더그 해슬럼	루시드 모터스
제이크 허프만	인튜이트

길리안 퀴너	퍼머넌트 메디컬 그룹(카이저 퍼머넌트)
짐 마그래프	구글
마이클 멀리건	메카닉스 뱅크
로렌스 나단	카이저 퍼머넌트
제이슨 스코빌	페이스북
폴 발렌티노	램버스
다수의 기업에 소속된 리더	
무니르 브히마니	MBLOGIC 주식회사
론 릭티	론 릭티 컨설팅
클린트 린치	실리콘밸리 이그제큐티브
매들린 슈로더	스터디에이스
러스 쇼	글로벌 테크 어드보케이트 앤 테크 런던 어드보케이트의 공동창립자
더그 월튼	DNA 글로벌 네트워크
킴벌리 위플링	실리콘밸리 얼라이언스의 공동 창립자이자 작가

이 책의 뒷부분에서는 모든 기업의 요구를 충족시킬 수 있는 실질적이고 통합적인 협업 방법을 소개한다. 협업을 저해하는 행동이나 기업정책을 지나치게 길게 나열함으로써 독자에게 부담을 줄 생각은 없다. 그로 인한 불편함을 우리는 익히 알고 있다. 해서는 안 되는 일을 강조하는 책은 필요 없다. 실천할 수 있는 것들이 중요

하다.

자, 이제부터 여정을 떠나보자.

| 목차

5부 좋은 기업을 넘어
위대한 기업으로

협업의 3가지 구성요소가 잘 어우러지면 협업 신조가 생겨난다. 자연스럽게 협업이 이뤄지는 조직문화가 자리 잡게 되는 것이다. 그런 조직의 실제 사례를 살펴보고, 제시된 질문지를 통해 현재의 협업 실태를 진단해본다.

1부

함께 가면
더 멀리, 더 혁신적으로
나아갈 수 있다

협업의 진정한 의미와 가치는 무엇이고, 언제 어떻게 활용해야
하는가? 협업을 가능케 하는 핵심 철학은 무엇인가? 협업의
필수 요소들이 조화롭게 어우러진 이상적인 조직은 어떤 모습
일까?

1 /
시대가 원하는 성장 동력,
협업의 힘

우리 삶에 큰 영향을 미치는 놀라운 결과물은 상당
수가 협업으로 탄생했다. 미국의 헌법은 서른아홉 명이 머리를 맞대
어 제정했다. 마리 퀴리와 피에르 퀴리 부부는 함께 라듐을 발견해
노벨상을 수상했으며, 제임스 왓슨과 프란시스 크릭은 모리스 윌
킨스, 로잘린드 프랭클린과 협업해 DNA의 비밀을 밝혔다. 존 레논
과 폴 매카트니, 조지 해리슨, 링고 스타가 대중음악을 영원히 바꾸
어놓은 것도 협업의 결과물이다.

협업은 사업을 운영할 때도 중요한 역할을 한다. 예를 들어, 링크
드인(Linkedin)을 창립하고 운영하는 데 협업이 미친 영향은 어마어마
하다. 링크드인 창업자 레이드 호프만은 혼자 힘으로 회사를 창립

할 수 있었지만 동료들과 힘을 합칠 경우 판도를 뒤바꿀 만큼 획기적인 결과물이 탄생하리라는 것을 알았다. 그는 협업을 했고 그 결과 오늘날 링크드인의 사용자는 전 세계적으로 5억 명이 넘는다. 협업은 여전히 업무 수행방식의 주요한 특징인 것이다.[1]

사람들이 각자의 전문성을 집단의 지성에 녹여냈기에 탄생할 수 있었던 이 같은 발견물이 없다면 이 세상은 어떠한 모습일까?

협업은 인간의 본성이다. 만 년 전인 초기 농경시대의 증거에 따르면, 사람들은 집단을 이루고 살았으며 협업했음을 알 수 있다. 그 오랜 옛날에도 혼자 일하는 것보다는 능력과 자원을 한데 모을 때 더 나은 결과를 이룰 수 있었다.

사람들은 이미 오래전부터 협업의 중요성을 깨달아 활용해왔지만 업무 현장에서 보다 효과적인 협업 방법을 찾기 위한 노력은 비교적 최근에 이루어졌다. 20세기 후반 이래로 업계 리더들은 직원들이 보다 효과적으로 협업할 수 있는 방법을 찾기 위해 노력하고 있다. 그렇다고 모든 일을 팀으로 수행하고 완전한 합의가 이루어질 때까지 지겹도록 토론을 해야 하는 것은 아니다. 협업은 혼자 일할 때보다 더 나은 결과가 발생하고 가치가 증진될 때 함께 일하는 것을 의미한다.

협업의 시대

| 협업의 핵심, 집단의 뇌

'업무 성과가 괜찮은가?'를 묻는 데서 그쳐서는 안 된다. '업무 성과를 더 높일 수 있는 방법은 없을까?'를 물어야 한다. 이 질문에 자신 있게 '없다'고 답할 수 있는 기업은 거의 없을 것이다. 아무리 성공적인 기업이라도 더 나은 결과를 내놓을 수 있기 때문이다.

고객을 기쁘게 만드는 혁신을 향한 수요는 끝이 없다. 그렇다면 혁신은 도대체 협업과 무슨 관계가 있을까? 마케팅 전문가 존 와드(John Ward)가 말했듯 "혁신과 협업은 맞물려 있다. 배트맨과 로빈처럼 말이다. 이 다이내믹 듀오처럼…… 혁신과 협업은 함께할 때 더욱 강력한 효과를 발휘한다."[2]

유명한 요리사들이 특별 이벤트를 위해 코스 요리로 구성된 만찬을 준비한다고 치자. 요리사 개인이 가장 자신 있는 요리를 준비하도록 요청받는다면? 문제는 모든 요리가 상호 보완이 되도록 요리사들끼리 대화를 나누고 메뉴를 선정할 시간이 없다는 것이다. 전채요리, 수프, 샐러드, 주요리, 음료, 디저트가 제각각 제공될 때 이 식사가 입맛을 돋우는 경험이 될 확률은 지극히 낮다.

이 같은 사례가 실제 업무 현장에서 일어날 리 없다고 생각하는가? 지난 수십 년 동안 정확히 이런 일들이 벌어지고 있었으며 지금도 계속되고 있다. 요리사들이 개별 요리만으로도 맛있을 뿐만 아니라 서로 조화를 이루는 메뉴를 선정하기 위해 대화를 나눌 수 있었다면 이 저녁 만찬이 어떻게 달라졌을지 생각해보라. 어떤 요리사는 자신이 준비한 요리가 전체 메뉴에 어울리지 않는다고 생각해 다른 요리를 준비했을 것이다.

계간지인 〈2005 맥킨지 쿼털리〉에 따르면, 고위 경영진의 80퍼센트가 성공적인 협업의 중요성에 대해 알고 있다고 한다. 하지만 자사에서 협업이 효과적으로 이루어지고 있다고 평가한 경영진은 그중 25퍼센트에 불과했다.[3]

이 연구가 발표된 이후 협업을 강화하기 위해 많은 노력이 추진되었다. 하지만 여전히 개선할 점이 많다. 2015년 설문조사 결과에 따르면, 고위 경영진들은 직원들 간에 협업이 잘 이루어지지 않은 것이 기업의 성공을 저해하는 가장 큰 요인이라 생각하는 것으로 나타났다.[4]

그나마 다행인 것은 이제 대부분의 기업가들이 협업의 중요성을 인식하고 조치를 취하기 시작했다는 사실이다. 많은 기업에서 협업을 지원하고 장려하며, 예전에 비해 협력 작업이 비교적 매끄럽게 이뤄지고 있다. 기술자, 판매 담당자, 마케팅 전문가, 재정을 비롯한 기타 전문가가 고객의 마음을 끌어당기는 제품을 설계하고 제조하고 판매하기 위해 점차 협업하고 있다.

문제는 직원들을 한데 모은다고 해서 그들의 집단 지성을 자동적으로 활용할 수 있는 것은 아니라는 사실이다. 한 자리에 모인 직원들이 더욱 효과적으로 협업할 수 있도록 도와야 한다. 협업이 잘 이루어지면 놀라운 결과가 탄생한다. 개개인은 "보다 큰 사고의 구성원으로 상호작용하기 시작하며…… 우리는 집단의 뇌를 형성하게 된다."[5] 이렇게 집단의 뇌를 형성하는 것이 효과적인 협업의 핵심이다.

실리콘밸리에서 생각하는 협업이란?

당신은 협업을 어떻게 정의하는가? 아래 내용을 읽기 전에 잠시 생각해보기 바란다.

자, 이제 실리콘밸리 리더들이 협업을 어떻게 정의 내렸는지 살펴보자.

- "상부의 지시를 일방적으로 따르는 것이 아니라 하나의 그룹으로 함께 일하는 방식입니다."
- "관리자와 직원이 정보와 생각, 목표 등 거의 모든 것을 공유하는 것입니다. 투명성을 유지하는 것이 정말로 중요합니다. 직원들이 큰 그림과 세부사항을 모두 볼 수 있도록 말이죠. 협업이란 문제가 있을 경우 서로를 탓하기보다는 머리를 맞대어 문제를 해결하는 것입니다."
- "팀 내에서뿐만 아니라 위·아래로, 내·외부적으로 협조하는

것입니다. 전체론적인 관점이나 협력방식을 취하는 거죠. 방해가 되는 장벽을 허무는 방법을 파악하며 훌륭한 생각을 묵살하기보다는 장려하는 방법을 찾는 것입니다."

■ "'어떻게 도울 수 있을까?'라는 질문에서 한 발 더 나아가 '이 상황을 해결하려면 어떻게 해야 할까?'를 묻는 거죠. '더욱 신속하게 신뢰를 구축하려면 어떻게 해야 할까?'를 묻는 것입니다."

■ "팀이 효과적으로, 창의적으로 일할 수 있도록 모든 것을 공유함으로써 더 나은 결과를 꾀하는 겁니다."

실리콘밸리의 성공 비법 중 하나는 협업의 의미를 제대로 이해하고 있다는 것이다. 결국 이 책에서 제시하는 협업의 정의는 "생각과 노력을 '집단의 뇌'에 녹여 혼자 일할 때보다 더 나은 결과를 낳으려는 의지와 능력"이다.

타인과 일할 때 훨씬 더 나은 결과가 나오는 경우가 있으며 혼자 일하는 편이 나을 때도 있다. 전자의 경우, 우리는 공동의 목표를 달성하는 데 도움이 되는 방향으로 참여자 모두의 장점을 활용해야 한다.

| 실전에 곧장 적용 가능한 팁

독자가 책에 담긴 내용을 실전에서 제대로 활용할 수 있도록 돕는 것도 이 책의 중요한 목적이다. 이를 위해 각 장마다 해당 개념의 적용을 돕는 활동을 제시해놓았다. 바로 박스 안의 '적용'에 해당하는 부분이다. 가능하면 메모장을 따로 마련해 각자 질문에 대한 답을 직접 적어보기 바란다.

14장에는 여러분 조직의 협업 상태를 진단해볼 수 있는 질문지를 수록해놓았다. 또한 '상황을 개선'하기 위해 가장 먼저 취할 수 있는 방법이나 더 나은 협업을 꾀할 수 있는 방법도 배울 수 있다. 건설적인 변화는 보통 상황을 개선할 수 있는 방법에 대한 안목과 변화를 추구하려는 열정을 지닌 직원들로부터 시작된다. 여러분은 관찰과 통찰력 있는 식견을 통해 조직의 집단 지능을 더욱 효과적으로 활용하는 데 기여할 수 있을 것이다.

> ▶ **적용**
>
> 실리콘밸리에서 내린 협업의 정의와 이 책에서 사용할 협업의 정의를 살펴보았으니 이제 독자 여러분이 생각해볼 차례다. 여러분이 속한 조직에서는 협업을 어떻게 규정하고 있는지 다섯 명의 동료에게 물어보

라. 생각이 같은 사람뿐만 아니라 다양한 사람을 상대로, 여러 직급의
조직원들에게 물어보라.

질문을 마친 뒤에는 그 답변을 메모장에 적어보라. 그들은 협업을 어
떻게 정의했는가? 답변이 비슷했는가? 그 답에 따르면 여러분의 회
사에서는 협업에 관한 전반적인 인식이 어떠한가? 그런 인식이 협업
에 도움이 되는가, 방해가 되는가?

| 협업이 저해된 사례

한 관리자가 전에 일하던 회사에서 제품 개발 도중 맞닥뜨린 문제
에 대해 말해주었다. 그 기업은 아이들을 위한 교육용 전자 장난감
으로 대박을 터뜨렸으며 다음 히트 상품을 내놓기 위해 고심 중이
었다.

다음으로 선보일 장난감을 설계하기 위해 특별 팀이 조직되었습니
다. 온갖 사례조사와 실험 끝에 저희는 잠재력이 무궁무진하다고 생
각되는 아이디어를 내놓았죠. 경영진에게 보고했고 그들 역시 아주 좋
아했습니다. 그런데 시제품에 대한 소비자 반응이 부정적으로 나오자

모두가 깜짝 놀랐죠.

엄마들은 이 제품이 지나치게 비싸다고 생각했습니다. 아이들이 장난감을 작동시킬 때 사용하는 막대기가 총과 너무 비슷하다고도 했죠. 그 밖에도 불만사항이 여럿 있었습니다. 이러한 피드백에도 불구하고 경영진은 이 장난감이 잠재력이 대단하다고 생각했습니다. 우리는 많은 시간을 들여 막대기의 디자인을 수정했죠. 실망스럽게도 다음 번 소비자 피드백 역시 부정적이었습니다.

심각한 토론이 이어졌지만 경영진은 이 장난감이 반드시 성공할 거라는 생각에서 벗어나지 못했습니다. 더 많은 수정이 이루어졌고 심지어 컨설턴트까지 고용했지만 부정적인 피드백은 사라지지 않았죠. 결국 우리는 보다 큰 문제가 있다는 사실을 깨달았습니다. 경영진이 이 장난감에 너무 많이 투자한 터라, 제품이 가치에 비해 너무 비싸다는 엄마들의 말에 귀 기울이지 않았던 것입니다. 힘겨운 토론 끝에 제품은 결국 폐기되었고 회사는 다른 제품 개발에 나섰죠. 이 모든 과정에 2년이 소요되었습니다.

이렇게 했더라면…

직장 내 협업이 잘 이루어진다면 때로는 놀라운 제품이 탄생할 수 있다. 하지만 현 방향이 부적절하다는 사실을 직시해 새로운 방향으로 나아가도록 타인을 설득해야 할 때도 있다. 이 장난감 회사의 경영진은 설계팀의 유일한 임무가 이 장난감이 성공하도록 만드는 거라고 생각했다. 한편 설계팀은 장난감의 가격이 너무 비싸다는 사실을 경영진에게 주지시키는 것이 자신들의 일이 아니라고 생각했다. 장난감 가격이 너무 비싸다는 사실은 값비싼 대가를 치르고 나서야 확연해졌다.

설계팀이 첫 소비자 피드백에 다르게 반응했더라면 어떠했을지 생각해보자. 가격에 대한 소비자의 거부감이 상당하다는 사실을 인지해 경영진을 설득할 수 있었다면? 이 기업의 기본 원칙은 모든 장난감에 최대한 많은 기능을 넣는 것이었다. 과거에는 그런 전략이 효과적이었으며 이에 따라 설계가 이루어졌다. 하지만 그 원칙대로 이번에도 장난감에 수많은 교육 기능을 넣는 바람에 소비자가 지불하고자 하는 가격을 넘어서게 되었다.

설계팀에게 한 발 물러날 수 있는 권한이 있었다면 그들은 부모들이 가장 선호하는 특징이 무엇인지 파악했을 것이다. 그 결과 소비자가 기꺼이 지갑을 열 의향이 있는 가격 선에서 장난감을 설계할 수 있었을 것이고 다음번 대작을 탄생시킬 수 있었을 것이다. 조직 내에서 효과적인 협업이 이루어진다면 여러분은 이 기업의 사례보다 더 나은 아이디어를 고안할 수 있으며 더 나은 해결책을 강구할 수 있을 것이다.

자, 이제 다양한 분야의 기업에서 협업이 활용되는 예를 살펴보자.

| 협업은 모든 산업에서 목표 달성에 도움이 된다

많은 이들이 산업 분야에 따라 협업이 효과적일 수도 그렇지 않을 수도 있다고 생각한다. 이는 사실이 아니다. 어떤 분야든, 직원 간 협업은 목표를 더욱 잘 달성하는 데 도움이 될 수 있는 여지가 있다. 아래의 세 분야를 살펴보며 여러분의 기업이 어디에 속하는지 파악하기 바란다.

높은 통제가 필요한 분야

엄격한 안전기준을 충족해야 하는 제품이나 서비스를 생산하는 기업이 있다. 대부분 규제가 높은 산업에 속하는 기업으로 이들은 특정한 방식으로 업무를 수행한다. 병원, 핵발전소, 의약품, 비행기, 자동차를 비롯해 정확한 기준을 지켜야 하는 제품을 생산하는 기업이 여기에 속한다.

엄격한 기준이 정립되어 있을 경우 직원들 사이에 협업이 이루어질 여지가 없다고 생각하기 쉽다. 하지만 꼭 그런 것은 아니다. 강력한 중앙통제가 이루어지는 조직에서도 협업은 큰 도움이 된다.

예를 들어, 의료 산업에서는 약품을 제조할 때 높은 수준의 통제와 표준화가 필수다. 하지만 제약회사에서도 협업을 통해 효율성을 크게 증진시킬 수 있는 부분이 존재한다. 특정 질병을 앓고 있는 환자들을 대상으로 약의 효과를 검증한다고 치자. 위험한 부작용이 나타날 경우 해당 약에 대한 전문지식을 지닌 과학자와 의사로 이루어진 팀이 함께 상황을 해결하고 새로운 약을 개발하는 편이 훨씬 낫지 않겠는가? 실제로 이 분야에서는 그렇게 일이 진행되고 있다. 규제가 엄격한 분야에서도 협업이 중요한 역할을 할 수 있음을 보여주는 훌륭한 예다.

통제 수준이 보통인 분야

두 번째는 업무 현장에서 보통 수준의 통제가 이루어지는 분야다. 이 중에는 엄격한 규제를 받는 산업의 경우처럼 소비자 보호를 위해 표준 절차가 의무적으로 이행되는 기업도 있다. 금융, 공익사업, 통신, 음식 및 기타 분야의 소매업이 여기에 속한다.

은행이나 공익기업에는 당연히 보통 수준의 통제가 필요하다. 하지만 다른 기업의 경우 반드시 보통 수준의 통제가 이루어져야 하는 것은 아니다. 소비자가 원하는 수준의 제품을 생산하려면 표준화를 추구하는 것이 효과적이라는 건 단지 기업 임원진의 생각일 뿐이다. 치즈케이크 팩토리 체인점이 좋은 사례. 최고급 고객을 상대로 하는 치즈케이크 팩토리는 표준 관행을 준수하지만 직원 협업이나 의사결정에 있어서는 어느 정도 유연성이 발휘되는, 급증하는 산업 분야의 대표적인 기업이다.

몇 년 전, 이 업체는 매장 수 160개를 돌파했고 저녁 메뉴만(피자에서부터 비트 샐러드, 미소 연어구이에 이르기까지) 300개가 넘었다. 대부분의 매장이 식사시간에 꽉 찼으며 매년 8,000만 명의 고객이 매장을 찾았다. 음식의 상당수를 대량으로 해외에서 들여오지만 대량 생산되지는 않기 때문에 공장에서 생산된 듯한 맛이 나지는 않는다.

각 매장마다 부엌은 동일한 모습이며 음식도 동일한 방식으로 준비된다. 모든 것이 고도로 기계화되어 요리사가 손님의 주문내역을 비롯해 해당 주문과 관련된 조리법을 볼 수 있는 터치스크린이 있으며 음식이 준비되었을 때 알려주는 타이머도 있다. 하지만 이러한 표준화 작업에도 불구하고 수많은 세부사항은 요리사의 판단에 맡겨지며 고객의 특별 요청사항이 기꺼이 수용된다. 새로운 주요리를 개발하거나 기존 메뉴의 조리법을 살짝 바꾸는 등의 협업을 할 수 있는 여지가 충분히 있다.[6]

치즈케이크 팩토리는 표준화를 맞춤화, 직원 참여, 협업과 성공적으로 결합시킨 대기업의 한 사례다. 고객의 기대를 충족시키는 고품질의 음식으로 고객에게도 이득이 되고 높은 수익과 만족하는 직원으로 기업에도 이득이 되는 사례로, 중간 수준의 통제가 필요한 더 많은 기업이 이 모델을 활용할 수 있을 것이다.

통제 수준이 낮은 분야

세 번째는 아이디어 제안과 제품 생산에 있어 창의력을 가장 많이 발휘할 수 있는 산업이다. 이 산업에 속한 기업들에는 직원들이 따라야 하는 엄격한 기준이나 까다로운 방침이 없다. 의류, 가구, 가

전제품, 전자제품, 소프트웨어 제작업체가 이에 해당된다. 이 산업에서 생산되는 제품은 아주 짧은 기간 동안만 소비자의 마음을 사로잡으며 소비자들은 곧바로 새로운 제품이 나오기를 기대한다. 그렇기 때문에 기업은 새로운 제품을 출시하기 위해 새로운 아이디어를 계속해서 찾아야 한다. 이 분야의 기업이 협업을 통해 이득을 보는 것은 당연한 일이다.

협업은 위 세 가지 산업 분야 모두에서 유용한 도구다. 성공적인 기업은 가치가 증진될 것으로 보일 때 직원 간에 협업을 꾀한다. 협업의 방법과 수준이 다를 수는 있지만 성공적인 기업이라면 모두 협업을 추구하기 마련이다.

▶ **적용**

여러분의 회사는 통제 수준이 높은가? 보통인가? 거의 없는가? 경영진이 협업의 개념을 지나치게 협소하게 규정하고 있어, 협업을 온전히 활용하지 못하고 있진 않은가?

| 세 가지 협업방식

앞서 우리는 표준화와 중앙집중식 의사결정이 이루어지는 가운데도 협업을 할 경우 더욱 큰 성공을 거둘 수 있다는 새로운 관점을 살펴보았다. 이제부터 직원들이 협업할 수 있는 다양한 방법을 살펴보도록 하자.

협업할 수 있는 방법은 많지만 다음과 같은 세 가지 주요 방식으로 정리할 수 있다. 이 세 가지 방식 간의 차이는 직원들이 언제, 어떻게, 누구와 협업할지, 얼마나 오랫동안 협업할지를 얼마나 자유롭게 결정할 수 있는지에 달려 있다.

1. 업무 중심 협업: 이 경우 업무는 소수의 직원들에게 맡겨진다. 특정 업무에 기여할 수 있는 전문성과 역량을 꼼꼼히 따져 엄선한 직원들로 팀을 구성한다. 그들은 특정 업무를 수행하기 위해 협업하며 업무가 완료되면 원래 하던 일로 돌아간다. 이러한 유형의 협업은 통제 수준이 가장 높으며 범위가 좁다. 직원들은 협업의 시기와 기간을 자유롭게 결정할 수 없다.

2. 지속적인 협업: 이러한 유형의 협업은 특정한 시너지를 지닌 팀에게 맡겨진다. 그 시너지를 활용하면 다른 방식으로는 달성 불가능한 일들을 해낼 수 있다. 이들은 다른 이들이 해결할 수 없다고 생각하는 문제를 해결하며 새로운 아이디어를 제안하거나 제품

을 수정한다.

두 번째 유형의 협업은 첫 번째 유형의 협업에 비해 통제 수준이 낮다. 구성원은 동료들과 언제 협업할지 비교적 자유롭게 결정할 수 있지만 제한이 아예 없는 것은 아니다. 이 경우 계속해서 같은 팀원들끼리 협업하기 때문에 구성원이 본연의 업무를 소홀히 할 확률이 낮다.

대부분이 이런 팀이 구축될 가능성이 극히 드물다고 생각한다. 혹은 팀이 발휘하는 시너지를 우연한 행운이라 생각해 이런 팀을 의도적으로 구축하기란 불가능하다고 여긴다. 이런 생각 때문에 리더들은 한 번 팀이 구축되면 이 특별 팀을 계속해서 유지하려고 한다(이 책의 목표 중 하나는 이런 팀에 대한 이해도를 높이며 이러한 팀을 많이 구축하는 것이다).

애플의 스마트 스피커 홈포드(HomePod)가 바로 두 번째 유형의 협업으로 탄생한 제품이다. 이것은 애플의 가정기기 버전으로 사람의 목소리를 인식해 반응한다. 애플은 이 시장에 다소 늦게 진입했지만 고도의 협업을 통해 기존 제품에 자사만의 독특한 변형을 가미했다. 타사의 제품은 가사 명령에 반응하는 것을 강조지만 애플의 홈포드는 고품질의 소리를 강조한다. 이러한 변형 덕분에 애플의 제품은 차별화를 꾀할 수 있었고 후발주자치고는 시장에 성공적으로 진입할 수 있었다.[7]

3. 포괄적인 협업: 이 유형의 협업은 통제 수준이 가장 낮다. 가

치를 더 높일 수 있다는 판단이 들 경우 모두가 협업하는 방식으로, 직원들은 각자의 전문 영역에서 소중한 기여를 한다. 이들은 조직 전체의 목표를 가장 중요시하기 때문에 기꺼이 자신의 업무를 중단하고 동료들을 돕는다.

이 세 번째 유형에서 직원들은 동료들의 노력에 보탬이 되거나 동료에게서 도움을 받을 수 있을 때 직접 결정을 내릴 수 있는 권한을 지닌다. 직원들 간의 의사소통은 경영진을 거치지 않고 직접 이루어진다.

세 번째 유형의 경우, 직원들이 자칫 본연의 업무에 소홀해져 맡은 바 임무를 다하지 못하게 될 수도 있다고 염려하는 리더들도 있다. 하지만 기업의 전반적인 목표와 개별 직원들의 업무가 그 목표에 어떻게 기여하는지를 잘 주지시킨다면 그런 걱정은 할 필요가 없다. 이런 환경에서 직원들은 자신의 업무뿐만 아니라 동료들을 돕는 데 얼마만큼 시간을 할애할지 합리적인 결정을 내릴 수 있다.

통제 수준에 관계없이 성공적인 기업은 위 세 가지 유형의 협업을 모두 활용한다. 상황별 구체적인 요구사항에 따라 어떤 유형의 협업이 필요한지가 결정된다. 내가 인터뷰한 실리콘밸리 리더들의 경우 확실히 그랬다. 그들은 각 상황에 따라 세 가지 유형의 협업을 적절히 활용하고 있었다.

| 조직 내 상호 연결성

여러분이 속한 회사를 직소퍼즐로 생각해보면 이해가 쉬울 것이다. 모든 팀의 업무는 피자의 한 조각과도 같다. 각 조각(혹은 팀)은 다른 네다섯 개의 조각(혹은 팀)과 맞닿아 있다. 우리는 대부분 인접한 팀과 긴밀히 협업해야 한다고 생각한다. 그래서 멀리 떨어져 있는 팀들이 직소퍼즐이 서로 맞물리는 방식에 영향을 미칠 경우 그 팀들과도 협업해야 한다는 사실을 알면 다소 의아해할지도 모른다.

　실리콘밸리 리더들과의 인터뷰 내용을 다시 살펴보자. 그들은 팀 간에 이루어지는 업무의 상호 연결성을 잘 알고 있었다. 협업의 중요성에 대해 그들은 이렇게 답했다.

- "절대적으로 중요합니다. 사업의 성격상 우리가 무언가를 달성하려면 협업해야 합니다. ……매끄러운 패스가 이어져야 하죠. 사일로를 지어서는 안 됩니다(사일로는 구성원이 스스로 자주적이라고 생각해 정보나 업무를 동료들과 공유해야 할 필요가 없다고 생각할 때 생겨나는 비유적인 벽을 말한다)."
- "아주 중요하죠. 회계이익 다음으로 중요합니다. 우리가 창조하고 해결하는 것들은 복잡합니다. 우리가 무엇을 하는지, 어떻게 하는지, 해당 목표를 달성하고 있는지에 대해 합의가 이루어져야 하죠."

- "혼자서는 주위에서 일어나는 모든 사안을 예측할 수 없습니다. 협업이 필수죠."
- "직원들끼리 정보를 공유하기 위해 반드시 필요합니다. 협업은 지금과 같은 속도로 업무를 진행할 수 있는 유일한 방법이죠."

▶적용

실리콘밸리 리더들이 협업을 얼마나 중요하게 생각하고 있는지 알게 되었다. 이제 동료들을 찾아가 개인적으로 협업이 기업의 성공에 얼마나 중요하다고 생각하는지 물어보라. 그들은 직원 대부분이 자신의 견해를 공유하고 있다고 생각하는가? 다양한 답이 나올 것이다. "직원들은 혼자서 일하는 것을 선호한다"고 말하는 이들도 있을 것이고 "팀 내에서 동료들과 긴밀하게 협업하는 것을 중요하게 생각한다"고 말하는 이들도 있을 것이다. "대부분의 직원이 의견을 나눌 만한 동료를 소중하게 생각한다"는 답변도 있을 것이다.

위 대답에 따르면 여러분의 회사는 협업에 대해 어떠한 관점을 취하고 있는가? 협업이 기업의 성공에 중요하다는 생각이 보편적인가? 아니면 협업은 불편하기 때문에 최소한으로 해야 한다는 생각이 보편적인가?

여러분의 회사는 한두 가지 유형의 협업을 더 자주 사용하는가? 아니면 세 가지 유형의 협업을 모두 활용하는가? 관찰 결과를 메모장에 기록하기 바란다.

2장에서는 협업의 중요한 특징에 대해 살펴볼 것이다. 다양한 사람들에게서 공통적으로 발견되는 핵심 철학이 존재한다는 사실에 놀랄지도 모르겠다. 하지만 실제로 공통된 핵심 철학이 존재하며 이는 협업이 성공적으로 이루어지는 데 큰 영향을 미친다.

2/
강력한 집단의 뇌가
작동하는 곳, 실리콘밸리

협업을 중요하게 생각하는 실리콘밸리 사람들은 상
당수가 기본적으로 다음과 같은 여섯 가지 특징을 지니고 있었다.

1. 성공을 향한 열망
2. 의미 있는 대상에 기여하고자 하는 욕구
3. 끈기
4. 차이의 수용
5. 진정한 의사소통을 향한 욕구
6. 전사적 목표 이해

이제부터 각 특징을 하나씩 살펴보도록 하자.

┃ 성공을 향한 열망

성공을 향한 열망은 실리콘밸리에서 일하는 많은 이들에게서 찾아볼 수 있는 특징이다. 물론 성공에 대한 정의는 사람마다 다르다. 누군가는 미국 기술사회의 일원이 되는 것을 성공이라 여길 테고, 다른 누군가는 부회장 자리에 취임하는 것을 성공이라 생각할 것이다. 재정적인 성취를 성공과 연결 짓는 사람들도 많다. 이처럼 저마다 성공을 각기 다르게 규정하지만 여기에는 공통된 특징이 있다. 각자가 생각하는 성공을 쟁취하기 위해 열정적으로 일한다는 사실이다.

이들은 직함에 관계없이 자신이 꿈꾸는 성공을 위해 상당히 열심히, 대부분의 사람들보다 훨씬 더 열심히 일한다. 누군가는 소비자의 새로운 욕구를 발견해 관련 사업을 시작하고자 할 테고, 다른 누군가는 창의력을 중시하는 기업에서 신제품을 개발하고자 할 것이다. 실리콘밸리에서 일하는 모든 이가 기업을 운영하고 싶어 하는 것은 아니다.

한 실리콘밸리 리더는 상당히 까다로운 프로젝트를 언급하며 이렇게 말했다. "우리는 성과물을 아주 자랑스럽게 여겼지만 100퍼센트 만족한 건 아니었죠." 나는 이 말에 내제된 모순을 간파해 그 뜻을 물었다. 그는 프로젝트가 대성공을 거두었을지라도 회사는 직원들이 자신의 업무를 비판적으로 점검해 다음 프로젝트에서 더 나은 성과를 낼 수 있는 방법을 찾도록 촉구한다고 말했다. 그는 매번 최선을 다하게 만드는 이 방식을 선호했다. 이는 실리콘밸리 기업들이 직원들로 하여금 성공을 향한 내면의 욕망을 이용하도록 장려하는 수많은 방법 중 한 가지 방식일 뿐이다.

▍의미 있는 대상에 기여하고자 하는 욕구

내가 인터뷰한 실리콘밸리 직원들은 하나같이 사람들이 더 나은 삶을 누리는 데 보탬이 되는 것을 개발하고 싶다고 말했다. '의미 있는'의 정의는 성공을 향한 열망에 대한 정의만큼이나 다양하다. 누군가에겐 낭포성 섬유증을 치료하는 것이 의미 있는 일일 테고, 다른 누군가에게는 모두가 깜짝 놀랄 만한 새로운 기능을 탑재한 스마트폰 개발에 기여하는 것이 의미 있는 일일 수 있다. 이처럼 각자 의미를 다르게 규정할지라도 사람들의 삶에 긍정적인 변화를 가져오는 일에 참여하고 싶다는 욕구만은 공통적이다.

한 리더는 이에 대해 이렇게 말했다. "우리는 이익을 추구하는 것만이 업무 목표라고 생각하지는 않습니다. 그저 돈이나 벌려고 매일 출근해 그렇게 열심히 일하고 싶어 하는 사람은 없죠." 직원들은 자신이 개발하는 대상과 그것이 이 세상에 미칠 긍정적인 영향에 열정을 보일 때 멍하니 다음번 휴가 장소를 구상하는 대신 목표에 집중하게 된다.

실리콘밸리에서 일하는 전 세계적으로 유명한 인사 분야 이론가인 존 설리반(John Sullivan) 박사는 애플과 페이스북에서 연구를 진행한 뒤, "이 두 기업에서 직원들을 끌어들이고 유지하는 가장 큰 요인은 교통비나 식사비 지급이 아니라…… 그들이 개발하는 제품이 세상에 영향을 미치도록 만드는 것이다"라고 말했다.[1]

▌ 끈기

실리콘밸리 사람들에게서 찾아볼 수 있는 세 번째 공통된 특징은 자신의 업무를 풀어야 할 수수께끼로 보고자 하는 의지다. 이들은 문제와 장애물을 재미난 도전과제로 여기며 특유의 호기심과 끈기를 발휘해 시간을 비롯한 기타 제약사항을 준수하면서 끈질기게 최선의 해결책을 찾아낸다.

실리콘밸리의 한 팀장은 그가 이끌던 프로젝트팀이 소프트웨어 프로그램의 작동을 중지시킨 바이러스의 원인을 찾아야 했던 사례를 들려주었다. 그들은 코드를 분류했고 팀원 모두가 문제를 찾기 위해 자신에게 할당된 부분을 샅샅이 뒤졌다. 하지만 원인을 찾을 수 없었다. 결국 임원들은 그들에게 포기하고 그냥 해당 기능을 제거하라고 말했다. 하지만 그들은 그러고 싶지 않았다. 소비자가 제품의 해당 기능을 얼마나 원하는지 알고 있었기 때문이다. 그리하여 야근도 불사하고 주말도 반납해가며 그들은 계속해서 문제 해결을 위해 노력했다. 그리고 결국은 해결책을 찾았다. 그 순간 엄청난 성취감을 맛보았다고 한다.

이런 직원들을 보면 셜록 홈즈가 떠오른다. 그들은 탐정과도 같은 기술을 발휘해 놀라운 통찰력과 해결책을 제안한다. 의심의 여지가 없던 기존 관습이 특정 상황에서 효율성을 저해할 때 이에 끈질기게 의문을 제기하며 결국 어떻게든 끝을 보고야 만다.

| 차이의 수용

실리콘밸리에서 공통적으로 발견되는 네 번째 특징은 다른 이들을 동등하게 대우하고자 하는 의지다. 그들은 지식, 기술, 기여도에 따라 타인을 판단하곤 한다. 상대방의 능력을 신뢰하고 존중하며, 작업 수행 능력과 관계없는 특징(성 정체성이나 국적 등)으로 상대를 판단하지 않는다.

반면 여전히 많은 기업에서 나이나 성 정체성이 업무 성과보다 우선시된다. 그래서는 안 되지만 나이가 많거나 적을 경우 혹은 동성애자일 경우, 존중 받으려면 더욱 열심히 일해야 한다. 그들의 능력이나 성과와 관련 없는 요소들에 의해서도 평가를 당하는 경향이 있기 때문이다. 실리콘밸리 기업들도 아직 모든 이들을 받아들일 만큼 포괄적인 문화가 구축되어 있지는 않다. 여성을 비롯해 특정 인종은 고용, 승진, 승계 등에 있어 여전히 제한을 받는다. 여성과 일부 유색 인종에게 아직까지 성공은 현실이라기보다는 목표다.

그렇지만 실리콘밸리는 차이를 수용하는 데 있어서만큼은 다른 곳보다 훨씬 관대하다. 이것이 협업과 무슨 관계가 있을까? 직원들은 차이를 꺼리기보다는 이를 기꺼이 수용하려 한다. 또한 독창적인 사고방식을 비롯해 상대방이 제안한 아이디어를 적극적으로 받아들이려 한다.

실리콘밸리에서 활동 중인 한 컨설턴트는 이렇게 말했다. "야구 선수를 기용할 때 포수만 아홉 명을 선발하지는 않습니다. 그런 전략으로는 절대로 이길 수 없죠. 선수들 간의 차이를 잘 활용해야 합니다." 그녀는 실리콘밸리에서는 어떤 역량이 필요한지 잘 파악하고 있으며 해당 역량과 관련 없는 부분에는 큰 신경을 쓰지 않는다며 이렇게 덧붙였다. "우리를 (인위적으로) 갈라놓곤 했던 차이보다는 자질과 능력이 점차 중요해지고 있습니다."

| 진정한 의사소통을 향한 욕구

실리콘밸리 사람들에게서 공통적으로 찾아볼 수 있는 다섯 번째 특징은 진정한 의사소통이다. 실리콘밸리식 세계관을 지닌 이들은 의견이 일치하지 않는 상황에서도 자신의 견해를 솔직하게 밝힐 수 있는 진정한 의사소통을 꿈꾼다. 이것은 인신공격이 아니라 예의를 갖춰 다른 의견을 전하는 진솔한 의사 표현이다.

그러한 분위기에서 사람들은 방어적인 태도를 취하지 않고도 자신의 의견을 개진할 수 있다. 상호 존중은 이런 대화의 원인이자 결과다. 사람들이 기본적인 예의를 차리게 만들기 때문에 원인인 셈이고, 이런 대화로 인해 사람들이 서로를 더욱 배려하게 되기 때문에 결과라 할 수 있다.

| 전사적 목표 이해

여섯 번째 공통된 특징은 조직원 모두가 전사적인 목표를 알고 있다는 것이다. 실리콘밸리의 직원들은 기업의 전반적인 목표와 그들이 참여하는 프로젝트가 그 목표에 어떻게 기여하는지 잘 알고 있다.

대개 리더들은 직원들이 스스로 열정을 보이는 프로젝트에 그들을 배정한다. 열정이 있으니 프로젝트가 더욱 즐겁게 느껴지기 마련이고, 프로젝트의 성공을 위해 더 많은 노력을 하며 목표 달성을 위해 더욱 매진하기 때문이다. 하지만 이때 의도치 않은 부작용이 발생하기도 한다. 상황이 바뀌어 그간 매진해온 프로젝트를 중단해야 할 때 특히 열정적이었던 직원들은 쉽게 손을 놓지 못한다. 많은 에너지를 쏟아 부은 프로젝트가 도중에 중단될 경우 큰 배신감을 느끼기도 한다.

하지만 실리콘밸리 사람들은 '큰 그림'을 그리며 자신이 그 큰 목표의 주인이라 생각한다. 그 결과 많은 노력을 기울인 작업이 수포로 돌아갈지라도 기꺼이 방향을 전환할 수 있다.

샌프란시스코의 독특한 역사

왜 수많은 실리콘밸리 조직에서 이러한 특징이 발견되는 것일까? 나는 이런 특징의 상당수가 실리콘밸리가 형성되기 오래 전부터 샌프란시스코 배이 지역 문화의 일부였음을 알게 되었다. 그 역사는 1850년대 골드러시(새로 발견된 금광으로 사람들이 몰려든 현상-옮긴이) 당시로 거슬러 올라간다.

샌프란시스코 배이 지역은 1848년 금이 발견되면서 모두에게 꿈 같은 장소가 되었다. 미국 통계국에 따르면 1846년 고작 200명이었던 샌프란시스코 지역의 인구는 1852년이 되자 자그마치 3만 4,000명으로 증가했다.[2] 금을 캐 부자가 되기를 꿈꾸는 수많은 사람이 이 지역으로 몰려들었기 때문이다. 그뿐이 아니었다. 또 다른 기회를 엿본 기업가들 역시 이곳을 찾았는데, 이들은 꿈을 이루려는 광부들을 돕는 사업에서 큰 잠재력을 보았다.

초기 업계의 리더들에게는 성공하고 싶은 야망과 목표 달성을 위해 성실히 일하고자 하는 의지가 있었다. 이제 몇 가지 사례를 통해 우리가 앞서 살펴본 여섯 가지 특징이 이들에게 어떻게 구현되었는지 살펴보기로 하자.

이시도르 부댕(Isidore Boudin)은 프랑스 제빵 집안 출신이다. 그는 1849년 노던 캘리포니아로 집안의 제빵 기술을 가져와 사업을 시작했다. 그가 만든 빵은 독특한 맛과 질감으로 유명해졌다. 이시도르와 아내는 사업의 성공을 위해 열심히 일했으며, 그가 사망하자 아내와 딸이 전통을 이어갔다. 부댕의 발효빵은 여전히 샌프란시스코의 명물로 남아, 그의 빵집은 샌프란시스코에서 가장 오래된 업체로 명성을 누리고 있다.[3]

레비 스트라우스(Levi Strauss)는 뉴욕에서 직물 도매상을 운영 중인 두 형을 따라 1846년 바바리아에서 샌프란시스코로 이주했다. 1853년, 그는 골드러시를 이용해 돈을 벌기 위해 샌프란시스코로 가업을 가져왔다. 형들이 운영하던 사업에서 독립해 나온 그는 노동직 근로자를 겨냥한 튼튼한 바지를 제작하기 위해 새로운 사업을 시작했다. 마침내 그는 네바다의 한 고객과 제휴를 맺고 내구성이 뛰어난 바지 제작에 나섰다. 그리하여 청바지가 탄생하게 되었고 레비 스트라우스 앤 코(Levi Strauss & Co.)는 미국에서 가장 큰 청바지 제조사가 되었다. 스트라우스는 샌프란시스코 지역과 주민들의 삶을 개선하는 데 기여한 박애주의자이기도 했다.[4]

1850년, 열네 살이었던 제임스 폴저(James Folger)는 화재로 생계가 무너지자 두 형과 함께 매사추세츠를 떠나 샌프란시스코로 이주했다. 이 흥미로운 서부 해안 도시에 도착하자마자 형들은 금광을 찾아 떠났고, 그는 파이오니아 스팀 커피 앤 스파이스 밀스(Pioneer Steam Coffee and Spice Mills)에 취직했다. 성실히 일한 결과 4년 후 동업자의 위치에 올랐고 남북전쟁이 일어날 때까지 사업은 그럭저럭 잘 운영되었다. 하지만 전쟁이 발발하자 경제가 붕괴되었고 제임스는 파산하고 말았다. 그러나 그는 굴하지 않았다. 빚을 갚아나가며 다른 파트너의 주식을 사들였고 결국 그토록 원하던 사업을 단독으로 시작하게 되었다. 그는 커피콩의 맛을 시험하는 특수 기법을 개발했으며 그 결과 커피의 맛과 향을 개선시킬 수 있었다. 1889년 사망하기 직전, 그는 아들에게 보내는 편지에서 명성이 이익보다 훨씬 중요함을 강조했다.[5]

지금까지 살펴본 기업가들은 성공하고자 하는 강인한 의지, 의미 있는 일에 기여하고자 하는 욕구, 끈기 등 이번 장에서 살펴본 특징들을 지닌 수많은 인물 중 극히 일부일 뿐이다.

네 번째 특징인 차이의 수용 역시 샌프란시스코 배이 지역의 주요 특징으로, 이 지역은 이미 오래 전부터 보편적인 기준에서 벗어난 개인과 단체를 환영해왔다. 수많은 사람이 골드러시 기간에 이곳으로 몰려든 이유는 연줄이 없는 이들에게도 개방적인 문화 때문이었다.

뉴욕의 그리니치빌리지와 더불어 샌프란시스코는 1940년대와 1950년대에 비트족(두 차례 세계대전을 통해 경제성장의 과실을 맛보았던 1950년대에 풍요로운 미국의 물질 중심적 가치관, 체제순응적인 가치관에 반기를 든 젊은이들-옮긴이) 운동의 중심지가 되었다. 미국의 일반적인 중산층 교외 문화에 거부감을 느낀 20대들은 비트 지역에 매력을 느꼈다. 로렌스 펄링게티(Lawrence Ferlinghetti)는 비트 운동에 열성적이었던 전형적인 인물로, 수많은 인기 저서의 저자였으며 1953년 샌프란시스코에 시티 라이트 서점을 설립하기도 했다. 시티 라이트 서점은 비트 운동의 안식처가 되었으며 오늘날까지도 번성하고 있다.

샌프란시스코는 1960년대에 다시 한 번 사회적 변화의 중심지가 되었다. 개방적인 문화 덕분에 히피들이 이곳으로 대거 몰려들었던 것이다. 1970년대가 되자 샌프란시스코는 동성애자 인권 운동의 중심지가 되었고 카스트로는 샌프란시스코 내 동성애자 집단 거주지역이 되었다. 같은 기간, 동성애자라고 밝힌 정치인들이 몇몇 당선되기도 했다.[6]

차이를 수용하는 역사는 골드러시에서 시작되었으며 비트, 히피,

LGBT(레즈비언(lesbian)과 게이(gay), 양성애자(bisexual), 트랜스젠더(transgender)의 앞 글자를 딴 것으로 성적소수자를 의미-옮긴이) 운동으로 이어졌다. 이러한 문화가 녹아들어간 결과, 실리콘밸리에서는 능력과 무관한 개인적 특성이 아닌 개인의 역량을 바탕으로 상대를 평가한다. 다름을 받아들이는 이 같은 문화는 '여전히 미완성 단계'이지만 직원들이 자신의 일에 더 많은 책임감을 발휘하고 타인의 아이디어에 더욱 개방적인 업무 환경을 조성하는 데 기여하고 있다.

▌ 실리콘밸리 너머로

실리콘밸리 기업의 고용 및 직원 훈련 프로그램에도 앞서 살펴본 특징의 상당수가 녹아 있다. 직원 업무 평가와 승진 절차 역시 마찬가지다.

다행히 이 여섯 가지 특징은 샌프란시스코나 실리콘밸리에만 국한되지 않는다. 성공을 위해 더욱 열심히 일하고 타인과 협업하도록 만드는 이러한 특징은 전 세계적으로 다양한 개인과 기업에서도 찾아볼 수 있다.

이 여섯 가지 특징은 효과적인 협업을 위해 반드시 필요한 요소이기 때문에 조직의 직원 모집, 고용, 보상 전략에 최대한 반영하는 편이 바람직하다. 어떻게 하면 이를 최대한 반영할 수 있을까? 천편

일률적인 방법은 존재하지 않는다. 기업의 가치와 관행에 따라 각기 다른 방법이 필요하다(이 책의 후반부에서 효과적인 방안을 제안할 것이다).

| 협업에 필수적인 믿음

헨리 포드에서 셰익스피어에 이르기까지 여러 유명인들은 "할 수 있다고 생각하든 할 수 없다고 생각하든, 당신이 옳다"고 말했다. 협업을 통해 더 나은 성과를 달성할 수 있다고 생각한다면 당신은 협업을 추구하는 환경에서 성공할 확률이 높다. 그럴 수 없다고 생각할 경우…… 그렇게 될 것이다. 즉 협업에 대한 우리의 믿음에 따라 우리가 타인과 얼마나 효과적으로 협업할 수 있을지가 결정된다.

실리콘밸리에서 연구를 진행해나가는 동안 나는 그들이 여섯 가지 주요 특징 외에도 다음과 같은 핵심 믿음을 지니고 있다는 사실을 발견했다.

1. **타인의 도움이 필요한 프로젝트가 있다.** 정보 부족으로 인해 혼자서 진행하기 힘든 프로젝트가 있다. 이때 우리는 다른 이들의 지식을 활용할 수 있다. 때로는 전문성을 갖추고 있지만 시간이 부족한 경우도 있다. 그럴 때도 다른 이들과 협업하는 것이 바람직하다.

2. **함께 성공을 거둘 경우 혼자서 일할 때와는 다른 성취감을 느낄 수 있다.** 팀의 일원으로서 프로젝트를 성공시킬 경우 혼자서 무언가를 성취할 때와는 다른 성취감을 느낄 수 있다. 집단의 뇌에 기여하는 기분은 이루 말할 수 없이 좋다.

3. **협업의 주요 장점 중 하나는 타인에게서 배울 수 있는 기회를 얻을 수 있다는 점이다.** 다른 이들과 함께 일할 때 우리는 많은 것을 배운다. 다소 오래 걸릴지라도 그럴 만한 가치가 있다.

4. **지식을 서로 나눌 수 있다. 내 지식을 타인과 공유하는 것은 기쁜 일이다.** 협업을 통해 우리는 누군가에게 무언가를 가르쳐줄 기회를 얻는다.

5. 협업은 네트워킹이다. 다른 이들과 함께 일하며 관계를 구축해나갈 때 나의 인맥이 확장된다. 네트워킹은 언제나 소중하다.

▶ **적용**

여러분의 조직에서는 다섯 가지 핵심 믿음이 잘 지켜지고 있는가? 아니면 조직원들이 협업에 확신이 없거나 심지어 협업으로 인한 불길한 결과를 예상하는가? 이에 대한 답을 살펴보면 협업할 준비가 얼마나 되어 있는지 알 수 있다. 이는 여러분이 자사 내 협업과 관련된 관행을 개선하는 데 도움이 되는 또 다른 피자조각이다.

3/
실리콘밸리의 협업방식 자세히 들여다보기

이제부터 실리콘밸리 최강의 리더들이 전해준 세 가지 사례를 소개하겠다. 각 이야기를 통해 나는 협업의 특징을 생생히 그려볼 수 있었다. 여러분도 같은 경험을 할 수 있기 바란다.

사례를 살펴보면서 스스로에게 다음과 같은 질문을 던져보라. "이 사례가 우리 회사와 어떤 연관이 있을까?" 여러분과 동료들이 동일한 상황에 처해 있다고 생각해보기 바란다. 여러분이 속한 조직에서는 사례와 같은 협업이 이뤄지고 있을까? 그렇지 않다면 그런 협업이 일어나는 상황을 상상할 수 있는가(이 책에서는 그러한 변화를 가져올 수 있는 방법 또한 살펴볼 것이다)?

| 제품 배송방식을 바꾸다

첫 번째 사례는 일용품을 생산하는 다국적 기업의 리더가 들려준 이야기다. 이 대기업은 수많은 제품과 서비스를 고객에게 제공하는데, 변화가 있기 전까지만 해도 일부 제품은 실물로 제공되고 다른일부는 디지털로 제공되었으며 각 배송 방법에는 한계가 있었다.

경영진은 한계를 잘 알고 있었지만 관련 기술이 개발되기 전까지는 딱히 방법이 없다고 생각했다. 기술이 개발되어야 소비자에게 보다 쉽게 제품을 배송할 수 있을 거라고 생각했다.

마침내 상황을 다시 점검한 뒤 경영진은 배송 시스템을 개선할수 있겠다고 판단했다. 개선된 시스템은 고객을 더욱 만족시킬 수있을 터였다. 다음은 이 복잡한 협업에 대해 이 프로젝트를 이끈 리더가 들려준 이야기다.

리더: 큰 변화가 예상되었습니다. 변화를 꾀하려면 직원들이 공부를 많이 해야 했죠. 고객들 역시 배송방식이 바뀌면 새로운 조작방법을 배워야만 했습니다. 시스템이 변경된다면 많은 것이 바뀌어야 했죠. 온갖 절차는 생각보다 복잡하게 얽히고설켜 있었습니다. 그리고 우리는 6개월에서 8개월 정도로 비교적 짧은 시간 내에 작업을 완료해야 했습니다.

나: 그렇게 짧은 시간 내에 모든 것을 마치기란 쉽지 않았을 텐데

요. 직원들이 부담을 느끼지는 않았나요?

리더: 다른 기업에서는 벅차다고 느낄 수도 있습니다. 하지만 우리는 과거에 이 정도 큰 변화를 꾀한 적이 있었기에 이번에도 할 수 있을 거라 생각했죠. 우리 조직문화가 빛을 발하는 지점이라 할 수 있겠네요. 일단 결정이 내려지면 그 어떤 기업보다도 유연하고 효과적으로 업무가 진행됩니다. 이렇게 큰 규모의 프로젝트를 상당히 성공적으로, 그것도 이렇게 민첩하게 달성할 수 있다는 사실이 무척 자랑스럽습니다.

나: 유연한 기업문화에 대해서 자세히 설명해주시겠어요?

리더: 우리는 업무를 수행할 직원들을 의사결정 과정에 포함시킵니다. 그들과 최대한 많은 자료와 배경지식을 공유하죠. 직원들을 신뢰하며 무엇이든 투명하게 공유합니다. 직원들이 질문을 던지고 논의를 하며 캐묻는 것을 허락할 뿐만 아니라 장려하기까지 합니다. 그런 문화에서는 올바른 결정을 내리고 온갖 세부사항을 고려하고 있다고 확신할 수 있죠.

다른 기업에서는 일방향 토론이 이루어지곤 합니다. 임원진은 변화된 사항을 공지한 뒤 대화를 곧장 차단해버리죠. 우리는 문제를 파악하고 직원들이 납득할 때까지 충분히 오랫동안 토론을 합니다. 토론이 성공적으로 이루어지면 직원들이 업무에 착수하죠. 그들은 무엇이 필요한지 파악한 뒤 업무를 시작합니다.

나: 그 말인즉, 이 같은 변화를 수행하는 데 지침이 될 만한 프로

젝트 관리 방안이 존재하지 않는다는 뜻인가요? 모두가 자신의 업무에 착수하기만 한다면 혼란이 야기될 것 같은데요.

리더: 프로젝트 관리 방안이 없는 건 아닙니다. 하지만 보다 유연하게 활용되죠. 우리는 일을 하는 데 방해가 되거나 불필요한 관료주의를 낳을 경우 굳이 그런 절차를 고수하지는 않습니다. 이처럼 복잡한 프로젝트를 진행할 때는 적정한 수준의 프로젝트 관리가 이루어져야 하죠.

직원들이 작업에 착수한다는 건 직원들 대부분이 해당 분야의 전문가라는 뜻이기도 합니다(우리는 경력직을 고용합니다). 그들은 상당한 전문가로서 알아서 작업에 돌입합니다. 자신에게 부족한 부분을 파악해 문제를 빠르게 해결하곤 하죠. 직원들은 행동에 나설 뿐만 아니라 계속해서 자신이 맡은 바에 충실합니다.

그렇기 때문에 간접비가 높지 않습니다. 작업 현장을 돌아다니며 일이 잘 진행되는지 점검하는 중간관리자가 많을 때 간접비가 높아지죠. 직원들은 변화 상황을 보고하거나 승인을 받기 위해 기다릴 필요가 없습니다. 따라서 일상적 업무에서든 이처럼 큰 프로젝트를 진행하는 도중이든 업무 진행이 훨씬 수월하죠.

나: 자체 관리팀이 있나요?

리더: 없습니다. 아니, 정확히 말하자면 아예 없다고는 할 수 없죠. 직원 한 명당 관리자 수가 적어서 간접비가 낮을 뿐입니다. 또한 직원들은 경영진을 거치지 않고 동료들과 곧바로 협업할 수

있고 스스로 결정을 내릴 수 있기 때문에 만족감이 높습니다.

협업이 필요한 상황에서 직원들은 서로를 돕습니다. 동료들이 일을 제대로 수행하지 못할 경우 직원들은 자신의 업무가 아니라도 더욱 합심해 일하곤 합니다. 저희 회사에 하향식 관리방식이 필요 없는 이유죠.

나: 그러한 방식은 얼마나 효과적인가요? 직원들은 보통 올바른 결정을 내리나요?

리더: 대체로 그렇습니다. 경영진이 그런 환경을 구축했기 때문이죠. 우리가 제대로 일을 하면 직원들 역시 우리를 따르게 되어 있습니다.

나: 이 프로젝트는 직원들의 기존 업무에 어떤 영향을 미쳤나요? 직원들은 여러 프로젝트를 진행하는 가운데 이 프로젝트에 배정되었나요? 아니면 진행하던 일을 중단하고 이 프로젝트에 합류했나요?

리더: 우리는 해당 업무를 수행할 수 있는 전문성을 갖춘 직원을 찾습니다. 그런 직원들은 하던 일이 있기 마련이죠. 그들이 진행하던 일 중 마감이 급하지 않은 프로젝트도 있었습니다. 우선순위 측면에서 잠시 제쳐둘 수 있었죠.

그러나 긴급한 프로젝트를 진행 중인 직원들도 있었습니다. 그들은 여러 프로젝트를 동시에 완료하기 위해 그 어느 때보다 열심히 일해야 했죠. 하지만 이 또한 우리 기업문화의 일부입니다. 직원들은 필요할 때 더 많은 에너지를 쏟아 붓습니다. 그들이 기꺼이 그렇게 하는 이유는 휴가일수가 정해져 있지 않기 때문이기도 합니다. 정말 열심히 해서 두 가지 프로젝트를 동시에 진행할 경우 프로젝트가 완료되면 좀 쉴 수 있다는 사실을 잘 알고 있죠.

나: 직원들이 그런 자율적인 휴가 정책을 남용하지는 않나요?

리더: 그런 경우는 없었습니다. 직원들은 열정적으로 일합니다. 그들은 기업문화를 비롯해 성인다운 취급을 받는다는 사실을 좋아하죠. 부당 이득을 취하지는 않습니다. 다른 기업에서는 그런 사례가 있다고 들었습니다. 경쟁적인 조직문화에서는 이런 자율적인 정책이 오히려 아예 휴가를 포기하게 만드는 요인으로 작용하기도 하죠. 휴가를 가면 자리를 빼앗길 수 있다는 생각이 팽배하기 때문입니다. 하지만 우리 회사에서는 그런 걱정을 할 필요가 없습니다. 직원들에게 오히려 휴가를 장려합니다. 그래야 몸도 마음도 생기를 되찾을 수 있기 때문이죠. 우리 회사는 일과 삶의 균형을 중요하게 생각합니다(협업을 장려하는 인센티브에 대해서는 11장에서 더 자세히 살펴볼 것이다).

나: 당신이 보기에 이 프로젝트는 성공적이었나요?

리더: 대성공이었죠. 6개월에서 8개월 사이에 프로젝트가 완료되었습니다. 이 프로젝트를 이끄는 전반적인 지침이 존재했지만 직원들에게 제약을 가하거나 체제의 노예가 되도록 만들지 않는 선에서만 적용되었죠. 직원들은 자신이 할 일을 빠르게 파악했으며

협업을 통해 프로젝트를 완수했습니다. 그들은 열심히 일했고 프로젝트가 완료되면 휴식을 취할 수 있다는 것을 잘 알고 있기에 만족했죠.

요약

다양한 팀에 소속된 많은 직원이 이 중요하고도 복잡한 프로젝트에 참여했다. 경영진이 이 프로젝트를 지원했지만 그들이나 중간관리자가 일의 진행사항을 일일이 관리하지는 않았다. 강력한 협업 문화와 '해내자'는 정신 덕분에 이 프로젝트는 실무자 중심의 자율적인 진행방식으로 성공적으로 마무리될 수 있었다.

이 대규모 프로젝트를 빠른 시일 내에 완료하기 위해 누군가는 현재 하던 일을 잠시 제쳐둬야 했다. 진행하던 일을 중단할 수 없기 때문에 자신의 업무를 재설정하거나 일과 삶의 균형을 재점검해야 하는 이들도 있었다. 결국 이 프로젝트는 대성공을 거두었고 직원들에게 불필요한 부담을 안겨주지 않았다.

> ▶ **적용**
>
> 여러분의 회사에서는 프로젝트가 이 같은 방식으로 진행되는가? 경영진은 중요한 프로젝트를 시작하고 중단하거나 변화를 줄 때 직원들

과 속 깊은 대화를 나누는가? 결정을 바꾸고 개선할 때 직원들의 피드백을 반영하는가? 직원들이 해당 프로젝트를 기꺼이 받아들일 수 있도록 그들에게 전후사정을 충분히 설명하는가? 프로젝트가 진행되는 동안 직원들은 얼마나 많은 권한을 누리며 관리자들은 얼마나 깊이 개입하는가? 위 사례의 어떤 측면을 여러분의 기업문화에 적용하겠는가? 그러려면 어떠한 난관을 극복해야 할까?

| 상향식 제품 개발

두 번째 사례는 중간관리자가 전해준 이야기로, 신제품 개발을 장려하는 독특한 방식을 잘 보여준다. 첫 번째 경우와 마찬가지로 이 대기업 또한 물리적인 형태와 디지털 형태로 소비자에게 제품을 제공하고 있었다.

기업의 대표 상품을 관리하는 핵심 팀에서 일했던 이 관리자는 자신이 구상한 아이디어와 그것을 실행에 옮긴 과정을 공유해주었다.

소비자는 데스크톱 컴퓨터, 태블릿, 스마트폰 등의 기기로 이 기업의 제품을 이용할 수 있었다. 하지만 처음부터 그랬던 것은 아니다. 원래 이 제품은 데스크톱 컴퓨터용으로 개발되었지만 시간이 흐르면서 다른 장치로도 이용이 가능해졌고 사용자는 제품을 이용하기 위해 각기 다른 방식을 동원해야 했다. 같은 기능을 활성화시키는 데 기기마다 눌러야 하는 버튼이 달랐던 것이다. 소비자는 혼란스러워했다. 이 관리자는 고객의 불만을 좀 더 확실히 파악하고 이 사안을 더 자세히 살펴보기로 했다.

관리자: 우리 제품을 작동시키는 방식이 기기마다 각기 다르다는 것이 문제였습니다. 제가 속한 핵심 팀은 다양한 버전의 제품을 생산하는 모든 팀과 협업했기 때문에 소비자 불만사항을 수없이 접할 수 있었죠. 하지만 그때까지만 해도 문제를 해결할 만한 자원이 없었습니다.

나: 왜 이전에는 이것이 당신 팀이나 다른 팀이 해결해야 할 주요 문제로 대두되지 않았던 거죠?

관리자: 여러 이유가 있었죠. 가장 큰 문제는 기업문화였을 겁니다. 각 팀은 창의적으로 자신들의 업무를 수행할 자율권이 있었죠. 이 제품의 모든 버전에서 작동 가능한 단일한 방법을 개발하는 것은 어쩌면 각 팀들에게 제약을 가할 수도 있어서, 기업문화에 다소 반하는 것이었거든요.

나: 그렇다면 어떻게 이 프로젝트에 착수하게 되었나요? 첫 번째 단계가 무엇이었죠?

관리자: 저는 우선적으로 처리해야 할 일이나 당장 마감할 업무가 없을 때 시간을 두고 이 문제를 살펴보기로 했습니다. 먼저 이것이 정말 문제인지 확인하기 위해 관련 자료를 수집했습니다. 고객들이 다양한 장치에서 우리 제품을 사용하는 데 불편을 느끼는지 확인해보았죠.

나: 자료 수집 결과 문제가 있었나요?

관리자: 네, 고객들은 확실히 불만이 많았습니다. 모든 기기에서 동일한 운영 시스템을 사용할 수 있기를 원했죠. 그로 인해 우리가 고객을 놓치고 있는지는 알 수 없었습니다. 불만을 품은 고객이 이 문제 때문에 경쟁사의 제품을 사용하고 있는지는 알 수 없었죠. 자료를 통해 궁금증이 전부 풀린 것은 아니었지만 이 프로젝트에 착수해야겠다고 확신하게 되었습니다.

나: 그 다음은 무엇을 하셨죠?

관리자: 고객의 입장에서 소규모 실험을 진행했어요. 그들의 머릿속으로 들어가 특정 기능을 가동시키는 다양한 방법 중 어떤 방법이 가장 쉬울지 살펴봤습니다.

나: 얼마나 깊이 연구를 진행하셨나요? 다른 이들에게 아이디어를 개진하기 전에 제품을 구체적으로 재설계했나요?

관리자: 저는 직접 해결책을 고안할 생각은 없었습니다. 이 문제가 얼마나 복잡한지 가늠해보려고 했을 뿐이죠.

저는 사업 제안서를 작성한 뒤 변화를 꾀할 수 있는 방법을 대략적으로 그려보았습니다. 동료들에게 제 생각을 말한 뒤 그들의 동의를 얻었죠. 그러고 난 뒤에는 부사장급 경영진에게 제안서를 보고해 작업에 착수해도 괜찮을지 의사를 물었습니다.

나: 실제 프로젝트로 진행한 걸 보니 승인을 받으신 거죠?

관리자: 경영진은 제안서를 마음에 들어 했습니다. 저는 이 사안을 더 살펴보기 위해 직원들을 모아 팀을 꾸렸습니다. 설계, 기술, 조사, 마케팅 담당자를 비롯한 여러 팀이 일주일 동안 협업해 아이디어를 구체화했죠.

모든 일이 원활하게 진행되었습니다. 이 프로젝트가 실행 가능할 뿐만 아니라 중요하다는 사실에 모두가 동의했죠. 우리는 경영진을 상대로 전략 프레젠테이션을 했습니다. 프로젝트 착수 방안에 관한 구체적인 사항도 포함시켰죠. 경영진은 다음 단계를 진행하도록 승인했습니다.

나: 그래서 프로젝트에 착수했나요?

관리자: 아니요, 아직 프로젝트를 시작할 준비가 되어 있지 않았습니다. 꽤 복잡한 업무였거든요. 이 제품의 다양한 버전을 담당하는 여러 팀의 중간관리자들이 다 같이 모여 몇 개월 동안 관련 절차를 가늠해보았습니다. 우리는 또한 이 팀들 간의 제휴를 강화하기 시작했죠.

나: 절차를 가늠해보고 제휴를 강화한 뒤에는 프로젝트가 시작되었나요?

관리자: 아니었습니다. 저희 회사만의 독특한 특징은 실무진에게 무슨 일을 할지 결정할 수 있는 (전반적인) 권한이 있다는 겁니다. 이번 건처럼 새로운 아이디어가 있다 하더라도 실무진에게 억지로 떠맡길 수는 없습니다. 그들이 이 프로젝트를 진행하도록 설득해야 하죠. 그들이 진행 중인 다른 일에 비해 이 프로젝트가 중요하다는 점을 납득시켜야 합니다.

나: 대부분의 회사에서 일이 배정되는 방식과는 상당히 다르네요. 실무진을 어떻게 설득하셨나요?

관리자: 경영진을 설득할 때 사용한 기본 제안서를 바탕으로 직원들이 매력을 느낄 만한 세부사항을 추가했죠. 우리는 직원들이 이 프로젝트를 비롯해 제품의 특징과 예상 작업 기간, 프로젝트를 진행하면서 새로운 것을 배울 수 있는 기회 등에 관해 질문할 거라 예상했습니다. 다행히 직원들은 이 프로젝트에 매력을 느꼈고 소비자 불만이 꽤나 컸기 때문에 우리는 이 프로젝트를 진행하도록 실무진들을 설득할 수 있었죠.

나: 드디어 작업을 시작했나요?

관리자: 아직 마지막 단계가 남아 있었어요. 우리는 업무 관리 계획을 세웠죠. 누가 무엇을 하고 직원들이 어떻게 협업하고 의사소통할지 결정했습니다. 그러고 난 뒤 작업에 착수했죠.

나: 그때부터는 프로젝트를 마칠 때까지 순탄하게 진행되었나요? 아니면 해결해야 할 난제가 발생했나요?

관리자: 프로젝트를 진행하면서 많은 난관에 부딪혔죠. 난관을 해결한 방식은 기업문화에 대해 많은 것을 보여줍니다. 저를 비롯한 수많은 직원이 이 기업에서 일하는 걸 좋아하는 이유이기도 하고요.

긴밀하게 협업해야 하는 두 팀의 업무 진행방식이 달랐습니다. 일부는 서로 상충하기도 했고요. 과거에는 문제가 되지 않았지만 이제는 아니었죠. 그들의 작업이 서로 잘 맞물려야 했으니까요. 두 팀은 사용하는 수단과 절차에 관해 합의를 봐야 했습니다.

한 팀은 팀원 수가 부족한 데다 다른 프로젝트도 진행 중이었어요. 다른 팀은 그 팀의 힘든 상황을 잘 알았습니다. 그래서 팀원이 부족한 팀에게 업무 수단을 바꾸라고 설득하는 대신 그 팀의 업무방식을 그대로 받아들이기로 했어요. 그 팀의 업무 수단까지 바꾸려면 부담이 가중될 게 뻔했거든요.

나: 대단하네요. 드문 일인가요, 아니면 그런 일이 자주 있나요?

관리자: 자주 있습니다. 우리 기업문화에서 제가 높게 평가하는 부분입니다. 직원들은 동료를 돕고자 하죠. 그러한 정신이 기업문화의 '유전자' 속에 녹아 있어요.

나: 문제가 발생하면 팀원들끼리 문제를 해결하나요, 아니면 관리자가 개입하나요?

관리자: 관리자가 개입할 때도 있습니다. 각 버전마다 다르게 작동하는 여러 특징 중 한 가지 특징에 문제가 있을 때 관리자가

프로젝트에 관여해야 했죠. 어떤 방식이 최선인지를 두고 여러 팀 간에 의견이 분분했거든요. 그들 간에 의견이 모아지지 않자 교착 상태를 타개하기 위해 관리자가 개입해야 했습니다. 결국 저를 비롯한 몇 명의 관리자가 개입했고 그들이 결정을 내리는 데 도움을 주었습니다.

나: 관리자가 문제 해결에 관여하는 것에 부정적인 인식은 없나요?

관리자: 전혀 없습니다. 보통 관리자는 팀원들이 스스로 문제를 해결하도록 내버려둡니다. 이번 사례의 경우 관리자들은 불화가 발생한 것을 이미 알아챘어요. 하지만 직원들에게 문제를 해결할 수 있는 기회를 주고 싶었습니다. 그들은 오랜 시간 고심한 끝에 이 문제를 쉽게 해결할 수 없으리라는 것을 알았습니다. 바로 그때 우리에게 도움을 요청해온 거죠. 그들 입장에서도 억울한 감정이 없고 우리 입장에서도 부정적인 감정이 없었죠. 저희 기업에서 관리자의 주요 역할이 바로 그것입니다.

나: 그 밖에도 이 프로젝트에 대해 말씀해주시고 싶은 사항이 있나요?

관리자: 우리는 직원들이 어려운 문제를 해결하기 위해 열심히 일하는 동안 즐거운 업무 현장을 만들기 위해 콘테스트를 시행했습니다. 골치 아픈 문제에 대한 괜찮은 해결책을 가장 먼저 제안하는 팀에게 영예를 주는 거였습니다. '뽐낼 수 있는 권한'이 보수

로 주어졌죠. 1등에게는 자동차, 2등에게는 100달러, 3등은 해고 하는 그런 방식이 아니었습니다.

저희 회사에서도 과거에는 가시적인 상을 준 적이 있습니다(자동차 나 해고가 아니라 100달러짜리 선물 같은 것). 하지만 그런 보상은 불건전한 경쟁을 낳고 팀원들 간의 진정한 협업을 저해했죠. 우리는 뽐낼 수 있는 권한 정도가 딱 적당하다는 것을 알게 되었습니다.

나: 프로젝트는 성공적이었나요?

관리자: 네. 제품의 다양한 버전을 성공적으로 통합시켜 소비자 가 어떤 기기에서도 동일한 운영체제를 이용할 수 있게 되었죠. 훌륭한 아이디어였고 소비자 만족도 또한 높아졌습니다.

요약

경영진이 프로젝트를 제안했던 첫 번째 사례와는 달리 이번 사례에 서는 관리자가 프로젝트를 제안했다. 이 기업에서는 전 직원이 창의 적인 아이디어를 제안하고 이 아이디어를 더 진행할 만한 가치가 있 는지 살펴보기 위해 초기 연구를 수행하도록 장려된다.

경영진이 해당 아이디어를 검토하고 추진해볼 만하다는 판단을 내리고 나면, 충분한 시간을 들여 이 아이디어를 구체화하고 철저 한 검증 단계를 거치라는 승인이 떨어진다. 그러면 아이디어 발기인 은 해당 아이디어를 진행하도록 실무진을 설득할 수 있게 된다. 실 무진은 최종 관문으로 집단의 지성을 이용해 아이디어의 가치를 더

욱 철저히 평가한다. 이 독특한 방식은 직원들에게 큰 권한을 부여
한다.

이 프로젝트가 진행되는 동안 늘 그렇듯 문제가 발생하기도 했
다. 대부분은 실무자 단계에서 해결되었다. 하지만 관리자의 개입이
필요한 문제도 있었다. 관리자들은 필요할 때만 개입했으며 그들이
개입하는 상황에 대해 부정적인 인식은 없었다.

▶ 적용

여러분의 회사에서는 신제품을 개발하거나 기존 제품을 개선할 때 보
통 어떤 절차가 진행되는가? 개인이나 팀이 잠재력 있는 아이디어를
제안하고 이와 관련해 초기 연구를 수행하는 데 시간을 할애하도록
장려되는가? 이 기업이 실무진을 설득하는 방법에 대해 어떻게 생각
하는가? 여러분의 회사에서도 이 방법을 활용할 수 있다고 보는가?
여러분의 조직에서는 현재 진행 중인 업무나 특수 프로젝트를 추진하
는 데 관리자가 얼마나 적극적으로 참여하는가? 그들의 역할은 이 기
업의 관리자의 역할과 비슷한가?

| 기업 내부의 업무 시스템 변경하기

세 번째 사례는 현재 실리콘밸리에서 활동 중인 컨설턴트가 들려준 이야기다. 그는 한때 유명 다국적 금융회사에서 정보통신기술(IT)팀의 책임자로 일했는데, 그때의 일화를 공유해주었다.

앞서 살펴본 두 기업과 마찬가지로 이 금융업체 역시 직원들에게 최대한 자율권을 주어야 더 많은 업무 노력을 기울이고 주인의식을 갖게 된다고 믿었다. 이러한 정신에 입각해 이 회사의 소프트웨어 개발팀들은 어떤 기술을 이용해 업무를 수행할지 각자 선택할 수 있었다. 그 결과 팀마다 각기 다른 기술을 활용하고 있었다. 하지만 이런 관행은 심각한 문제를 낳았다. 팀 간에 협업하거나 결과물을 공유하기가 쉽지 않았던 것이다. 이들이 사용하는 기술의 상당수가 서로 소통하기 힘든 것이었기 때문이다.

나: 이 프로젝트의 목표는 무엇이었나요? 당신의 역할은요?

컨설턴트: 각 개발팀들이 공통으로 이용할 수 있는 기술을 선정하는 것이었죠. 천 명이 넘는 직원이 사용할 수 있는 한 가지 기술로 통합해야 했습니다. 저는 이 프로젝트의 총괄 책임자였고요.

나: 어떻게 그 역할을 맡게 되셨죠? 그 역할을 맡도록 요청받으셨나요?

컨설턴트: 제가 자원해서 하겠다고 했습니다. 필요성을 절실히 느꼈기 때문이죠. 물론 쉬운 프로젝트가 아닐 거라는 걸 알았습니다. 프로젝트가 성공하려면 책임자가 꽤 깊이 개입해 매 단계를 꼼꼼히 진행해야 했죠.

나: 혼자서 진행하셨나요, 다른 이들과 협업하셨나요?

컨설턴트: 수많은 직원이 영향을 받을 게 분명했고 그들이 이 변화를 받아들이는 게 중요했기 때문에 저는 최고정보관리자(CIO)와 협업해 사업 부문별 설계자와 기술 지도자를 한데 모았죠. 모든 사업 부문에서 기술 대표자가 선정되었습니다. 까다로운 조건을 충족시키려면 그들의 입장에서 잠재적인 기술을 평가해야 했기 때문이죠. 우리는 모든 팀이 사용할 단일 기술을 선정하기 위해 협업했습니다.

나: 대표자들로 이루어진 팀에게 최종 결정을 내리고 이를 실행할 권한이 있었나요? 그 과정은 어떻게 진행되었죠?

컨설턴트: 우리는 머리를 맞대어 수많은 기술을 시험했습니다. 다행히 우리는 회사에 가장 적절한 한 가지 기술에 관해 비교적 쉽게 합의에 도달할 수 있었죠. CIO를 비롯한 경영진에게 결과를 보고했고 경영진은 우리의 결론에 동의했습니다.

나: 그 다음부터 모든 일이 쉽게 진행되었나요?

컨설턴트: 전혀 그렇지 않았습니다. 가장 어려운 일이 남아 있었습니다. 우리는 단일한 기술을 이용하는 것이 왜 중요한지 직원

들을 설득할 방법을 찾아야 했죠. 우리가 왜 해당 기술을 최종적으로 선택했는지도 납득시켜야 했습니다. 게다가 이 기술을 업무 현장에 제대로 정착시킬 방법도 찾아야 했고요. 이 변화는 천 명이나 되는 직원이 업무를 수행하는 방식에 큰 영향을 미칠 게 분명했거든요.

나: 단일한 기술을 적용하는 게 좋다는 점을 어떻게 설득했나요?

컨설턴트: 우리는 CIO 바로 아래 간부를 비롯해 우리의 권고사항을 승인한 기타 임원진에서부터 시작했습니다. 그들을 만나 진솔한 대화를 나누었죠. 단일한 기술의 필요성과 그로 인해 회사가 취할 수 있는 이득, 우리가 선정한 구체적인 기술 등에 대해서 말이죠. 그러고 나서 프로젝트 총 책임자인 제가 나서서 임원진 밑에서 일하는 각 관리자들과 회의를 했습니다. 그 다음에는 그 아래 단계 실무진과 대화를 나눠 결국 천 명의 직원 모두와 소통을 했죠.

저는 각기 다른 기술을 사용하기 때문에 문제가 발생하고 있다고 설명했습니다. 직원 상당수가 상충하는 기술 때문에 이미 문제를 겪었던 터라 설득이 어렵지는 않았습니다. 저는 각기 다른 기술들이 '상호 교환되지' 않으며 그 때문에 해결책을 다시 마련하느라 시간을 낭비해서는 안 된다는 점을 강조했습니다. 그들이 우려하는 사항에 귀 기울였고 최대한 솔직하게 답했습니다.

나: 대화가 특히 어려웠던 부분이 있었나요?

컨설턴트: 직원들은 이 변화로 인해 모든 것이 중앙집권화되지 않을까 걱정했어요. 그들의 자율성이 침해 받을까 염려했죠. 우리는 대화를 통해 직원들이 여전히 파트너임을 주지시켰습니다. 부정적인 변화가 아니라는 사실을 설득할 수 있었죠.

나: 직원들을 설득하고 난 뒤에는 어떻게 했나요?

컨설턴트: 우선, 진행 중인 프로젝트는 현재 사용하는 기술을 이용해 완료하는 게 맞다고 보았습니다. 이미 진행 중인 프로젝트를 방해하고 싶지는 않았거든요. 새로운 기술은 새로운 프로젝트를 시작할 때 적용하면 되고요.

우리는 서비스팀을 만들어 직원들을 교육했고 새로운 기술을 받아들일 수 있도록 도와주었죠. 직원들이 이 과정을 즐길 수 있도록 외부에서 전문가를 초청해 점심시간을 이용해 강의를 열었습니다. 프로그래머들이 학습한 내용을 공유할 수 있도록 사용자 그룹을 조성했고 이 새로운 기술을 잘 알고 있는 전문 프로그래머들을 고용해 타이거팀(컴퓨터 산업에서 새로 출시될 소프트웨어의 에러나 보안상의 허점, 컴퓨터 네트워크의 보안이 깨지는 이유를 찾아내기 위해 만든 특수팀으로, 해킹 전문가팀이라고 불리기도 한다-옮긴이)을 구축했죠. 진행 중인 프로젝트가 난관에 봉착했을 때 도움을 요청할 수 있는 팀이었습니다. 우리는 새로운 기술을 개발 중인 모든 관련 팀과 그들의 업무가 담긴 내부 정보 포털을 구축했습니다. 새로운 팀이 이 신기술을 이용해 프로젝트를 진행할 때마다 우리는 모든 관련 팀과 런치 앤 런(lunch-and-learn) 세션을 가져 그들이 봉착한 문제와 해결 방법을 공유했습니다.

나: 프로젝트는 성공적이었나요?

컨설턴트: 네, 성공적으로 진행되었고 천 명의 소프트웨어 개발자들은 단일 기술을 이용하게 되었습니다. 시간이 지나면서 의외의 긍정적인 효과도 낳았죠. 숙련된 기술자들의 조직망이 자체적으로 형성되어 직원들끼리 도움이 필요한 동료들을 서로 도울 수 있게 되었습니다.

요약

이 프로젝트의 목표는 한두 가지 신제품을 출시하는 게 아니라 내부 시스템을 바꾸는 것이었다. 이 변화의 시행으로 수많은 직원의 업무 수행방식이 바뀌게 될 터였다. 각 팀은 어느 정도 자유를 빼앗기고 기술 표준화를 시행해야 했다.

이 프로젝트는 발기 차원에서 앞서 살펴본 두 사례의 중간에 위치하는 경우로, 경영진과 관리자 간의 협업에서 시작되었다. 이 프로젝트는 중요했고 직원 모두가 받아들여야 하는 변화였기에 모든 부서의 책임자들이 이 프로젝트에 참여했다. 관련 팀이 다양한 기술을 시험했고 기업의 요구를 가장 잘 충족시킬 수 있는 기술을 결정했다. 기술이 선정되고 난 후에도 해야 할 일이 많았다.

관리자들은 이 프로젝트가 직원 사기와 열정에 부정적인 영향을 미칠 수 있다고 생각했다. 그들은 직원들을 존중했으며 직원들과 이 변화에 관해 솔직히 이야기 나누고 싶어 했다. 대화를 진행하고 난 뒤에도 아직 할 일이 남아 있었다. 관리자들은 직원들이 새로운 기술에 친숙해지는 데 필요한 지식을 갖출 수 있도록 직원 교육 및 지원 프로그램을 꼼꼼히 설계해놓았다.

▶ **적용**

여러분의 기업에서는 내부 시스템을 바꾸기 위한 프로젝트를 어떻게 진행하고 있는가? 관련 팀의 관리자나 직원이 변화를 꾀하는 과정에 참여하고 있는가? 그렇지 않다면 특정 상황에서 그러한 방식으로 일 이 진행되는 것을 상상할 수 있는가? 이 같은 복잡한 변화가 실행될 때 여러분의 기업에서는 중요하고 진솔한 대화가 이루어지는가? 그 러한 변화가 있을 때 관련 직원들이 새로운 업무방식에 친숙해지도록 충분한 교육이 이루어지는가?

| 다양한 협업방식

앞서 살펴본 세 기업에서 복잡한 변화를 시행하는 방식이나 변화에 참여하는 직원들 간에 협업을 장려하는 방식은 상당히 달랐다. 이 세 가지 사례는 협업을 꾀하는 여러 가지 방법 중 일부에 불과하다. 실리콘밸리 리더들은 이 밖에도 효과적으로 협업한 수십 가지 사례를 공유해주었다. 협업은 하나의 방법으로 진행되어야 하는 권위적인 도구가 아니며 다른 방식으로 실행할 수 없는 것도 아니다.

그렇기는 하지만 이 세 가지 사례에서 우리는 중요한 유사점을 찾아볼 수 있다. 그 공통점을 살펴보면 협력적인 조직을 구성하는 중요한 요소가 드러난다. 공통적인 요소는 다음과 같다.

- 협업을 권장하고 강화시키는 기업문화
- 동료를 비롯해 전 직원과의 협업을 통해 협업의 가치를 몸소 보여주는 리더
- 적정한 협업을 장려하는 직원 인센티브
- 직원들이 프로젝트의 주인으로서 해당 프로젝트에 적극적으로 참여하도록 만드는 동시에 직원 관리, 안내, 지도를 가능하게 하는 경영 철학과 관행
- 직원들을 억압하지 않으면서도 복잡한 프로젝트를 조직하고 관리하는 데 도움이 되는 프로젝트 관리 방안
- 협업의 중요성을 인식하는 직원

위 요소들은 4장에서부터 살펴볼 SVAC의 기본 지침이다.

협업의 시대

4/
협업에 필수적인 네 가지 요소

서문에서 언급한 재즈 앙상블을 다시 떠올려보자. 연주자 개인(예를 들어 트럼펫 연주자)은 자신의 파트를 훌륭하게 연주할 수 있어야 한다. 더불어 각 섹션(예를 들어 호른 섹션)에 속한 모든 연주자는 해당 섹션 내 다른 연주자뿐만 아니라 다른 섹션의 연주자와도 조화를 이루어야 한다. 최종적으로 밴드의 지휘자는 개별 연주자와 섹션이 내는 소리를 하나로 합쳐 조화롭고 단일한 소리를 만들어 내야 한다.

| 협업의 구성요소

색소폰 연주자, 드럼 연주자를 비롯한 각 연주자는 연주팀의 일원으로서 자신의 역할이 독주자가 아니라는 사실을 안다. 그들은 자신이 맡은 부분을 훌륭하게 연주하되 다른 이들과도 조화를 이루어 위대한 작품을 탄생시켜야 한다.

조직 안에서도 마찬가지다. 우리는 혼자서만 일하는 '독주자' 자리에 앉혀지지 않는다. 혼자서 일할 때도 있지만 '방향을 전환해' 동료들과 협업해야 하는 때도 있다.

혼자서 일할 때는 다른 누군가와 함께 일할 때와는 다른 기술이 요구된다. 우리는 전문성을 발휘하고 업무 수행방식을 파악하며 비판적 사고 능력과 판단력을 활용해 올바른 결정을 내리고 최상의 결과물을 내놓는다. 반면 다른 이들과 일할 때는 업무를 '전적으로 책임지겠다는' 사고방식에서 벗어나야 한다. 전문성을 바탕으로 초기 단계의 아이디어를 제안하되 다른 이들과 힘을 합쳐 최상의 결과물을 내놓아야 한다. 무엇을, 어떻게 수행할지 단독으로 결정할 수 있는 자유를 내려놓아야 하지만 그 결과 다양한 전문지식을 얻을 수 있다.

우리는 대부분 기업에 고용되기 전, 전문지식을 습득하고 관련 기술을 배울 뿐 타인과 일하는 방법은 배우지 않는다. 하지만 기업에 고용되면 다른 직원들과 함께 일해야 하며 상사의 지시를 받게 된다. 조직의 일원이 된 우리는 그동안 배운 개별 역량을 어떻게든 해당 업무에 적용해보기 위해 고군분투한다. 하지만 이러한 방식은 보통 효과가 없다.

우리는 타인과 잘 협업하는 방법도 배워야 한다. 이 책의 주요 목적이 바로 그것이다. 이번 장에서는 우리가 타인과 일할 때 개인적으로 이용하는 '개인의 역량', 개인의 지성을 집단의 지성에 녹이기 위해 팀으로서 적용할 수 있는 절차인 '팀 도구'를 살펴볼 것이다.

이 두 가지 자질 외에도 협력적인 문화를 구축함으로써 동료들과 함께 일할 수 있도록 지원하는 조직의 역량이 필요하다. 이 역시 협업을 상려하기 위해 반드시 필요한 요소다. 이를 '기업 관행'이라 부르겠다.

이 세 가지 특징(개인의 역량, 팀 도구, 기업 관행)이 바로 협업의 구성요소다.

▮ 개인의 역량

타인과 효과적으로 협업하기 위해 우리에게 필요한 기본적인 역량과 태도가 있다. 다른 이들이 이해할 수 있으며 그들을 참여시키는 방향으로 의사소통하는 것도 그중 하나다. 그러기 위해서는 상대의 말에 귀 기울이고 그들을 존중하며 신뢰해야 한다.

상대의 전문성과 인지 능력을 존중할 경우 우리는 상대의 생각과 관점을 중요하게 생각하게 된다. 또한 상대가 정직하게 자신의 지식을 공유하고 약속을 지킨다고 믿을 때 상대의 말과 행동을 신뢰하게 된다. 상호 존중, 신뢰, 열린 마음, 효과적인 의사소통은 효과적인 협업으로 이어질 수 있다.

이러한 자질과 태도는 판돈이나 다름 없다(즉 이것 없이는 성공적인 협업을 이룰 수 없을 만큼 필수적이다). 그 중요성 때문에 우리는 대부분 조직에 몸담기 전에 이러한 자질을 배우며 수많은 기업이 직원들에게 관련 교육을 제공하고 있다(이 책의 다른 부분에서 이에 대해 간략히 언급하겠다).

이 같은 기본적인 자질 외에도 개인에게 요구되는 네 가지 능력이 있다. 이 네 가지 능력은 SVAC의 핵심 요소다.

1. 자신에게 충실하기: 타인과 일할 때 내가 중요하게 생각하는 것이 무엇인지 파악하기. 내가 소중히 여기는 가치와 이에 충실할 수 있는 방법 파악하기. 감정의 역할과 감정을 다스리는 방법 파악하기.

2. 타인에게 충실하기: 동료들과 진정성 있게 의사소통하기. 즉 동료들을 배려하고 동료들에게 솔직하며 동료들의 생각이 옳을 때 그들을 지원하고 옹호하기.

3. 업무에 충실하기: 동료들과 협업해 해당 프로젝트를 진행하기 위한 최고의 아이디어와 적절한 방법에 대해 합의하기. 해당 아이디

어의 소유권이 누구에게 있는지 따지기보다는 최상의 결과를 낳는 것이 중요하다는 사실 인식하기.

4. 회사에 충실하기: 기업의 목표와 내가 해당 목표에 가장 잘 기여할 수 있는 방법을 계속해서 생각하기.

요약

우리는 이 네 가지 능력을 전부 어렴풋이 이해는 하지만 실제로는 자신에게 가장 밀접한 한두 가지 요소에 집중하는 경향이 있다. 현실에서 이 네 가지 능력은 서로 긴밀하게 연결되어 있다. 동료들의 성공에 기여하지 않을 경우 그들 역시 우리를 지원할 확률이 낮다. 결국 팀은 분열되고 업무 성과 또한 낮아질 것이다. 직원들이 해당 프로젝트와 기업 전체를 위해 최고의 결과물을 내놓는 데 전념하지 않을 경우 목표 달성은 훨씬 더 어려워진다.

이 네 가지 능력을 병렬로 놓고 살펴보면 새로운 관점을 갖게 된다. 해당 프로젝트를 성공적으로 진행하는 방법에 대한 자신의 목표와 관점을 옹호하는 데서 벗어나 동료들이 제안한 아이디어, 특히 기업 전체의 요구 또한 고려하게 된다. 그 결과 한두 가지 요소에만 집중할 때는 얻을 수 없는 통찰력을 얻게 되고 더 나은 결정을 내릴 수 있다(네 가지 능력을 이해하고 활용하는 세부적인 방법에 대해서는 5장과 6장, 7장에서 살펴보겠다).

┃팀 도구

타인과 일할 때에는 혼자 일할 때와는 다른 방식으로 업무를 조직하고 수행해야 한다. 이를 위해서는 다음과 같은 세 가지 요소가 필요하다.

1. **절차**: 직원 개개인의 활동을 조율하려면 업무를 조직하고 관리할 수 있는 방법이 필요하다.

2. **분류 체계 공유**: 사람마다 프로젝트나 특정 주제에 대해 각기 다르게 정의 내리기 마련이다. 해당 주제를 명료하고 구체적으로 설명해 관련자 모두가 생각을 공유하고 올바른 대상에 집중하도록 해야 한다.

3. **불확실한 미래에 대한 효과적인 결정**: 우리는 미래를 정기적으로 예측해야 한다. 안정적인 환경에서는 비교적 쉽게 미래를 예측할 수 있지만 상황이 급변하는 환경에서 일할 때는 그렇지 않다. 불확실한 미래에 대해 다양한 정보를 바탕으로 결정을 내리는 데 도움이 될 수 있는 방법을 살펴볼 것이다.

자, 이제부터 이 세 가지 도구를 자세히 살펴보자.

협업의 시대

절차

특정 업무에 참여하는 직원이 많을 경우 그들을 조직하고 관리하기 위해서는 다음과 같은 구체적인 사항을 명시해야 한다.

- 각 업무의 책임자와 마감일
- 직원들이 의사소통하고 상호 교류하는 방법에 관한 일반적인 지침
- 업무의 중요한 부분을 기록하는 방법

업무 조율 과정이 필요 없다고 생각하는 이들이 많다. 직원들이 알아서 협업하고 그렇게 결과물을 내놓는다는 게 그들의 생각이다. 이는 사실이 아니다. 특히 복잡한 프로젝트에서는 그런 일이 저절로 발생하지 않는다. 한 실리콘밸리 리더는 이에 관해 이렇게 말했다. "능력 있는 직원들끼리 협업한다고 문제가 발생하지 않는 것은 아닙니다. 업무 조직 체계를 갖추면 문제를 쉽게 예방할 수 있으며 문제가 발생하더라도 쉽게 해결할 수 있습니다."

왜 대부분의 기업은 새로운 프로젝트에 착수할 때 직원들과 공유할 수 있는 업무 조직 체계를 갖추지 않는 것일까? 8장에서 우리는 다양한 프로젝트를 진행하는 데 도움이 되는 효과적인 절차를 설명하면서 몇 가지 이유를 살펴볼 것이다. 그 전까지는 애자일(agile)이라는 훌륭한 방법이 있다는 것만 알아두자. 애자일은 지난

15년 동안 소프트웨어 프로젝트를 관리하는 데 성공적으로 사용되고 있는 프로그램이다.

애자일은 소프트웨어 개발 작업뿐만 아니라 거의 모든 프로젝트를 이끄는 데 유용하게 사용될 수 있다. 나는 대개 소프트웨어 개발 전용으로 간주되는 애자일 관리기법을 일반적인 프로젝트 관리 방법으로 소개하고자 한다.

분류 체계 공유

혼자 일할 때는 프로젝트나 관련된 특정 주제를 비교적 쉽게 이해할 수 있다. 명확하지 않은 사항은 업무를 배정해준 사람에게 묻거나 직접 찾아볼 수 있다. 많은 사람이 이해하고 받아들일 만한 정의를 내리기 위해 고민하지 않아도 된다. 하지만 조직 내에서 일할 때는 전혀 그렇지 않다. 사람들은 저마다 자신만의 사전과 어휘집을 지니고 있으며 다른 이들도 자신과 같은 생각일 거라고 짐작하곤 한다.

여러분이 한 무리에 속해 있다고 치자. 누군가가 갑자기 duck이라고 외쳤다. 여러분은 어떻게 반응하겠는가? 가장 가까이 놓인 탁자 아래로 몸을 숨기겠는가(duck에는 몸이나 머리를 확 수그리거나 숨긴다는 뜻이 있다–옮긴이)? 아니면 도널드 덕을 찾아 주위를 둘러보겠는가? 이와 마찬가지로 누군가 발표 도중 head라고 말할 경우 '우두머리'를 말하는 건지 '신체의 가장 윗부분을' 말하는 건지 파악하기 위해서는 맥락을 살펴봐야 한다.

자주 사용되는 이 같은 두 단어조차 이렇게 다른 의미를 지니는데 복잡한 주제에 대해 얘기를 나눌 경우 얼마나 많은 오해가 발생할 수 있겠는가? 따라서 다른 이들과 함께 일할 때는 명확하고 구체적으로 말해야 한다. 이렇게 상대가 이해할 수 있도록 분명하게 설명하는 것을 '프레이밍'이라 한다(프레이밍에 관해서는 9장에서 살펴볼 것이다).

불확실한 미래에 대한 효과적인 결정

다른 이들과 협업할 때는 미래를 예측해야 하는 상황이 종종 발생한다. 예를 들어, 차세대 디지털 카메라에 어떤 기능을 넣을지 결정할 때 우리는 미래를 예측하곤 한다. 경쟁사의 차세대 디지털 카메라를 보여주는 수정구슬이 있다면 좋겠지만 그런 구슬은 없다. 또한 어떤 기술 혁신이 나타날지 예측할 수 있다면, 그리고 어떤 정부 규제가 곧 실행될지 알 수 있다면 더욱 좋겠지만 이 역시 불가능한 일이다.

그래서 우리는 대부분 그저 한숨을 쉬며 이런 사항을 알 수 없다는 사실을 깨달을 뿐이다. 그렇기에 섣불리 어림짐작하지 않는 것이 좋다고 생각하거나 미래를 예측할 수 있는 척하며 우리가 생각하는 최고의 이론을 바탕으로 계획을 세운다. 이 두 가지 방법 모두 그리 유용하지는 않다. 좀 더 유익한 다른 방법이 있다. 변화의 여지가 있는 사항을 가능성으로 보는 것이다. 이 가능성을 활용할 경우 우리는 불확실한 미래에 대해서도 효율적인 결론에 도달할 수 있다.

한 실리콘밸리 리더는 이렇게 말했다. "우리는 스스로를 경쟁에 내던져야 합니다. 무슨 일이 일어나고 있는지 물어야 하는 거죠. '이 일의 원동력은 무엇이며 왜 그러한가?'라고요. 이 세상은 12달 전이나 심지어 12분 전과도 다른 모습입니다. 팀원들의 도움을 받아 세상을 다르게 보기 전까지는 다른 점이 보이지 않습니다." 조직적인 방식으로 이를 수행하는 데 도움이 될 수 있는 방법이 있다. 이를 '시나리오 계획'이라 한다(시나리오 계획에 대해서는 9장에서 살펴볼 것이다).

▎기업 관행

앞서 살펴본 개인의 역량과 팀 도구는 효과적인 협업을 위한 구성 요소로 우리 모두 언제든 활용할 수 있는 유용한 도구다. 반면 세 번째 구성요소는 평직원이든 하급 관리자든 직원 개개인이 직접 통제하기 쉽지 않다. 이것은 직원들이 효과적으로 협업할 수 있는 능력을 증진시키거나 저해하는 세 가지 주요 관행으로 이루어져 있다.

이 세 가지 관행은 경영 관행, 직원 인센티브, 상호 접근성이다. 이 책에서는 성공적인 협업에 영향을 미치는 이 세 가지 기업 관행을 주로 다루고자 한다. 우리가 혼자 힘으로나 다른 팀원과 협력해 이 세 가지 관행을 전부 수립할 수는 없겠지만 그 중요성에 관해 경영진과 대화를 나눠볼 수는 있다(경영진과 그러한 대화를 나누는 방법에 관해서는 14장에서 살펴볼 것이다).

협업을 지원하는 경영 관행

경영은 예술이자 과학이다. 우리는 언제부턴가 현명하게도 모든 상황에 일괄적으로 적용되는 단일한 방법으로는 사람과 일을 관리할 수 없다는 사실을 알게 되었다. 1900년대 초, 처음으로 대기업이 등장했을 때만 해도 우리는 그 사실을 깨닫지 못했다.

한 세기 전인 당시에 경영 전문가는 직원들의 업무 수행방식과 관리자의 감독방식을 정확히 조직하려 했다. 목표와 전략을 세우는 것은 경영진의 일이었고 해당 목표를 달성하기 위해 무슨 일을 할지 결정하는 것도 그들의 몫이었다. 그들은 특정 직원에게 해당 업무를 위임했다. 정확한 업무 수행방식을 직원들에게 지시했고 직원들이 그 방법으로 업무를 수행하는지(그리고 다른 방식을 사용하고 있지는 않은지) 감독했다.

이런 업무방식이 제조업에서는 효과적이었다. 대부분의 직원이 일괄 작업을 하는 비숙련자였기 때문이다. 하지만 작업이 덜 명확하고 숙련된 노동자들을 고용하는 산업에는 별로 효과적이지 않았다. 이런 산업이 날로 번창하자 직원과 경영 원칙을 조직화하는 것이 차츰 비효과적인 관행이 되었다. 그 결과 대부분의 기업에서 관리자의 역할은 지난 50년 동안 계속해서 변하고 있다. 수년간 유명한 기업에서 일하다 지금은 국제적인 컨설턴트로 활동하는 실리콘밸리의 한 리더는 이에 관해 이렇게 말했다. "사람들은 '관리되기'를 원하지 않는다. 예산은 관리할 수 있다. 일정도 관리할 수 있다. 하지만 사람은 이끌어야 한다."

직원들이 서로 협업하기를 원하고 그럴 수 있는 조건을 갖춘 협력적인 환경을 조성하는 데 도움이 되는 기업 관행이 있다. 협업을 지원하는 전략과 목표, 조직 구조, 경영 철학과 가치, 직원 고무시키기, 경영 관행, 수정 관행 등이다(자세한 내용은 10장에서 살펴보겠다).

직원 인센티브

우리 인간은 이기적이지 않다. 오히려 정반대다. 우리는 타인을 염려하며 돕고 싶어 한다. 또한 친구, 이웃, 동료에게 도움이 되고자 하며 낯선 이에게 관대하다. 전문가들은 인간이 사회적 동물이라 확정지었다. 우리 대부분은 조직 내에서 생활하고 일하며 타인을 도울 때 심리적으로 큰 보상을 얻는다.[1]

이렇게 우리는 이기적이진 않지만, 분명 사리는 추구한다. 이는 당연한 일이다. 우리가 일을 하는 데는 수많은 이유가 있다. 성공하고자 하는 욕망, 의미 있는 일에 기여하고자 하는 욕구, 중요한 일을 해내야 할 필요성 등이다. 우리는 재정적인 보상을 원한다. 타인과 일할 때 보수가 더 적어진다면 굳이 협업할 이유가 없을 것이다.

직원 인센티브 정책은 리더가 직원들 간에 협업을 장려하기 위해 활용할 수 있는 주요한 수단이다. 하지만 대부분의 기업은 이를 무시하며 팀이나 조직의 성과가 아닌 개인의 성과를 바탕으로 연봉을 책정한다.

팀이나 기업 전체적으로 달성한 결과물에서 개인이 기여한 부분을 측정하기란 개인 혼자서 달성한 결과물을 측정하는 것보다 훨씬 어렵다. 하지만 이는 쉬운 방법을 취하는 것이 효과적인 방법을 취하는 것과 같지는 않다는 것을 보여주는 한 사례다. 직원들이 혼자 수행한 업무만 보상할 경우 직원들은 그런 업무에만 집중할 것이다. 기업은 직원들이 '팀의 업무'에 얼마나 기여했는지에 따라서도 보상을 해주어야 한다.

그러기 위한 방법에는 여러 가지가 있다. 모든 기업은 나름의 적절한 인센티브 정책을 구축해야 한다. 실리콘밸리 기업에서 시행 중인 방법을 일부 알려줄 테니 참고하기 바란다. 11장에서 보수, 상여금, 연기된 보상, 휴가 정책을 비롯한 기타 수당과 관련해 실리콘밸리에서 시행 중인 정책을 살펴볼 것이다.

상호 접근성

협업에 큰 영향을 미치는 마지막 기업 관행은 직원들이 협업해야 할 동료에게 쉽게 접근할 수 있는지 여부다. 직원들이 함께 일할 수 없을 경우 협업의 효율성이 크게 저해될 수 있다. 직원 접근성의 개념은 다음과 같이 요약할 수 있다.

1. **사무실 설계**: 상호 협업을 통해 큰 이득을 볼 수 있는 직원들 간의 교류가 증진되도록 사무실이 설계되어 있는가?

2. **지리적 분산**: 도시 내에서, 전국적으로, 국제적으로 일할 때 직원들은 어떻게 동료와 교류하는가?

3. **재택근무**: 직원들의 재택근무를 허용하는가? 그렇다면 직원들은 사무실에 없거나 다른 지점에서 일하는 이들과 어떻게 협업하는가?

위 세 가지 요소는 협업에 아주 중요하다. 이에 대해서는 12장에서 자세히 살펴보겠다. 여러분의 생각과 다른 사실에 놀랄지도 모르겠다.

▌실리콘밸리 협업방식의 시각화

지금까지 SVAC의 세 가지 구성요소인 개인 역량, 팀 도구, 기업 관행을 살펴보았다. 이제부터 각 구성요소를 보다 효과적으로 적용

실리콘밸리의 협업방식

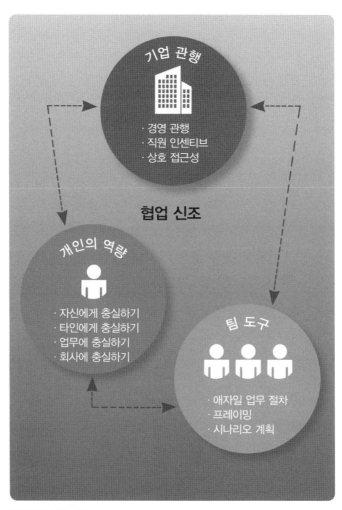

에일린 조르나우 그림

하는 데 도움이 되는 실질적인 방법을 살펴볼 것이다. 살펴볼 내용이 많기 때문에 시각화하는 편이 좋을 듯하다. 앞의 그림은 SVAC를 그림으로 나타낸 것이다.

이 세 가지 구성요소를 성공적으로 결합한다면 직원들의 업무 수행방식이 확연히 달라질 것이다. 직원들이 협업을 소중히 여기고 협업 결과 때로는 놀라운 아이디어가 탄생한다는 사실을 알기 때문이며 기업이 그들에게 협업을 기대하며 이를 보상해줄 거라 생각하게 되기 때문이다.

직원과 관리자 모두가 이 영역에서 조화를 이룰 때 협업 신조가 구축된다. 실리콘밸리 리더들과 그들이 속한 기업을 다른 기업과 차별화시키는 것이 바로 이 협업 신조다.

마법 같은 소리로 들릴지도 모르겠다. 결과는 마법일 수 있지만 과정은 그렇지 않다. 협업 신조에 동의하는 사람을 찾아 추가적인 기술을 가르치고 팀 도구를 제공한 뒤 그들 간의 협업을 지원하고 장려하는 기업 관행을 실시하라. 그러면 정말 마법이 일어날 것이다.

나는 실리콘밸리의 리더들에게 실질적인 도구를 협업 신조라는 마법으로 변화시킨 방법을 물었다. 이에 대한 그들의 답은 다음과 같다.

수년간 경영진으로 일한 한 리더는 이렇게 말했다. "이 회사는 독특합니다. 다른 조직에서는 간부와 평직원들이 서로 경쟁하죠. 이 회사에서 우리는 하나의 팀입니다. 우리는 동료들보다 뛰어난 성과

협업의 시대

를 거두기 위해 서로 다투지 않습니다. 물론 우리는 최고가 되고 싶어 합니다. 그렇게 되기 위해 노력하죠. 하지만 개인이 아닌 조직으로서 최고가 되고 싶은 겁니다."

협력의 문화가 덜한 기업에서 일했던 또 다른 리더는 "협업은 길고 인생은 짧아요. 이 회사는 100퍼센트 협력적인 문화는 아니지만 그래도 협업이 꽤 잘 이루어지고 있습니다. 완벽하지는 않지만 서로를 신뢰하는 분위기가 조성되어 있죠. 직원들은 자신의 의견을 솔직하게 표명할 수 있습니다"라고 말했다.

여러 신생기업을 성공적으로 이끈 한 리더는 현재 몸담고 있는 기업의 비밀이 "지적 호기심과 훌륭한 결과를 위해 자아를 희생하고자 하는 의지"라고 말했다. 그는 "다른 기업과 마찬가지로 이곳에도 자아가 넘쳐납니다. 하지만 자아가 의지와 만난 결과 직원들은 열린 마음으로 새로운 생각에 귀 기울이며 위협을 느끼지 않습니다"라고 설명했다.

실리콘밸리의 협업방식과 이를 시각화한 자료를 살펴보았으니 기업의 관행에 협업 신조와 SVAC가 반영된 실리콘밸리 기업 속으로 가상 여행을 떠나보도록 하자. 익명성을 보장하기 위해 이 기업을 수퍼브 소프트웨어(수소)라 칭하겠다.

| 수퍼브 소프트웨어: SVAC의 전형

수퍼브 소프트웨어는 야심찬 목표를 갖고 있다. 이 기업은 경쟁사보다 조금 더 성공하는 데 만족하지 않으며 업계 전체를 바꾼다는 담대한 목표를 품고 있다. 경영진은 자사의 독특한 기업문화를 높게 평가하며 직원들도 같은 생각이기를 바란다.

협업을 위한 개인의 역량

수퍼브 소프트웨어의 직원들은 기업의 가치를 중요하게 생각한다. 가치를 상투적인 것으로 취급하는 기업도 있지만 이 기업에서는 가치가 회사를 이끄는 주요 원칙으로 작용한다. 첫 번째 가치는 높은 업무 성과다. 그 다음으로는 책임감이 수반된 자율성, 높은 연봉, 통제가 아닌 이해, 동료들과 협업하는 직원 등이 있다.

이러한 가치를 바탕으로 이 기업에서 직원들에게 기대하며 보상을 제공하는 행동들은 다음과 같다.

1) 현명한 의사결정
2) 귀 기울여 들은 뒤에 반응하기
3) 중요한 분야에서 뛰어난 실적 달성하기
4) 빠르고 폭넓게, 열정적으로 배우기
5) 어려운 문제의 실질적인 해결책 찾기
6) 논쟁의 여지가 있더라도 자신의 의견 밝히기(밝히는 데서 그치는 게

아니라 올바른 일 수행하기)

7) 뛰어난 업무성과를 달성하기 위해 자신과 동료들을 고무시키기

8) 솔직하고 단도직입적으로 행동하기

9) 나와 우리 팀뿐만 아니라 기업을 위한 최선책 찾기

수퍼브 소프트웨어는 기업문화에 맞는 가치관과 태도를 갖춘 직원을 찾는 것이 얼마나 중요한지 알고 있다. 그들은 개인의 가치와 조직의 가치가 조화를 이루지 않을 경우 문제가 발생한다고 생각한다. 또한 높은 성과를 추구하는 자사의 문화가 열심히 일하고 솔직하며 변화를 추구하는 뛰어난 직원들을 끌어들인다고 믿는다.

팀 도구: 다목적 절차에 대한 그들의 생각

수퍼브 소프트웨어의 경영진은 절차와 규칙에 관해 오랫동안 고민해왔다. 그들은 기업이 성장하고 직원 수가 증가하면 대부분의 기업은 절차와 규칙에 지나치게 의존하게 되며 직원들의 효과적이고 효율적인 업무 수행을 돕기 위해 정책을 수립하게 된다고 생각한다. 하지만 그들이 보기에 엄격한 절차와 규칙은 직원들의 생산성을 저해하는 결과를 낳는다. 이 기업의 경영진은 다른 기업의 경영진과 달리 직원들이 창의적으로 일할 수 있는 유연한 문화와 열심히 일하도록 장려하는 인센티브가 기업의 성공에 큰 영향을 미친다고 본다.

그래서 이들은 불필요한 관료체제를 없애기 위해 노력한다. 하지만 정반대의 결과인 혼돈을 원하지도 않기 때문에 균형을 유지하려고 애쓴다. 그들은 몇몇 기업처럼 절차를 전면 거부하지는 않는다. 복잡한 프로젝트를 이끄는 데 도움이 되는 체계를 갖추는 것이 바람직하다고 생각하기 때문에 직원들을 지나치게 억압하지 않으면서도 기본적인 업무 지침이 될 수 있는 절차를 찾기 위해 애쓴다.

그들은 복잡성에 적응하기보다는 이를 최소화하기 위해 최선을 다한다. 부담스러운 절차를 실행하는 것보다는 모든 것을 최대한 단순화하는 것이 직원들이 할 일을 파악하는 데 도움이 된다고 생각한다. 이는 기업이 생산하는 제품에도 영향을 미친다. 수퍼브의 사업 모델은 작은 제품을 많이 판매하기보다는 큰 제품을 몇 개 파는 것이 목표이기 때문이다.

그들은 조직의 효율성을 추구하느라 직원들의 업무 수행방식을 제한하는 일이 없도록 주의한다. 그래서 '규칙 크리프(규칙이 점차 많아져 관리 불가능한 수준까지 증가하는 현상)'를 의식적으로 피한다.

그렇다고 해서 효율성을 중요하게 생각하지 않는 것은 아니다. 그들은 직원 개개인과 팀이 효율적으로 일하기를 기대한다. 그저 해야 하는 일과 해서는 안 되는 일을 수없이 나열하는 식으로 효율성을 추구하지는 않을 뿐이다. 물론 체크리스트와 가이드라인을 활용하지 않기 때문에 실수가 발생할 수는 있다. 그들 역시 이 사실을 알고 있지만 실수를 발견해 재빨리 수정한다면 괜찮다고 본다. 즉 직원들이 실수로부터 교훈을 얻을 수 있으면 된다. 훗날 다른 실수를 저지른다 하더라도 어쩔 수 없는 일이라 간주하며 최대한 빨리 문제를 해결하기만 하면 문제 삼지 않는다. 하지만 동일한 실수가 반복되는 것은 용납하지 않는다. 직원들이 실수로부터 교훈을 얻지 못했다고 생각하기 때문이다.

기업 관행

경영 관행: 수소의 경영진은 통제보다는 이해를 추구한다. 그들은 전후사정(이유)을 설명하고 직원 개개인을 이성적인 성인으로 대우할 경우 수많은 규제를 가하는 것보다 더 바람직한 의사결정이 이루어진다고 본다.

관리자들은 직원들이 자사의 목표를 이해하고 개인이나 팀의 업무를 이 목표와 연결 짓도록 만든다. 직원들이 잘못된 추론이나 안 좋은 결정을 내릴 경우 경영진은 해당 직원이 아닌 자신들에게 더 많은 책임이 있다고 생각한다. 그들은 관리자가 직원들에게 전후 맥락을 충분히 설명한다면 현명하지 못한 의사결정을 대부분 피할 수 있다고 본다.

수퍼브 소프트웨어의 협업 관련 경영 철학은 팀원들끼리 조율할 필요성을 강조한다. 경영진은 효과적인 업무 수행에 도움이 될 수 있는 정보를 직원들끼리 서로 공유하기를 바란다. 이 기업의 회의에서는 대부분 이러한 조율이 이루어진다. 일방적으로 정보를 전달하기 위한 회의는 열지 않는다. 정보 전달은 이메일을 비롯한 다른 수단을 통해서 이루어지는 편이 낫다고 본다.

관리자들은 도움 요청이 있을 때까지 기다리지 않고 먼저 나서서 동료에게 도움을 제공하는 등 직원들 간에 신뢰를 구축하는 행동을 장려한다.

직원 인센티브: 수소는 가장 똑똑한 직원들을 고용하기 위해 애쓴다. 어떤 기업은 뛰어난 직원을 한두 명 채용한 뒤 이들을 중심으로 팀을 구축한다. 많은 스포츠팀이 구축되는 방식과도 비슷하다. 이 스타들은 높은 지위를 누리며 지도자의 큰 관심을 받는다. 다른 직원들은 그들의 의견에 주의를 기울이고 그들을 지원하는 역할을 맡는다. 이와는 달리 수퍼브 소프트웨어는 모든 자리에 최고의 인재를 앉히기 위해 노력한다.

경영진은 직원들이 협업하며 서로를 도울 거라고 기대한다. 비밀리에 일을 진행하거나 지나치게 치열한 경쟁을 유도하는 행동은 보상받지 못할 뿐만 아니라 용납되지도 않는다. 관리자들은 직원들이 상생하도록 장려하며 그러한 직원에게 보상을 안겨준다.

다른 기업에서는 'C등급(보통의)'의 업무 성과를 용납할지 몰라도 수소에서는 아니다. '보통의' 업무 성과는 해고를 의미한다. 그렇다고 해서 이 기업이 충성심을 고려하지 않는 것은 아니다. 훌륭한 직원이 난관에 봉착할 경우 기업은 한동안 해당 직원의 사정을 봐준다. 하지만 무한정 기회를 주는 것은 아니다.

이 기업은 능력이 부족한 직원의 짐을 다른 직원들이 무기한 지도록 하는 것은 불공평하다고 생각한다. 마찬가지로 회사가 재정적인 어려움에 처할 경우 직원들이 회사에 영원히 남아 있을 거라고 기대하지도 않는다.

그들은 자사 같은 기업에서는 정말 열심히 일하는 사람과 보통의 노력을 기울이는 사람 간에 업무 성과가 크게 차이난다고 생각한다. 관리자는 "기업의 성공에 이 사람이 얼마나 중요한가?"라는 질문을 업무 평가 기준으로 삼는다. 해당 직원의 업무를 잘 알고 있을 경우 이 질문에 쉽게 답할 수 있다.

수퍼프 소프트웨어의 업무 평가는 직원들이 얼마나 열심히 일하고 어떠한 성과를 내는지를 측정한다. 관리자는 직원들이 얼마나 오래 일했는지보다는 얼마나 열심히 일했는지, 어떠한 성과를 달성했는지 평가하기 위해 최선을 다한다.

이 기업은 개별 직원들 간의 협업도 평가한다. 최종 결과만을 볼 뿐 직원들 간에 업무 협조가 얼마나 잘 이루어졌는지는 고려하지 않는 기업도 있다. 여기선 그렇지 않다. 최종 결과 덕분에 직원들 간에 협업이 증진되었는지, 그들의 업무 성과가 개선되었는지도 살펴봐야 한다.

수퍼브 소프트웨어는 지속적이고 정직한 피드백을 중요하게 생각한다. 직원들이 공식적인 업무 평가 기간 동안 받는 피드백에 당황하지 않도록 사전에 주기적으로 피드백을 제공해야 한다고 본다. 업무 성과 피드백은 일종의 대화로 봐야 한다는 게 그들의 생각이다. 직원들은 관리자에게 피드백을 묻도록 권장될 뿐만 아니라 당연히 그럴 거라고 여겨진다.

수소는 특정 팀이나 기업 차원에서 고위직이 필요할 경우에만 직원을 승진시킨다. 반면 다른 기업은 직원들이 일을 잘하고 있으며 기업의 성공에 기여하고 있다는 사실을 보여주기 위한 보상 시스템의 일환으로 승진 제도를 이용한다. 수소의 경영진은 승진을 그런 수단으로 이용할 경우 직원들에게 잘못된 메시지를 전달할 수 있다고 생각한다. 그들은 업무 성과를 보상할 때는 봉급을 비롯한 기타 수당을 이용하면 되고 승진은 조직 내 고위직이 필요할 경우에만 이루어져야 한다고 본다. 해당 자리가 비어 누군가를 승진시켜야 할 경우 현 직책에서 뛰어난 역할을 수행하며 동료들에게 귀감이 될 만한 인물만을 고려한다.

봉급에 대한 이 기업의 정책은 단순하다. 모든 직책마다 업계 최고의 대우를 해주되, 직원들이 열심히 일하고 성공하려는 의지를 보일 거라 기대한다. 이 기업은 계속해서 업계 최고의 대우를 해줄 수 있도록 매년 시장조사를 통해 핵심 직책의 봉급을 결정한다.

이러한 철학이 있기에 이 기업은 일반적인 공식을 바탕으로 월급을 인상해주거나 성과급을 제공하지 않는다. 일반적인 공식을 바탕으로 계산된 연봉은 대부분의 기업에서 의도한 효과를 내지 못한다고 본다.

수소는 직원들이 더욱 즐겁게 일할 수 있도록 여러 혜택도 제공한다. 평소 질 좋은 식사를 제공할 뿐만 아니라 이따금 여는 파티에서는 더욱 좋은 음식을 제공한다. 또한 직원들이 오고 싶고 오랜 시간을 보내고 싶어 하도록 근사한 사무실을 제공하려고 한다. 이 모든 노력은 유능한 직원을 끌어들이고 유지하기 위해서다.

수퍼브 소프트웨어의 직원들은 자신의 업무를 잘 수행하기만 한다면 원하는 만큼 오랫동안 휴가를 갈 수 있다.

이 기업 역시 과거에는 표준 휴가 정책을 따랐다. 모든 직원이 매년 특정 일수의 휴가를 받았다. 하지만 언제부턴가 이런 정책이 더 이상 효과적이지 않다는 사실을 깨달았다. 직원들은 때로는 야근을 하고 주말에도 일했으며(최소한 이메일을 확인했다) 업무 시간에 이따금 개인적인 시간을 가졌기 때문이다. 직원들이 일한 시간이 아니라 휴가 기간을 추적하는 것이 모순적이라는 사실을 지적하자 기업은 이 정책이 더 이상 효과적이지 않다는 사실을 깨달았다.

이러한 철학에 맞춰 그들은 전 직원에게 특정 휴가일수를 부여하는 정책을 없앴다. 그들은 모든 직원이 충분한 휴식 시간을 가진 뒤 새롭고 상쾌한 마음으로 직장에 복귀하기를 바랐다. 다른 방침과 마찬가지로 직원들에게 기업뿐만 아니라 스스로에게도 최선이 되는 방향으로 행동하기를 요청했다.

수퍼브 소프트웨어는 '최고를 추구하기 위해 최선을 다하는' 자사의 관행을 자랑스럽게 여긴다. 이러한 정책과 관행은 협업 신조가 반영된 훌륭한 사례로, 합리적일뿐만 아니라 전체적으로 서로 조화를 이룬다.

요약

수퍼브 소프트웨어의 경영 원칙과 SVAC의 개인 역량(자신에게 충실하기, 타인에게 충실하기, 업무에 충실하기, 회사에 충실하기), 협업하는 이들의 여섯 가지 특징(성공을 향한 열망, 의미 있는 대상에 기여하고자 하는 욕구, 끈기, 차이의 수용, 진정한 의사소통을 향한 욕구, 전사적 목표 이해)에서 겹치는 부분이 있다는 것을 눈치 챘을지도 모르겠다.

수소의 팀 도구와 기업 관행은 SVAC의 관행 및 도구와 일맥상통한다.

이 기업의 원칙 및 관행과 이 책에서 언급한 원칙 및 관행 사이에 직접적으로 겹치는 부분이 존재하는 것은 우연이 아니다. 사실 수퍼브 소프트웨어는 이 책의 기반이 되는 정보를 제공해준 27개 실리콘밸리 기업들과 상당히 비슷하기 때문이다.

SVAC 모델은 실질적이며 매일같이 수많은 기업에서 시행되고 있다.

▶ **적용**

이 기업을 여러분의 회사와 비교해보라. 겹치는 부분이 있는가? 이
기업의 특징을 여러분의 회사에 적용할 수 있겠는가?

이제부터 실리콘밸리의 협업방식을 조금 더 구체적으로 살펴보
자. 5장에서는 이 협업방식의 핵심 구성요소 중 하나인 개인의 역량
을 자세히 살펴보도록 하겠다.

2부

개인의 역량은
조직 내에서
어떻게 증폭되는가

협업을 위해서는 개인적으로 짚어보아야 할 것들과 갖춰야 할
역량이 따로 있다. 자신에게 충실하기, 타인에게 충실하기, 업
무에 충실하기, 회사에 충실하기다. 그 구체적인 의미는 무엇
이고, 그런 역량을 키우는 방법으로는 어떤 것들이 있을까?

5/
성공적인 협업을 보장하는 개인의 역량

여성의 얼굴처럼 보이는 착시 그림을 본 적이 있을 것이다. 언뜻 보면 늙은 여인의 모습이 보인다. 하지만 동일한 그림이 젊은 여성이나 나이든 남자로 보이기도 한다. 한 번 눈에 들어온 모습은 좀처럼 다르게 보이지 않는다. 우리는 전체 그림을 보고 있다고 생각하지만 다른 이들이 다르게 보인다고 말하는 순간, 자신의 실수를 깨닫는다. 다른 얼굴이 뚜렷이 보이기까지 자신의 관점을 바꾸기란 얼마나 어려운 일인지!

이 예시를 보면 우리는 주위 환경을 걸러내 특정 대상에만 주의를 기울인다는 사실을 알 수 있다. 우리의 뇌는 주위 환경 중 일부만을 받아들이며 눈에 보이는 대상을 조직화하고 해석함으로써 그것을 이해하려 한다.

네 가지 역량(자신에게 충실하기, 타인에게 충실하기, 업무에 충실하기, 회사에 충실하기)을 활용하면 시야가 확장되며 주위의 중요한 자극을 더 많이 파악할 수 있다. 네 가지 역량을 활용하는 방법을 파악하는 과정은 착시 그림의 전체 모습을 보는 것과 상당히 비슷하다. 이는 복잡한 상황에 놓일 때 우리를 둘러싼 안개를 제거하는 데 도움이 된다.

다음 그림은 네 가지 관점을 조화롭게 사용할 수 있도록 시각적으로 통합한 것이다.

이번 장의 나머지 부분에서는 각 '충실하기' 기술이 의미하는 바를 살펴볼 것이다. 설명과 더불어 특정 상황에서 확실한 관점을 유지하기 위해 이 기술을 활용한 사례도 곁들였다. 여러분의 기업이 현재 당면한 문제에 이 네 가지 기술을 적용해볼 수 있을 것이다.

이제부터 각 '충실하기' 기술을 자세히 살펴보도록 하자.

협업의 기술: '충실하기' 모델

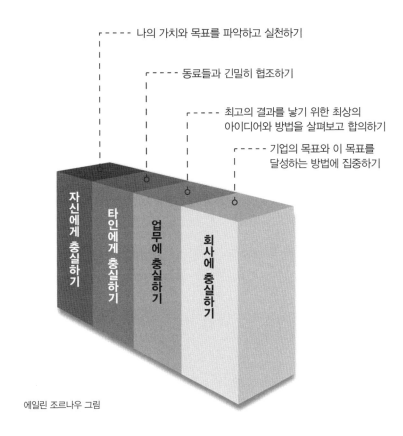

┌ - - - - 나의 가치와 목표를 파악하고 실천하기

　　┌ - - - - 동료들과 긴밀히 협조하기

　　　　┌ - - - - 최고의 결과를 낳기 위한 최상의
　　　　　　　　　아이디어와 방법을 살펴보고 합의하기

　　　　　　┌ - - - - 기업의 목표와 이 목표를
　　　　　　　　　　　달성하는 방법에 집중하기

자신에게 충실하기

타인에게 충실하기

업무에 충실하기

회사에 충실하기

에일린 조르나우 그림

| 타인과 협업할 때 자신에게 충실하기

자신에게 충실할 때는 내가 중요하게 생각하는 대상을 알며 이를 바탕으로 행동하게 된다. 즉 자신에게 충실하기는 내가 중요하게 생각하는 가치를 파악해 이에 맞게 행동하는 일이자 나의 목표를 파악해 목표 달성을 위한 행동에 착수하는 일이다. 이는 감정이 하는 역할을 알고 감정을 다스리는 것이기도 하다.

셰익스피어의 《햄릿》에 등장하는 "무엇보다도 이것을 명심해라. 네 자신에 참되어라"라는 문구는 수세기 동안 사람들의 호기심을 불러일으켰다. 1600년대에 쓰인 글 중 여러분이 아는 글이 또 얼마나 되는가? 아마 거의 없을 것이다. 하지만 이 말만은 기억에 남을 것이다.

스티브 잡스는 2005년 스탠포드 졸업연설에서 이와 비슷한 말을 남겼다. "우리에게 주어진 시간은 한정적입니다. 그러니 다른 사람의 인생을 사느라 시간을 낭비하지 마세요. ⋯⋯마음이 가는 대로 직관을 따르는 용기를 지니기 바랍니다. 마음은 여러분이 정말로 원하는 것을 이미 알고 있습니다."[1]

이 천재들은 우리가 중요하게 생각하는 가치에 충실하라고 말한다. 정신건강을 유지하고 만족스러운 삶을 사는 데 꼭 필요한 조건이다.

이제부터 자신에게 충실하기의 세 가지 요소(가치, 목표, 감정 다스리기)를 살펴보자.

나의 가치 실천하기

자신에게 충실하기의 시작점은 내가 소중하게 여기는 것, 즉 나의 가치다. 나의 가치에는 내가 내리는 결정과 내가 취하는 행동이 반영되어 있다. 예를 들어, 진실성을 주요 가치로 삼는다면 여러분은 무언가 중요한 것을 거리낌 없이 밝힘으로써 그 가치에 맞게 행동할 것이다.

수많은 전문가가 기업의 가치를 연구했다. 한 전문가는 25년 동안 기업의 가치와 관련된 자료를 살펴본 결과 이 같은 결론을 내렸다. "전 직원이 중시해야 하는 가치를 명시한 기업은 같은 산업에 속해 있지만 그렇게 하지 않은 기업보다 지난 25년간 평균 수익이 700퍼센트 높았다."[2]

개인적인 가치의 중요성 또한 마찬가지다. 간디는 "행복은 생각, 말, 행동이 조화를 이룰 때 찾아온다"라고 말했다.[3]

자신의 가치를 알지 못할 경우 나를 이끄는 북두칠성이 존재할 수 없다. 우리를 이끄는 이 같은 힘이 없다면 우리는 특정한 행동을 하는 동안 마음이 불편하지만 그 이유를 알지 못할 것이다. 여러분이 중요하게 생각하는 가치를 확실히 파악하기 바란다(그 방법은 6장에서 살펴볼 것이다).

나의 가장 큰 목표 명심하기

자신에게 충실하기는 목표를 세우고 이를 추구하는 것을 의미하기도 한다. 《이상한 나라의 엘리스》에 등장하는 체셔 고양이의 말을 빌리면 "어디로 가고 싶은지 모를 경우 어떤 길을 가든 상관없다."

우리가 세운 목표 중에는 우리의 가치를 바탕으로 하는 것들이 많다. 가족을 돌보는 것이 여러분의 주요 가치일 경우 여러분은 가족들과 시간을 보내는 활동들을 목표로 삼을 것이다. 또한 가족을 재정적으로 지원할 수 있도록 직업적인 성공과 관련된 목표를 세울 것이다.

목표를 명확히 설정해놓으면 내가 중요하게 생각하는 목표를 달성할 확률이 높아진다. 하지만 얼마나 많은 사람이 시간을 갖고 진중하게 목표를 구상할까? 개인 및 조직 발전 전문가인 브라이언 트레이시의 추정에 따르면, 성인의 3퍼센트만이 현실적인 목표를 세우고 이를 달성하기 위한 계획을 세운다고 한다.[4]

심리학 교수 게일 매튜스(Gail Matthews)는 최근 목표 수립에 관한 연구를 진행했다. 그녀는 자신의 목표와 행동 계획을 기록한 뒤 이를 타인과 공유하고 계속해서 진행 상황을 알릴 경우 상당한 효과가 있다는 사실을 발견했다. 모든 단계를 밟은 사람 중 76퍼센트가 목표를 달성했으며, 목표가 있었지만 아무런 단계도 취하지 않은 사람은 43퍼센트만이 목표를 달성했다.[5]

아직 목표를 수립하지 않았다면 부디 현실적인 목표를 세우고 이를 달성하기 위한 계획을 세우는 3퍼센트에 속하기 바란다. 목표를 수립하고 나면 그것의 달성에 전념하며 나의 목표 달성을 지지하는 지인들에게 그 목표를 알려라. 내가 가장 중요하게 생각하는 목표에 충실하는 것이 중요하다. 우리는 순간적으로 이성을 잃어 큰 목표를 보지 못하다가 나중에서야 작은 목표를 달성하느라 나에게 가장 중요한 것을 희생했다는 사실을 깨닫게 된다(6장에서는 목표 수립에 도움이 되는 방법을 살펴볼 것이다).

나의 감정

한때 사장들은 직원들에게 "출근할 때는 현관 앞에 감정을 놓고 오라"고 말하곤 했다. 감정을 차단하라는 뜻이거나 감정은 파괴력이 있기 때문에 직장에는 어울리지 않는다는 뜻이기도 하다. 하지만 이는 옳지 않다. 우리는 늘 감정을 느낀다. 원한다고 차단할 수 있는 게 아니다.

연구 결과에 따르면, 우리는 매일 평균 500가지 감정을 느끼며 일주일 동안 약 3,000가지 감정을 경험한다고 한다. 즉, 우리는 매년 자그마치 15만 가지 감정을 느낀다.[6] 감정을 제쳐두고는 개인적인 성공을 거둘 수 없다. 그렇다고 해서 완벽할 필요는 없다. 현 상태에서 최선을 다하면 된다. 이성과 더불어 감정이 우리의 반응과 행동을 적절히 이끌도록 내버려두면 되는 것이다.

우리가 '감정'이라 부르는 개념의 공통적인 의미부터 살펴보자. 우선 우리의 반응을 야기하는 감정이 발생한다. 이 감정은 우리의 외부나 내부에서 생겨날 수 있다. 외부에서 발생한 감정의 예는 관리자가 당신이 정말로 원하는 프로젝트에 참여하는 것을 승인할 수 없다고 말하는 경우다. 내부에서 발생한 감정의 예는 당신이 듣고 있는 직원 교육 프로그램에 대해 곰곰이 생각해보는 경우다. 당신은 이 교육이 불편하다. 강연에 좀처럼 집중할 수 없지만 동료들 앞에서는 이 사실을 인정하고 싶지 않다.

위 두 가지 사례에서 뇌는 특정 부위에서 갑자기 화학물질을 분비함으로써 우리의 경험에 반응한다. 캘리포니아 대학교 교수인 레다 코스마이드(Leda Cosmides) 박사와 존 토비(John Tooby) 박사는 이것이 지극히 자연스러운 반응이라고 설명한다. (감정이라고도 알려진) 화학물질은 느낌, 감각, 기분, 신체 반응을 야기한다.[7]

우리가 감정을 느끼는 동안, 뇌의 또 다른 부위가 활성화되어 우리가 인식한 대상을 인지된 생각으로 바꾼다. 하지만 감정적인 반응을 낳는 부위가 인지 영역보다 빠르게 작동한다. 감정이 먼저 작용하며 이 감정은 상당히 강력하기 때문에 생각에 영향을 미친다.

감정을 파악하고 이해하면 타인과의 충돌이나 내부 반응에 덜 혼란스러울 수 있다. 감정을 다스린다면 감정의 도움을 받을 수 있다. 그러지 못할 경우 감정은 우리에게 불리하게 작용한다. 여러 연구 결과에 따르면, 감정지능(EQ)이 지능지수(IQ)나 기술 전문지식보다 직업적인 성공에 큰 영향을 미친다고 한다.[8] 감정을 잘 다스리는 것이 중요한 이유다.

'감정(e-motion)'이라는 단어에는 이러한 화학 반응의 영향이 잘 반영되어 있다. 감정에 기인한 느낌이나 기분은 보통 우리가 무언가 조치(motion)를 취해 감정을 떨쳐버릴 때까지 남아 있게 된다. 감정이라는 단어를 보면 감정적인 반응으로 에너지가 발생하며 우리는 건강한 방법으로 이 감정을 처리해야 할 필요가 있다는 사실을 알 수 있다. 그러지 않을 경우 우리 자신과 타인에게 건전하지 못한 방식으로 의도치 않게 이 감정을 발산하게 될지도 모른다.

감정을 적절히 활용하는 법을 파악하면 가정에서뿐만 아니라 직장에서 보다 효과적으로 일할 수 있다(감정을 파악하고 다스리는 방법은 6장에서 살펴볼 것이다).

> **▶ 적용**
>
> 여러분은 스스로 소중하게 생각하는 가치를 잘 알고 있는가? 그 가치를 실천하고 있는가? 여러분은 목표가 있는가? 그 목표를 달성하기 위한 계획을 세웠는가? 목표에 집중하는 데 도움이 되는 타인과 목표를 공유했는가? 여러분은 감정이 생겨날 때 그 감정을 알고 있는가? 그 감정을 다스릴 수 있는가? 어떻게 하면 스스로에게 더욱 충실할 수 있을까? 여러분의 회사는 직원들이 스스로에게 충실한 문화를 어떻게 조성할 수 있을까?

| 타인에게 충실하기의 의미

타인에게 충실하다는 것은 그들과 연결되어 있고 그들의 의견에 귀 기울이며 그들을 지지한다는 의미다. 이는 함께 일하는 동료를 네 트워크의 일부로 본다는 뜻이기도 하다. 그렇다고 해서 동료들과 친한 친구가 될 필요는 없다. 하지만 그들과 진정한 의사소통을 할 경우 협업의 질이 달라진다. 감정적인 교류가 일어나는 것이다.

이 분야의 전문가인 존 파커(John Parker)와 에드워드 해킷(Edward Hackett)은 "감정은 창의력을 낳고 사회적 유대를 강화하며 협업에 방해가 되는 장벽을 낮춰준다"고 말했다.[9] 우리의 감정은 사회적 윤 활유로 작용해 위대한 사상을 낳는 연결망을 형성한다.

구글도 최근 비슷한 결론에 도달했다. 경영진은 왜 어떤 팀이 다 른 팀보다 협업을 잘하는지 그 이유를 알고 싶었다. 그래서 이유를 밝히기 위해 조사를 실시했다. 그들은 팀 규모나 생산적인 업무를 위한 구조처럼 다른 팀과도 공유할 수 있는 정량화된 요소를 찾을 수 있을 거라 기대했다. 하지만 가장 영향력 있는 요소는 심리적 안 정감으로 밝혀졌다. 팀원들이 자신의 생각을 당당히 밝히더라도 비 난을 받지 않을 거라 확신하는 안정적인 분위기를 조성한 팀에서 협업이 가장 잘 이루어졌다. 그들은 "심리적인 안정감 없이는 진정 한 협업이 이루어질 수 없다"[10]는 사실을 알게 되었다.

사람들은 서로의 말에 귀 기울이고 싶을 만큼 서로를 존중할 때 심리적인 안정감을 느낀다. 타인과 진정한 유대감이 형성되어 있을 때 우리는 타인의 말을 더욱 귀담아 듣는 경향이 있다. 나와 대화를 나눈 한 실리콘밸리 리더는 이렇게 말했다. "대화에 사용할 단어를 잘 골라야 하며 상대를 용서할 줄 알아야 합니다. 타인을 용서하지 않으려 할 경우 타인에게서 용서를 기대할 수 없습니다. 그렇게 되면 우리 모두 화를 내고 분노를 표출하게 됩니다. 그 자체로는 나쁘지 않습니다. 일에 지장을 주니 문제죠."

기업에서 다양한 역할을 맡은 12명의 동료와 함께 프로젝트를 진행한다고 치자. 이들은 아주 중요한 임무를 맡고 있다. 십대를 겨냥한 신제품을 만드는 일이다. 이 제품이 성공한다면 새로운 고객층을 확보할 수 있을 것이다. 임원진은 이미 오래 전부터 이 팀이 잠재력 있는 훌륭한 아이디어를 보고할 거라 기대하고 있었고, 7개월 동안 수차례에 걸쳐 회의가 열렸다. 하지만 시간과 노력을 들인 결과는 곤두선 신경과 불편해진 관계뿐이다.

이 프로젝트에 속해 있던 한 동료는 그 회의에 대해 이렇게 말한다. "각자 서로의 의견만 고집했죠. 근거도 없이 상대의 의견을 판단했고 자신의 생각을 지지하는 자료만을 살펴보았죠. 우리는 상대의 말을 듣지 않았습니다. 상대가 말을 끝내기를 기다렸다가 다시 우리의 생각을 주장하곤 했죠. 최악의 경우 상대가 말을 끝내기도 전에 중간에 가로막았습니다."

그녀는 "논쟁을 벌이는 사람이 논증으로 상대를 설득하는 경우는 한 번도 본 적 없다"[11]는 토머스 제퍼슨의 말을 인용하며 이렇게 결론지었다. "이 사실을 알았지만 저희는 논쟁과 토론으로 끈질기게 상대를 설득하려고 했습니다. 겉도는 얘기만 할 뿐 서로 허심탄회하게 얘기를 나누지는 않았죠."

그들은 이렇게 말할 수도 있었을 것이다. "우리는 대화를 통해 여러 가지 질문을 제기했어요. 동상이몽이 아니라 머리를 맞대어 함께 생각할 수 있었습니다."[12] "우리는 새로운 아이디어를 도출했죠. 전에는 절대로 생각하지 못했을 것들을 서로 거리낌 없이 공유했습니다. 우리는 대안을 찾을 수 있었고 집단의 경험을 이용해 이 대안을 하나씩 비교할 수 있었습니다. 우리는 열정적으로 기분 좋게 일했죠. 협업한 덕분에 이러한 성과를 달성할 수 있었습니다. 우리는 처음 일을 시작할 때 서로를 알기 위한 시간을 가졌습니다. 그런 시간과 더불어, 함께 일하면서 쌓은 유대감 덕분에 큰 변화를 꾀할 수 있었죠."

첫 번째 사례는 타인에게 충실하지 않은 직원들의 이야기고 두 번째 사례는 타인에게 충실한 직원들의 이야기다. 여러분이라면 어떻게 하겠는가?

▌ 업무에 충실하기의 의미

업무에 충실하기는 프로젝트를 진행하는 가장 바람직한 방법과
올바른 업무를 살펴보고 합의를 이루는 데 전념한다는 의미다. 이
를 위해서는 해당 아이디어의 소유권이 누구에게 있는지를 밝히는
것보다는 최상의 결과를 내는 일이 훨씬 더 중요하다.

모두가 자신의 의견이 최고라며 다른 사람들을 설득하려고만
할 경우 업무 현장은 불협화음으로 가득찰 것이다. 반면, 모두가
자신의 지식이 중요하지만 궁극적인 해결책은 최고의 아이디어를
하나로 합치는 거라 생각할 경우 보다 조화로운 작업이 이루어질
것이다.

업무에 충실하기 위해 활용할 수 있는 두 가지 주요 기술이 있다.

새로운 정보 수용하기와 대안 살펴보기다.

새로운 정보 수용하기

우리에게는 자신만의 '지식 범위'가 있다. 하지만 우리가 지닌 지식의 한계에 부딪히기 전까지는 그 한계를 보지 못한다. 타인과 특정 주제에 관해 논의하다 보면 잘 알지 못하는 분야에 진입했음을 깨닫는 순간이 있다. 이때 이상적인 경우라면 배움을 향한 욕망이 꿈틀댄다. 역량이 확장될 때 우리는 무언가를 배우기 마련이다. 새로운 대상을 파악하고 세부사항을 살피며 감각을 이용해 정보를 취하고 해당 정보에서 패턴을 파악하게 된다(이를 효과적으로 수행하는 방법에 관해서는 7장에서 살펴보겠다).

대안 살펴보기

타인과 일할 때는 세부사항이나 전체적인 사안과 관련해 올바른 결정을 내리기가 더욱 어렵다. 올바른 결정을 내리기 위해서는 준비를 마친 상태에서 회의에 참석해야 한다. 또한 자신이 처음에 내린 결론은 잠시 내려놓고 다른 관점에서 대안을 바라보고 분석해야 하며 전체적인 그림을(젊은 여인, 늙은 여인, 나이든 남자를 동시에) 볼 줄 알아야 한다. 여러분이 다양한 관점을 지니고 팀의 집단 지성을 도출하는 데 활용할 수 있는 팀 도구가 있다(7장에서는 이때 활용할 수 있는 두 가지 중요한 도구를 살펴볼 것이다).

┃ 회사에 충실하기

회사에 충실하기는 기업의 목표에 집중하며 이에 기여하는 방법을
파악하는 것을 의미한다. 그러기 위해서는 회사가 나아가려는 방향
을 정확히 알고 있어야 한다. 회사에 충실하기는 조직의 목표를 알
며 이 목표 달성에 기여하는 방법을 파악하는 것을 의미하기도 한다.

에이브러햄 링컨은 "전념은 약속을 현실로 바꾼다"[13]고 말했다.
무언가에 전념할 때 우리는 목표를 달성한다. 요청받은 대로만 행
동하지 않으며 주인의식을 느끼기 때문이다. 이를 위해서는 주어진
업무에 열정적으로 임해야 하며 해당 업무의 성공을 간절히 원해야
한다. 또한 이성적, 감정적으로 일과 동료, 조직에 애착을 느껴야 한

다. 이러한 애착은 우리가 회사에서 일하며 월급을 받는다는 사실만으로는 생겨나지 않으며 핵심 기여자로서 대우받을 때 형성된다.

직원들이 회사에 충실하도록 돕기 위한 리더의 역할

조직의 리더는 직원들이 회사에 충실한 환경을 조성하는 데 큰 영향을 미친다. 직원들은 중요한 결정을 내리는 데 도움이 되는 정보를 알지 못할 경우 회사가 목표를 달성하는 데 기여할 수 없다. 협력적인 조직의 리더는 계속해서 직원들에게 정보를 제공하며 그들이 그 정보를 이해할 수 있도록 전후사정을 충분히 설명한다.

페이스북의 사례를 살펴보자. "직원들에게 해당 프로젝트나 기업의 야망에 대해 전혀 알리지 않는 [다른] 기술 기업과는 달리…… 페이스북은 온갖 종류의 비밀을 모든 직원과 주기적으로 공유한다."[14]

마크 저커버그를 비롯한 페이스북 임원진은 극비 정보(기업 전략, 방향 등)나 독점 정보를 직원들과 공유한다. 그리고 이런 정보가 기업 밖으로 새어나가는 경우는 없다. 왜 그럴까? 마크는 직원들을 신뢰한다. 그는 자신이 공유하는 정보가 극비일 경우 이 사실을 공지하며 직원들이 회사 밖으로 정보를 유출하지 않을 거라 믿는다. 회사는 직원들을 성인으로 대우하며 직원들이 그렇게 행동할 거라 기대한다.

그렇다고 해서 모든 기업이 모든 정보를 개방할 수는 없으며 반드시 그래야 하는 것도 아니다. 협업 신조가 정립되어 있는 조직은 특정 정보를 직원들과 얼마나 공유할지 판단해 그에 맞게 행동한다.

직원의 역할

리더가 직원들에게 정보를 공유하고 나면, 그 정보를 활용해 더 나은 결정을 내림으로써 회사에 더욱 기여하는 것은 직원의 몫이다.

기업의 전체적인 방향이 바뀌게 되어 리더가 직원들에게 이런 변화의 배경을 설명했다고 치자. 직원들은 기존에 진행하던 프로젝트가 더 이상 전체적인 방향과 맞지 않을 경우 열정적으로 진행해오던 프로젝트일지라도 중단해야 한다. 이때 직원들이 그 당위성을 충분히 납득했다면 아무리 열심히 진행하던 프로젝트라도 더 쉽게 손을 뗄 수가 있다.

> ▶ **적용**
>
> 여러분의 회사에서 경영진은 정보를 공유하고 전후사정을 설명함으로써 직원들이 기업에 충실할 수 있도록 하는가? 여러분의 조직에는 직원들이 전념할 수 있고 주인의식을 느낄 수 있는 문화가 조성되어 있는가? 직원들은 정보 공유의 밑바탕에 깔린 상호 신뢰를 인식하고 비밀 정보를 누출하지 않으며 그 정보를 업무에 적절히 이용할 줄 아는가?

┃ 개인의 역량이 활용된 예

이제부터 이 네 가지 개인의 역량이 활용된 사례를 살펴보도록 하겠다. 여러분이 애완용 동물 액세서리를 판매하는 회사의 시장조사 책임자라고 치자. 회사의 대표 제품은 개와 고양이 목걸이다. 이 기업은 다양한 종류의 목걸이를 생산하며 이는 기업의 주요 수입원이다.

최근 한 개발자가 새로운 발명품을 들고 회사에 찾아왔다. 그녀가 개발한 제품을 사용할 경우 소비자는 색상, 두께, 천 등을 골라 직접 목걸이를 디자인할 수 있다. 임원진은 여러분에게 시장조사를 실시해 소비자가 이 제품을 좋아할지, 더 많은 비용을 지불할 의사가 있을지 알아보라고 했다.

여러분은 이 질문에 대한 답을 파악하기 위해 시장조사에 나섰다. 조사 결과, 소비자는 저렴한 비용의 기존 제품을 선호하는 것으로 나타났다.

여러분은 시장조사 자료의 가치를 인정하지만 이 자료가 모든 것을 설명해주지는 않는다는 것을 알고 있다. 새로운 제품이 현 제품과 상당히 달라서 소비자들이 쉽게 상상할 수 없을 경우에는 더욱 그러하다. 여러분이 생각하기에 지금이 바로 그런 경우다. 여러분은 혼란스러워졌고 결정에 도움을 받고자 네 가지 개인의 역량을 활용해야겠다고 결정한다.

시장조사 책임자: 자신에게 충실하기

이 사업 기회에서 자신에게 충실하기는 무슨 의미일까? 여러분은 이 조사 결과가 왜곡되어 있다고 생각한다. 소비자는 새로운 목걸이가 기존 제품보다 어떤 면에서 더 괜찮을지 상상할 수 없기 때문이다. 여러분의 생각이 옳다면 조사 결과를 무시한 채 경영진이 이 혁신적인 제품을 수용하도록 설득해야 한다.

하지만 그렇게 할 경우 소비자 조사 결과의 신뢰도를 약화시킬 수 있다. 다른 직원들이 여러분이 훗날 실시하는 시장조사 결과에 동의하지 못할 경우 그것을 무시해도 된다는 식으로 받아들일 수도 있다. 이 점에서 자신에게 충실하기는 자신의 신뢰도를 유지한다는 의미일 수 있다. 즉 여러분은 시장조사 결과대로 신제품을 수용하지 말 것을 경영진에게 보고하고 싶을지도 모른다. 하지만 여러분의 직감에 따르면 이것은 올바른 대답이 아니다. 이 모델에 따르면, 어떻게 해야 할지 결정을 내리기 전에 네 가지 역량을 전부 살펴봐야 한다. 이제 두 번째 역량을 살펴볼 차례다.

타인에게 충실하기

여러분은 타인에게 충실하기가 무슨 의미인지 잠시 생각하던 중 이 제품 담당 팀의 한 직원이 이전 회의에서 새로운 목걸이 개발에 반대하고 나선 기술자라는 사실이 떠올랐다.

다음 주 회의에 들어가 이 제품을 개발하기로 했다고 말하면 그가 별로 달가워하지 않을 것 같다. 그 동료는 팀이 최상의 결정을 내리는 데 도움이 되도록 자신의 의견을 공유할 수 있어야 한다. 여러분은 그의 전문성을 존중하며 팀이 올바른 결정을 내리는 데 그가 도움이 될 수 있다고 본다. 게다가 그 동료가 무시당했다는 느낌을 받지 않기를 바란다. 그래서 회의가 열리기 전에 그 동료에게 그의 생각과 그 생각의 근거를 알려달라고 요청하기로 한다. 여러분은 이 모델 덕분에 그 부분을 놓치지 않게 되어 다행이라고 생각한다.

업무에 충실하기

업무에 충실하기는 기업이 이 신제품 판매 여부와 관련해 올바른 결정을 내리는 데 기여하는 것을 의미한다. 그다지 어려워 보이지 않는 일이다. 문제는 올바른 결정이 명확하지 않다는 데 있다. "예측하기란, 특히 미래를 예측하기란 쉽지 않다"[15]는 말도 있다. 이 예시의 경우, 일부 직원은 운에 맡긴 채 이 제품에 투자해보자는 주장을 강력히 펼칠 수 있다. 하지만 반대 의견 또한 만만치 않을 수 있다.

이는 현명한 사람들로 이루어진 팀을 구축할 수 있는 완벽한 기회다. 개인의 전문성을 집단의 뇌로 바꿀 수 있는 직원들이다. 이 경우 업무에 충실하기는 팀원이 협업을 통해 더 나은 결정을 내린다는 의미다. 여러분은 이 두 가지 선택을 비교할 수 있는 활동들을 통해 솔직한 대화를 나눌 수 있는 발판을 마련할 수 있다. 여러분은 이 대화에 제공할 추가 자료가 필요하다는 사실도 깨닫는다. 새로운 제품을 생산하는 데 드는 비용과 기업 운영방식에 미칠 변화를 보여주는 자료다.

회사에 충실하기

회사에 충실하기는 한 발 물러나 기업의 전반적인 방향에서 이 제품을 살펴본다는 의미다. 기업 목표 중 이 제품의 판매를 장려하거나 저해하는 부분이 존재하는가? 예를 들어, 이 기업은 애완용 동물 목걸이 판매가 사업의 큰 부분을 차지하기를 원하는가? 그럴 경우 이 신제품을 개발해야 한다. 기업이 고려 중인 변화들(혹은 시장 수요) 중 이 결정에서 감안해야 할 사항이 있나?

　여러분은 임원진이 이런 문제를 진지하게 고려 중이라고 확신한다. 하지만 기업의 전반적인 방향에 맞춰 이 프로젝트를 논하기 위해 몇 가지 사항을 더 제안한다. 충분한 토론이 이루어지는 데 이 모델이 또 한 번 기여한 셈이다.

개인의 역량 통합하기

반려동물 목걸이 신제품 도입에 관한 문제를 네 가지 관점에서 차례로 살펴보았으니 이제 결론을 내릴 차례다. 두 번째, 세 번째, 네 번째 역량은 꽤 단순했으며 여러분이 간과할 수 있는 중요한 아이디어를 제안했다. 이 세 가지 항목에서 알게 된 것을 통합해 첫 번째 역량, 즉 자신에게 충실하기와 관련된 결정을 내릴 차례다.

이 모델은 이제 균형에서 벗어났다. 다른 세 역량은 쉽게 해결되었기 때문에 여러분은 첫 번째 역량에 더 많은 시간을 투자한다.

이것이 반드시 나쁜 것만은 아니다. 네 가지 역량 중 한 가지 역량에 관한 여러분의 생각을 파악하는 데 애를 먹을 경우 다른 세 가지 역량에서 얻은 관점이 도움이 될 수 있다. 스스로에게 이렇게 질문해보라. "이 상황에서 자신에게 충실하면서도 타인에게, 업무에, 회사에 충실려면 어떻게 해야 할까?"

자신에게 충실하기의 의미는 둘 중 하나일 것이다. 시장조사 결과를 무시하고 개발자의 애완동물용 목걸이를 팔자고 경영진을 설득하거나 훗날 조사 결과의 신뢰도를 유지하기 위해 (동의하지 않을지라도) 여러분의 시장조사 결과를 따르는 것이다.

네 가지 관점 중 한 가지 관점이 애매모호해지거나 두드러지면서 충실하기 모델이 균형이 맞지 않을 경우 이는 다음 그림과 같은 모습을 띤다.

여러분은 자신에게 충실하기의 의미를 생각해본 결과 그것이 양자택일의 문제가 아니라는 것을 알게 된다. 자신에게 충실하기 위해서는 조사 결과뿐만 아니라 이 애완동물용 목걸이가 기업에 득이 되는 제품이라는 여러분의 직관을 공유해야 한다. 여러분은 동료 기술자와 회의에 참석한 다른 이들의 도움을 받아 그리고 업무

협업의 시대

'충실하기' 모델: 균형이 맞지 않는 경우

에일린 조르나우 그림

와 기업에 관한 자료를 이용해 팀원들이 이 두 가지 선택사항을 살펴보도록 한다. 이렇게 할 경우 우리는 하나의 팀으로서 올바른 결정을 내릴 수 있다.

여러분은 팀원들이 여러분의 관점을 이해할 거라고 신뢰하기 때문에 새로운 결론에 도달하게 된다. 훗날 시장조사의 신뢰도를 염려할 필요가 없다. 동료들이 시장 자료를 비롯해 여러분이 제시한 관점을 소중하게 여길 거라 믿기 때문이다. 그러한 신뢰 덕분에 여러분은 두 가지 상반되는 의견을 모두와 공유할 수 있다. 이 모델을 이용해 사전 숙고를 조율한다면 대화를 용이하게 진행할 수 있게 된다.

네 가지 역량을 실질적인 문제에 적용하기

이제 네 가지 역량을 직접 적용해볼 차례다.

> **▶ 적용**
>
> 동료들과 협업할 때 발생하는 업무 관련 문제를 생각해보자. 자신에게 충실하기를 그 문제와 연관지어 생각해보면 어떨까?
>
> 여러분이 중요하게 생각하는 가치는 그 문제나 그 문제를 해결하는 방식에 있어 여러분에게 어떠한 영향을 미치는가? 그 문제와 관련된 개인적인 목표가 있는가? 여러분은 그 문제를 어떻게 생각하는가? 그 문제와 관련해 여러분의 감정을 어떻게 다스려야 하는가?
>
> 이제 다음 역량으로 넘어가 타인에게 충실하기의 의미를 생각해보자.

협업의 시대

그 문제와 관련해 고려해야 하는 사람이 누가 있는가? 그들을 어떻게 참여시킬 수 있을까? 해당 인물과 이미 알고 지내는 상태인가, 아니면 관계를 구축해야 하는가?

다음 번 고려사항은 업무에 충실하기의 의미다. 그 문제와 관련해 최고의 해결책을 내놓으려면 집단의 뇌를 어떻게 활용해야 할까? 사람들이 지닌 다양한 관점은 무엇인가? 어떻게 하면 최고의 아이디어를 채택할 수 있도록 열린 마음으로 다양한 관점을 살펴볼 수 있을까?

마지막으로 어떻게 하면 회사에 충실할 수 있을까? 큰 목표나 사안이 그 문제에 영향을 미치는가? 그 문제와 관련해 기업에 가장 필요한 것은 무엇일까? 그 문제를 둘러싼 대화에 전사적인 고려사항을 어떻게 대입할 수 있을까?

자, 이제 이 네 가지 역량을 어떻게 활용했는지 생각해보자. 네 가지 관점에서 문제를 살펴보는 것이 여러분의 관점을 바꾸는 데 도움이 되었는가? 이제 상황이 다르게 보이는가? 새로운 결론을 내리거나 행동을 취하게 되었는가? 이 네 가지 역량을 모두 적용할 수 있었는가? 아니면 일부 역량을 활용할 수 없었는가?

자, 이제부터 이 네 가지 역량을 자세히 살펴보도록 하자. 6장에서는 첫 두 가지 역량, 즉 자신에게 충실하기와 타인에게 충실하기와 관련된 조언을 살펴보고, 7장에서는 업무에 충실하기와 회사에 충실하기와 관련된 역량을 향상시키는 방법을 살펴보겠다.

6 /
자신과 타인에게 충실하기_
개개인이 빛나야 조직이 더 밝게 빛날 수 있다

자신에게 충실하기는 자신의 가치와 목표, 감정을 이해하는 것을 의미한다. 하지만 이는 시작점일 뿐이다. 자신의 가치를 아는 것에서 한 발 더 나아가 그 가치를 실천하는 것이며, 목표를 수립하는 것에서 더 나아가 그 목표를 실행하는 방법을 파악하는 것이며, 감정을 아는 것에서 더 나아가 감정을 다스리는 것을 의미한다.

이제부터 여러분의 가치와 목표를 명확히 하고 감정을 다스리는 법을 살펴보자.

자신의 가치 파악하기

1단계: 내가 가장 존경하는 인물은 누구인가? 그 대상은 고인일 수도 있고 살아있는 인물일 수도 있으며 개인적으로 아는 사람이거나 책을 통해 알게 된 사람일 수도 있다. 그들의 어떤 면을 존경하는가? 그들이 중요하게 생각하고 실천하는 가치는 무엇인가? 그중 나와 가장 밀접한 관련이 있는 가치는 무엇인가? 잠시 시간을 갖고 그 가치들을 나열해보자.

이제 스스로에게 질문을 던져보자. 삶에서 중요하게 생각하는 것은 무엇인가? 내가 실천하고 있는 가치, 혹은 실천하고 싶은 가치는 무엇인가? 이 역시 목록에 포함시켜보자.

나에게 중요한 가치는 진실성, 성과, 자율성, 균형, 경력, 배려, 협업, 유대, 창의력, 평등, 가족, 건강, 관대, 성실, 건강, 타인 돕기, 정직, 성실, 학습, 리더십, 정확성, 번영, 신뢰, 종교, 정신성, 용기, 성공, 전통, 지혜 등이 될 수 있다.

2단계: 자신이 중요하게 생각하는 가치들을 나열한 목록을 완성했다. 10개가 넘을 경우 항목을 줄이기 바란다. '이 가치가 왜 중요한가?'라는 질문을 통해 목록을 좁혀보자.

3단계: 이제 자신이 중요하게 생각하는 가치의 우선순위를 정한다. 나에게 가장 중요한 가치는 무엇인가? 그 다음으로 중요한 가치는 무엇인가? 이렇게 우선순위를 매기는 과정은 중요하다. 가치끼리 서로 상충할 수 있기 때문이다. 그럴 경우 우리는 나에게 어떤 가치가 가장 중요한지 알아야 한다.

예를 들어, 가정과 직업상 성공이라는 두 가지 가치를 생각해보자. 이 두 가지 모두 상당한 시간 투자가 필요하다. 우리 모두에게 시간은 한정적이기 때문에 둘 중 하나를 선택해야 하는 상황에 맞닥뜨릴 수 있다. 그러한 상황에서 어떻게 하겠는가? 서로 상충하는 가치를 사전에 생각해본다면 이런 상황이 닥치더라도 가장 만족감이 높은 가치를 보다 쉽게 선택할 수 있을 것이다.

4단계: 우선순위를 정했으면 이 목록을 늘 곁에 두라. 나의 가치를 생각해보고 일상에서 이 가치들을 실천하고 있는지 상기시키는 도구로 삼아라. (출퇴근길이나 업무 도중) 자신의 가치를 매일 생각해볼 수도 있다.[1]

| 목표 수립하기

목표를 수립하는 이유는 다양하다. 가장 큰 이유는 목표를 수립할 경우 힘이 생기기 때문이다. 다양한 리더들과 수많은 직원들과 함께 일한 결과, 나는 목표를 달성하는 것은 자존감을 구축하는 최고의 방법이라는 브라이언 트레이시를 비롯한 전문가의 의견이 유효하다는 것을 알게 되었다.

목표는 우리가 일시적인 기쁨보다 중요한 것을 우선시하는 데 도움이 되기도 한다. 이는 특히 업무 현장에서 중요하다. 큰 목표를 계속해서 스스로 되뇌어본다면 잘못된 판단을 상당수 피할 수 있다. 예를 들어, 나의 큰 목표가 리더가 되는 것이라는 사실을 기억한다면 화가 날 때 다른 사람에게 소리를 지르는 것보다는 자신의 감정을 표출하는 더 바람직한 방법을 찾을 수 있을 것이다.

SMART는 효과적인 목표를 수립하는 데 도움이 되는 유명한 원칙의 앞 글자를 딴 약자다. 이 다섯 가지 항목을 모두 고려한다면 더욱 유용한 목표를 수립할 수 있다.

- **'S'는 구체적(specific)을 의미한다.** 나의 목표를 구체적으로 기술한다. 왜, 그리고 어디에서 이 목표가 중요한지 생각해본다.
- **'M'은 측정 가능한(measurable)을 의미한다.** 목표를 얼마나 달성했는지, 언제 달성할지 판단할 수 있는 요소를 목표에 포함시킨다.
- **'A'는 달성 가능한(attainable)을 의미한다.** 목표를 높게 설정하되 능력 밖의 목표는 지양한다. 불가능한 목표를 세울 경우 포기하고 싶은 유혹에서 벗어나기 힘들다. 그렇다고 해서 쉽게 달성할 수 있는 목표를 세울 경우 목표 수립 자체가 별 의미가 없다.
- **'R'은 현실적인(realistic)을 의미한다.** 목표를 달성하고자 하는 의지가 생기고 이를 달성할 수 있으려면 현실적인 목표를 수립해

야 한다. 즉, 목표를 달성할 수 있는 기술이 있거나 목표 달성에 필요한 지식을 습득할 수 있어야 한다.

- **'T'는 시간을 고려한(timely)을 의미한다.** 이 목표를 언제 달성하고 싶은가? 정해진 시간 내에 목표를 달성할 수 있도록 날짜를 기록하라.

이제부터 설정한 목표를 달성하는 데 도움이 되는 방법을 살펴보자.

- 기술한 목표 중 숨은 목표가 있는가? 명시한 목표 외에 달성하고 싶은 숨은 목표가 있을 경우 추가 목표를 세운다. 숨은 목표가 나에게 큰 도움이 되지 않을 경우 과감히 포기한다. 예를 들어, 2020년 6월까지 MBA 학위를 따겠다는 목표를 수립했지만 실질적인 목표는 회사의 부회장이 되는 것일 수 있다. 여러분은 현재 부회장들이 전부 MBA 학위가 있기 때문에 부회장 자리에 오르기 위해서는 MBA 학위를 먼저 따야 한다고 추정했다. 이 정보가 사실인지 확인하기 위해 경영진과 대화를 나누어봤는가? 그렇지 않다면 부회장이 되겠다는 진짜 목표가 아니라 잘못된 목표를 수립한 것일 수 있다.
- 긍정적인 어휘로 목표를 기술한다. 하고 싶지 않은 것이 아니라 달성하고 싶은 대상에 집중하라. 나의 발전을 꾀하는 긍정

적인 목표는 부정적인 목표보다 고무적이다.

- 목표를 달성하는 모습을 시각화한다. 목표를 달성하면 어떤 기분이 들지 생각해보라.

- 목표를 달성하려면 무엇을 해야 할지 판단한 뒤 행동 계획을 수립한다. 언제, 어떠한 단계를 밟겠는가? 그러기 위해서는 어떠한 활동이 필요한가? 이 활동들을 일정표에 기록하며 중요성을 잊지 않는다.

▌감정 이용하기

미국의 유명 저널리스트 겸 소설가인 앰브로즈 비어스(Ambrose Bierce)는 "화가 날 때 한 말은 평생 후회로 남게 된다"[2]라고 말했다.

감정적인 에너지를 적절히 활용하려면 우선 우리 내부에서 발생하는 감정을 잘 알아야 한다. 우리가 감정을 느낀다는 사실을 직시하는 것이 중요한 첫 단계다. 우리가 감정적인 반응을 한다는 사실을 깨달았다면 우리가 느끼는 감정과 그런 감정을 느끼는 이유를 파악하는 것이 다음 단계다.

감정 파악하기
연구 결과에 따르면 인간의 3분의 1만이 감정을 파악할 수 있다고 한다. 나머지 3분의 2는 감정을 파악하지 못한다.[3] 무엇을 경험하는지 알 수 없다면 그것을 다스릴 수 없다. 다행히 우리는 배울 수 있다. 감정적인 지능을 구축하고 우리에게 유리하게 감정을 이용할 수 있다. 이제부터 감정을 파악하고 이해하는 실질적인 방법을 살펴보자(이 방법은 부정적인 감정을 강조한다. 긍정적인 감정을 파악하거나 다스리는 데는 도움이 별로 필요 없기 때문이다).

1. 무언가에 부정적인 감정을 느낀다는 사실 인식하기. 내가 무언가에 반응한다는 사실, 내 안에 감정적인 에너지가 흐른다는 사실을 인식한다. 그러기 위해서는 내 안에서 일어나는 일을 파악해야 한다.

2. 감정 파악하기. 내가 경험하고 있는 것이 무엇인지 스스로에게 묻는다. 신체적인 반응을 겪고 있는가? 어깨 근육이 경직되어 있는가? 속이 불편한가? 이제 내 기분을 파악해보자. 혼란스러운가, 화가 나는가, 실망스러운가, 상처 받았는가? 나의 기분을 빠르고 정확하게 파악하는 데는 시간이 걸릴 수 있다. 계속 연습하라. 점차 쉬워질 것이다.

3. 시간을 갖고 나의 감정 살펴보기. 조용한 곳으로 가 잠시 내면에 집중할 수 있는 시간을 갖는 게 가장 좋다. 다른 이들과 함께 있을 때는 내면에 집중하기 쉽지 않다. 가능한 한 하던 일에서 잠시 벗어나 자신의 감정을 파악하고 어떻게 하고 싶은지 생각한다.

→ 혼자 있을 경우 쉽게 휴식 시간을 가질 수 있다. 잠시 자리를 뜨겠다고 양해를 구할 수 있을 만큼 친한 사람들과 있을 때에도 비교적 쉽게 휴식을 취할 수 있다. 업무 중이라면 잠시 화장실로 향해라.

→ 물리적인 이동이 불가능하다면 지금 있는 자리에서도 잠시 동안 내면에 집중할 수 있다. 하버드 대학 법대 교수이자 협상학의 대가인 윌리엄 유리(William vUry)[4]는 이를 '발코니로 나가기(한 발 물러서서 마치 관여하지 않는 듯 상황을 분석하는 것)'라고 했다.

→ 한 발 물러나 잠시 내면에 집중할 수도 없다면, 가능한 한 빨리 잠시 멈춰서 감정을 살펴본다.

4. 침착하기. 자기 감정을 파악하려다 보면 자칫 그 안에 매몰되기 쉽다. 그러면 중립적인 관점에서 해당 감정을 살피기가 힘들다. 즉 우리가 감정을 다스리기보다는 감정이 우리를 통제하기 쉽다. 감정이 더 이상 우리를 통제할 수 없을 때 우리는 감정을 다스릴 수 있다. 차분한 느낌이 들 때까지 긍정적인 것을 떠올려본다. 사랑하는 사람이나 아끼는 애완동물을 생각해볼 수 있다.

이제 나의 감정을 파악했으니 이를 다스리는 법을 살펴볼 차례다.

협업의 시대

감정 다스리기

감정을 다스리지 못하면 상처 받기 쉽다. 특히 타인과의 문제에서는 더욱 그렇다. 감정을 통제하지 못할 경우, 우리의 행동방식 때문에 상대가 더 이상 우리를 신뢰하지 않게 되며 우리는 그들의 의견에 귀 기울이지 않게 된다. 실리콘밸리 리더 한 명이 이에 대해 했던 말이 인상적이다. "왜 그런 일이 발생하는지에 관해서는 늘 외부적인 변명거리가 존재하기 마련입니다. 우리는 그런 변명에서 벗어나 주위에서 발생하는 일에 영향을 미칠 수 있는 힘이 나 자신에게 있다고 믿죠."

자기 관리는 나의 감정을 파악하고 나의 감정적인 반응을 통제할 수 있다는 것을 의미한다. 나의 감정을 타인에게 표출해야 할지 심사숙고해야 하며, 표출하기로 결정했으면 적절한 방법을 신중하게 고민해야 한다는 뜻이다. 이는 또한 직접적으로 감정을 표현하는 것이 부적절할 경우 그런 감정을 적절히 해소하는 방법을 찾아야 한다는 의미이기도 하다.

우리는 대부분 감정보다는 생각을 살피는 데 더 능숙하다. 따라서 나의 생각을 살펴보는 것만큼이나 진지하게 감정을 살필 필요가 있다.

감정을 다스리는 네 가지 단계는 다음과 같다.

1. 나의 반응을 유발하는 대상을 파악한다. 나는 무엇에 반응했

는가? 상대가 무슨 말이나 행동을 했나? 상대가 어떻게 말했는가? 신경 쓰이는 것이 무엇인가? 상대가 말한 내용 때문인가? 상대의 목소리 톤 때문인가?

2. 해석을 확장한다. 나의 반응을 유발한 사건을 생각해본다. 상대의 목소리 톤 때문이라면 그 톤에서 나는 무엇을 추론했는가? 상대가 말한 내용 때문이라면 무슨 가정을 했기에 반응을 하게 되었는가?

→ 처음에 내린 해석이 잘못되었을 수도 있다는 점을 인식한다. 다른 뜻이 있을 수도 있다고 생각한다. 이를 위해서는 처음 내린 결론을 잠시 제쳐둬야 한다. 처음 해석이 옳았음이 밝혀질 경우 나중에 다시 살펴보면 된다.

→ 상대에게서 들은 얘기나 상대가 한 행동을 다르게 해석할 수 있을지 생각해본다. 다른 해석을 몇 가지 생각해본다. 상대가 긍정적인 의도에서 그렇게 말하거나 행동했을 거라고 가정해본다. 그 가정 하에 그들의 말이나 행동을 다르게 해석할 수 있는가?

→ 다르게 해석해본 결과 나의 감정이 바뀌었는가? 새롭게 해석해보니 상대방에게 공감할 지점이 있는가? 상대가 그러한 의도로 행동한 것이 아니라는 것을 알게 되었는가?

→ 순간에 집착한 나머지 더 큰 목표를 보지 못하는 것은 아닌지 스스로에게 묻는다.

→ 처음 내린 해석이 옳았다는 생각이 들더라도 여전히 나의 행동을 선택할 수 있다. 상대와 효과적인 업무 관계를 유지하면서도 '자신에게 충실하는' 데 도움이 되는 다른 진짜 감정을 발견하게 될지도 모른다. 예를 들어, 여러분은 다른 해석을 고려해본 뒤에도 여러분이 자료 조사를 충분히 실시하지 않았다고 비난하는 것은 여전히 수잔의 잘못이라고 생각한다. 그녀가 왜 그런 말을 했는지 생각해보다가 여러분은 수잔이 대화에 참여하고자 했으나 그럴 수 없었기 때문에 여러분을 비롯한 다른 동료들에게 화가 나 있다는 사실을 깨닫는다. 그녀의 행동은 부적절했다. 자신의 감정을 잘 다스리지 않았기 때문이다. 하지만 그런 행동을 야기한 이유를 파악한 결과 여러분은 그녀를 이해할 수 있게 된다.

3. 행동한다. 감정적인 에너지를 효과적으로 발산하기 위해서는 어떻게 행동해야 할까?

→ 내가 방금 겪은 일을 바탕으로 이 문제를 해결하려면 어떠한 행동을 취해야 할까?

→ 표현할 순 없지만 건전한 방식으로 발산해야 하는 감정적인 에너지가 남아 있는가? 운동은 에너지를 발산하는 훌륭한 방법이다(예를 들어, 점심시간을 이용해 산책을 할 수 있다). 혹은 친구나 동료에게 동료 코칭에 참여해달라고 요청할 수도 있다. 갈등을 해결하기 위해 서로에게 '안전지대'를 제공하겠다는 데 동의

하라. 추가적인 관점을 요청하거나 남은 에너지를 생산적인 방향으로 표출할 수 있도록 다른 이들의 도움을 받는다.

4. 축하하는 시간을 갖는다. 여러분은 셀프 코칭을 훌륭하게 해냈다. 나의 반응이 부적절하게 부풀도록 내버려두는 대신 이를 보다 효과적인 방향으로 활용한 것이다.

이 같은 과정을 계속 거치면 당면한 문제를 해결할 수 있을 뿐만 아니라 EQ를 향상시킬 수도 있다. 그 결과 여러분의 뇌에는 새로운 '결'이 생성될 것이다.

요약

나의 가치와 목표를 알고 최대한 그것에 맞게 행동한다면 회사에서뿐만 아니라 개인적인 삶에서도 만족감을 느낄 수 있다. 나의 감정을 알고 그것을 다스리는 능력을 끌어올리는 것 역시 마찬가지다. 이러한 방식으로 자신에게 충실할 경우 다른 이들과도 더욱 효과적으로 협업할 수 있다.

자신에게 충실하기라는 첫 번째 역량에 필요한 도구는 (팀이나 기업의 관행이 중요한 역할을 하는 다른 기술과는 달리) 개인의 의지에 달려 있다. 그렇기는 하지만 이를 장려하는 기업문화가 조성되어 있다면 우리는 더욱 쉽게 자신의 역량을 키우는 데 전념할 수 있다. 여러분은 직원들이 자신에게 충실할 수 있는 문화를 조성하는 데 기여할 수 있다.

그런 조직 환경이 가져올 긍정적인 변화와 관련해 관리자와 대화를 나누면 된다.

한 실리콘밸리 리더는 자신의 업무 환경에 대해 이렇게 말했다. "저는 이 회사에서 수년 동안 일했습니다. 한 팀에서 다른 팀으로 이동할 때마다 새로운 것을 배울 수 있었죠. 동료들은 제가 부족하다고 생각해서가 아니라 제가 개인적으로, 업무적으로 성장하도록 돕기 위해 새로운 정보를 제공합니다. 이 회사는 우리가 배우고 성장할 수 있는 여건을 조성해줍니다."

▶ 적용

자신의 가치를 명확히 하는 데 앞서 살펴본 조언을 이용할 수 있는가? 목표 수립에 도움이 되는 전략을 세웠는가? 앞서 살펴본 기술을 활용해 목표를 구체화할 수 있었는가? 여러분은 감정을 잘 다스리는가? 현재 느끼는 감정을 더욱 잘 다스리기 위해 여기에서 제시한 조언을 활용해보라.

| 타인에게 충실하기 위한 조언

일부 기업에서는 다른 이들에게 도움의 손길을 내미는 것이 혼한 일이 아니다. 직원들은 상대가 어떻게, 혹은 왜 그러는지 이해하지 못한다. 반면 내가 SVAC를 개발하면서 연구한 기업에서는 사람들이 서로 돕지 않는 것을 오히려 이상하게 생각한다.

한 실리콘밸리 지도자는 "사람들이 자유롭게 의사를 표현할 수 있는 안전한 환경을 구축해야 합니다. 모두가 어떤 질문이라도 던질 수 있어야 하며 책임감을 느껴야 합니다. 결과가 모두의 공동 소유물이라 생각해야 하죠"라고 말했다.

이런 문화에서는 어떤 잘못에 대해 비난만 늘어놓는 토론인 블레임스토밍(blamestorming)이 아니라 여러 사람들이 자유롭게 자기 생각을 제시하는 브레인스토밍(brainstorming)이 이루어진다.

또 다른 실리콘밸리 리더는 이렇게 말했다. "경쟁적으로 혼자서 모든 것을 독차지하려고만 할 뿐 타인을 돕지 않을 경우 동료들은 여러분을 이기적이라 생각합니다. 그런 사람들은 대부분 결국 회사를 떠나게 되죠." 이는 실리콘밸리 특유의 기업문화이기도 하다. 직원들이 상호 신뢰하고 존중하며 정보를 공유하도록 장려하기 때문에 이런 가치를 소중하게 생각하지 않는 직원들은 그 문화가 자신과 맞지 않는다고 생각해 결국 회사를 떠난다.

| 타인과 협업하는 방법

여러분이 타인과 의식적으로 교류하는 데 도움이 되는 몇 가지 단순한 행동들이 있다.

- **의식적으로 유대감 구축하기.** 유대감이 낮을수록 함께 일하기 힘들다. 상호 존중하는 관계가 구축되어 있을 경우 타인과 보다 효과적으로 협업할 수 있다. 그리 어려운 일은 아니다.
  → 동료들에게 먼저 다가가 사귄다. 그들이 여러분이나 여러분의 생각에 관심을 보일 때까지 기다리고만 있지 않는다.
  → 동료들의 의견을 묻고 진심으로 그들의 말에 귀 기울인다.
  → 불만만 표출하지 말고 대안을 제시한다.
  → 동료를 도울 방법을 찾는다. 늘 무언가 받기만을 기대하지 않는다.
- **말하려고만 하지 말고 의식적으로 들을 준비하기.** 우리는 대부분 말하기 전에 자신의 생각을 정리하는 것이 중요하다고 생각한다. 이는 보다 논리적으로 말하는 데 도움이 된다. 하지만 들을 준비를 하는 사람은 별로 없다. 들을 준비 역시 말할 준비만큼이나 중요하며 긍정적인 변화를 낳는다.
- **가능성에 귀 기울이기.** 다른 사람이 방금 한 말을 비판해야 중요한 역할을 하는 것이라고 믿는 사람들이 있다. 그들은 상대

의 말을 들으며 결점을 찾으려 한다. 그보다는 가능성에 적극적으로 귀 기울이면 어떨까? 전혀 다른 대화가 이루어질 것이다.

- **상대의 관심을 살 수 있도록 말하기.** 다른 이들이 방어적인 태도를 취하게 만들기보다는 그들의 호기심을 불러일으킬 수 있도록 말하라. "X 때문에 당신의 아이디어는 효과가 없을 것 같아요"라고 말할 경우 대화를 차단시키거나 상대의 반박을 불러일으킬 수 있다. 그보다는 "Y 방향으로 진행하자는 당신의 주장도 일리가 있습니다. X가 발생하면 어떻게 해결하시겠어요?"라고 물을 수 있다.

- **모든 대화에서 감정의 중요한 역할 기억하기.** 자신과 상대의 감정을 더 잘 파악할 경우 상황을 보다 깊이 이해할 수 있다. 감정을 무시한다면 감정이 비생산적인 방식으로 새어나갈 것이다.

- **모든 관계에서, 특히 쉽지 않은 관계에서 가치 찾기.**

한 실리콘밸리 리더는 조직원들의 협업 의지에 대해 이렇게 말했다. "직원들이 협업하는 것은 성인이 아님에도 매일 교회에 가는 것과도 같습니다. 민주주의는 [그저] 2년이나 4년마다 투표하는 게 다가 아닙니다. 직원들은 팀과 기업에 그만큼 헌신합니다. 우리는 쉽지 않은 상황에서도 지속적으로 타인과 적극적으로 협업하려고 합니다."

| 질의 후에 지지하기

동료와의 유대감은 어떻게 협업하느냐에 따라 강해질 수도 약해질 수도 있다. 타인의 가치를 소중히 여긴다면 그것을 드러내 보여줘야 한다.

질의와 지지는 타인과 협업할 때 활용되는 두 가지 주된 도구다. 우리는 주제를 탐구하고 정보를 수집할 때 질의를 하며, 우리의 생각을 좁히고 결정을 내릴 준비가 되어 있을 때 특정 아이디어를 지지한다. 이 두 가지 도구 모두 직원들 간의 유대감을 강화시킬 수도, 악화시킬 수도 있다. 이 기술을 어떻게 사용하느냐에 따라 그간 열심히 노력해 쌓아올린 유대가 강화될 수도 약화될 수도 있다.

여러분이 새로운 프로젝트팀에 속하게 되었다고 치자. 오늘 회의의 주제는 팀의 발전을 위해 앞으로 필요한 사항이다. 기존의 경험을 바탕으로 여러분은 이 팀이 고위 경영진의 지원과 더 많은 자원, 확실한 기대가 필요하다고 생각한다. 회의 소집자가 회의의 안건을 밝히고 팀원들에게 생각을 공유해달라고 요청한다.

여러분에게는 선택권이 있다. 곧바로 자기 생각을 주장하며 다른 팀원들에게 더 이상 브레인스토밍을 진행할 필요가 없다고 설득하거나 다른 이들에게 먼저 발언권을 준 뒤 회의가 진행되는 상황을 지켜보는 것이다.

많은 이들이 선불리 자신의 견해를 주장하고 나선다. 하지만 그럴 경우 지식의 격차를 메우는 데 도움이 되는 열린 대화를 진행할 수가 없다. 다른 팀원들은 여러분이 생각한 세 가지 사항 외에도 프로젝트와 관련된 유용한 아이디어를 제공할 수 있다. 여러분이 곧장 자신의 생각을 주장하고 나선다면 다른 아이디어들은 묻혀버릴 수 있다. 일반적으로 질의가 지지보다 앞설 때 가장 효과적이다. 그래야 회의 참여자들이 관점을 좁히고 특정 해결책을 옹호하기 전에 다양한 아이디어가 개진될 수 있다. 질의가 먼저 와야 한다는 사실을 명심하고, 이제 이 도구를 가장 효과적으로 활용할 수 있는 방법을 살펴보자.

효과적인 질의

- 세부사항과 함께 주제를 소개한다. 회의 참석자들에게 회의의 목표와 범위를 확실히 공지한다. 성공적인 회의는 어떤 모습일까? 회의의 성공 여부를 판단하는 기준이 무엇인가? 질의의 목표 중 하나는 해당 주제와 관련해 팀의 지식을 확장시키는 것이다.
- 참석자들이 자신의 견해를 공유하도록 장려한다. 가장 훌륭해 보이는 주장을 파악하고 이를 구체적으로 살펴본다.
- 다양한 논리와 가정을 공유하고 그런 논리와 가정이 해당 상황에 잘 들어맞는지 판단하기 위한 기준을 수립한다.
- 회의 참석자들이 보다 깊이 생각하고 새로운 아이디어를 공유

하도록 장려하는 질문을 던진다. 다양한 활동이 도움이 될 수 있다. 예를 들어, 대화를 특정 방향으로 유도하는 사안을 제안하거나 참여자들이 몇 가지 주제 간의 연결성을 인식할 수 있도록 외관상 달라 보이는 주제 간의 유사점을 제안할 수 있다.

질의와 관련된 목표를 달성한 후에는 다음 단계로 넘어갈 수 있다. 여러분의 선택을 좁혀 최고의 선택만 남기는 것이다.

성공적인 지지

- 목표를 기술하고 목표 달성 여부를 판단하는 방법과 기준을 정한다. 지지의 목표 중 하나는 선택사항을 적당히 줄이는 것이다.

- 이제 참석자들은 선택사항들을 비교해야 한다. 자신이 지지하는 아이디어와 그 이유를 밝힌다. 이때는 자신의 주장을 뒷받침할 수 있는 근거를 제시해야 하며, 가정을 했다면 이 또한 공개해야 한다(선택사항을 비교하는 데 사용할 수 있는 절차는 7장에서 살펴볼 것이다). 발표자가 팀원들이 명확히 이해하지 못하는 부분에 대해 새로운 관점이나 통찰력을 제공할 수 있으면 좋다.

- 팀원들은 가능성이 가장 높다고 제시된 선택사항과 관련해 부정적인 근거를 적극적으로 찾아야 한다. 기존에 몰랐던 단점을 보여줄 수 있는 상충되는 정보를 찾아라. 그 어떤 정보도

찾을 수 없을 경우 충분히 고려했다는 뜻이거나 충분히 찾아 보지 않았다는 뜻이다. 훗날 프로젝트가 실패로 돌아가고 나서 후회하기보다는 지금 이 요소들을 찾아서 점검하는 편이 낫다.

- 해당 프로젝트뿐만 아니라 기업 전체를 위한 최고의 아이디어를 찾는 것이 목표라는 사실을 명심한다.

- 지지 절차를 거쳤다고 해서 동료들이 이를 완전히 받아들일 거라고 기대해서는 안 된다. 여러분은 충분한 증거를 갖고 동료들을 설득해야 한다. 여러분의 논리와 가정을 제시한 뒤 나머지는 토론에 맡겨라. 논리가 확실하고 근거가 충분한 주장이라면 결국 모두가 받아들일 것이다.

> **▶️ 적용**
>
> 우리 대부분은 질의나 지지에 능숙하다. 여러분은 이 두 가지 기술을 얼마나 잘 활용하는가? 자신이 질의 기술을 잘 사용한다고 보는가? 지지는 얼마나 잘 활용하고 있는가? 자기 평가를 한 뒤에는 다른 이들에게 피드백을 요청하라. 그들의 관점은 여러분이 스스로를 보는 관점과 동일한가, 다른가? 여러분의 목표는 이 두 가지 기술 모두를 객관적으로 사용할 수 있는 역량을 키우는 것임을 잊지 마라.

7/
업무와 회사에 충실하기_
열린 대화와 유연한 업무 환경이 답이다

우리는 대부분 자신이 업무에 충실하다고 생각한다. 하지만 혼자 일할 때 업무에 충실한 것은 타인과 일할 때 업무에 충실한 것과는 상당히 다르다. 팀으로 일할 때 업무에 충실하기란 혼자 일할 때보다 어렵다. 사람마다 관점이 각기 다르기 때문이다. '특별' 팀은 서로 다른 관점을 잘 융합하는 팀을 가리킨다. 이제부터 팀원들이 이 시너지를 활용하는 데 도움이 되는 핵심 역량을 살펴보자. 새로운 정보 받아들이기와 선택사항 살펴보기다.

┃ 새로운 정보 받아들이기

이 세상에는 우리가 받아들이는 것보다 훨씬 많은 정보가 존재한다. 우리의 뇌는 우리가 이용할 수 있는 자극 중 극히 일부만을 받아들인다. 이 과정은 무의식적으로 일어날 때도 있고, 우리가 무슨 정보를 받아들이고 무슨 정보를 무시할지 의도적인 결정을 내릴 때 의식적으로 일어나기도 한다.

우리는 관련 정보를 더 많이 받아들이고 관련 없는 정보는 걸러내는 능력을 키울 수 있다. 뇌를 훈련시켜 상황분석(빠르게 주위 상황을 평가해 무슨 일이 발생하고 있는지 파악하며 이해하는 일)을 더 잘할 수 있다. 그 결과 우리는 "보이는 것 너머로 보고, 들리는 것 너머로 들으며, 겉모습 너머로 감지하게 된다."[1]

정보를 보다 효과적으로 수집하고 이용하기 위해 뇌를 훈련시키는 데 특히 유용한 네 가지 도구가 있다. 보이는 것 파악하기, 관련 세부사항 훑어보기, 감각을 이용해 정보 수집하기, 정보에서 패턴 찾기(미 해군 전 지식 총괄 책임자인 알렉스 베넷이 이 도구를 개발하는 데 큰 역할을 했다[2]). 이 네 가지 역량을 활용한다면 더 효과적으로 업무를 수행할 수 있을 것이다. 이제부터 이 네 가지 역량을 키우기 위한 훈련을 해보자.

보이는 대상 파악하기

우리는 동시에 여러 가지 일을 하는 경우가 생각보다 많다. 방에 앉아 있거나 길을 걸으면서 여러 생각에 잠긴다. 물론 주위 환경에 집중할 때도 있다. 하지만 그렇지 않은 경우가 더 많다. 우리는 곧 참석할 회의나 관리자가 방금 한 말을 생각하고 있을지도 모른다. 아니면 퇴근길에 식료품점에 들러 우유를 사야겠다는 생각을 하고 있을지도 모른다. 우리는 주위 환경을 적극적으로 살피지 않으며 자동적으로 뇌가 무엇을 받아들일지 무의식적으로 결정하도록 내버려둔다.

의식적으로 더 많은 것을 관찰함으로써 뇌가 중요한 대상을 더 잘 간파할 수 있도록 뇌를 훈련시킬 수 있다. 뇌가 스스로 정보를 더 잘 거를 수 있도록 훈련시키는 것이다.

더 많은 대상을 의식하는 역량을 키우는 한 가지 방법은 반복적인 관찰과 회상이다. 여러분이 정기적으로 들어가는 방(지금 들어가 있지 않은 방)을 생각해보자. 그 방과 그 안에 있는 사물을 생각나는 대로 적어보자. 이제 방으로 들어가 실제 그곳에 있는 것들과 여러분의 기억을 비교해보자. 여러분이 놓친 대상을 목록에 추가해보자.

며칠 후 이 연습을 반복하자. 변경된 목록을 보지 않은 상태에서 방에 대해 최대한 많이 떠올려본 뒤 그 대상을 적어보자. 이제 다시 방으로 돌아가 확인해본다. 전보다 더 잘 기억하고 있는가? 처음 방에 다시 들어갔을 때 추가했던 목록에 있는 것들을 기억하고 있는가, 잊었는가? 두 번째 들어갔을 때는 처음 다시 들어갔을 때 보지 못한 것들이 보였는가?

다른 곳에서 이 연습을 반복해보자. 나중에 떠올릴 수 있는 것이 많아지기 시작할 것이다. 이 연습을 반복하면 삶의 여러 분야에서 의식할 수 있는 것들이 많아질 것이다. 예를 들어, 다양한 고객이 게임을 하는 방식을 살펴보고 특정 명령 실행 시 어려움을 겪을 때 어떻게 하는지 파악하면 더 나은 게임을 설계할 수 있을 것이다.

관련 세부사항 훑어보기

훑어보기는 많은 자료를 살펴본 뒤 특정 상황과 가장 관련 있는 세부사항을 추려내는 행위를 의미한다. 주위에서 더 많은 정보를 의식할 수 있도록 훈련하려면 유용한 정보만을 취하고 나머지는 걸러낼 수 있는 더 나은 방법이 필요하다. 훑어보기는 '주위 환경을 빠르게 읽는 것'과도 같다.[3]

다음번에 새로운 방에 들어갈 때 이 기술을 연습해보자. 잠시 주위를 빠르게 둘러본 뒤 보이는 모습을 머릿속에 담는다. 탁자와 의자의 개수를 세고 어떻게 배열되어 있는지 살펴보자. 색상과 질감도 파악한다. 이제 눈을 감은 뒤 이것들을 머릿속에 기록한다. 손으로 기록해서는 안 된다. 그러면 기억하기가 되기 때문이다. 방을 나서면서 빠르게 방을 다시 훑어보아 좀 전에 스캔한 세부사항을 다시 한 번 확인한다. 며칠 후 그 방에 대한 중요한 사항들을 떠올려보라. 몇 달 후에는 얼마나 기억할 수 있는지 살펴보라.

파악하기 연습에서 했던 것처럼 방으로 다시 돌아가 확인한 뒤 기억하는 세부사항의 개수를 늘리는 것이 목표가 아니다. 주위 환경을 재빨리 훑어보고 관련 사항을 기억하며 필요할 때 이를 떠올릴 수 있는 역량을 향상시키는 것이 목표다.

새로운 환경에 놓일 때마다 이 연습을 해보라. 시간이 지나면 스캔하는 능력과 기억할 대상을 판단하는 능력이 향상될 것이다. 팀원 개개인이 이 기술을 향상시키는 훈련을 한다면 팀 전체의 훑어보기 능력 역시 향상될 것이다.

감각 이용하기

감지는 정보를 수집할 때 다섯 가지 감각을 최대한 이용하는 것을 의미한다. 물론 우리에게는 생리학적인 한계가 있다. 시력이나 청각 장애가 있는 사람도 있고 감기에 걸리면 일시적으로 후각이 약해진다. 이런 몇 가지를 제외하면 우리는 대부분 정보를 취하는 데 있어 오감을 더 잘 활용할 수 있다.

시각을 더욱 잘 활용한다는 것은 단순히 사물을 구체적으로 살펴본다는 의미가 아니다. 이는 다른 것들과 연관지어 사물을 본다는 의미다. 이 역량은 우리가 취하는 자료를 걸러내 이를 이해하는 데 도움이 된다.

다른 것들과 연관지어 사물을 보는 능력을 키울 수 있는 한 가지 방법은 긍정적인 시각으로 주위를 바라보는 것이다. 예를 들어, 이제부터 태양을 바라볼 때는 태양의 위치, 그리고 태양과 수평선과의 관계도 의식해보자. 그리고 그 시점의 시각을 확인하고 그 정보를 머릿속에 저장한다. 이제 1년 중 특정한 시기에 해당 위치에 놓여 있는 태양을 보면 시계를 보지 않고도 대략적인 시간을 파악할 수 있을 것이다.

마찬가지로, 거리 표지판을 보지 말고 도로 모퉁이에 위치한 건물이나 기타 고정물을 살펴보라. 그 사물들을 기억해두면 나중에 거리 표지판의 도움 없이도 이 모퉁이를 알아보게 될 것이다.

관계를 파악하는 능력을 키우면 여러 문제를 해결하는 데 도움이 된다. 일례로 한 기업에서 현재 판매 중인 망치를 재설계한다고 치자. 다양한 고객이 기존 망치를 사용하는 모습을 보면서 고객의 손의 크기와 손가락 길이가 망치를 이용하는 방식에 영향을 미친다는 사실을 발견한다. 이 사실을 디자인팀과 공유한 결과 더 많은 고객의 수요를 충족하기 위해서는 손잡이의 길이와 두께가 다양하면 좋겠다는 생각에 이르게 된다. 이제 이와 관련해 더 많은 조사에 착수하고 완전히 새로운 망치 디자인을 제안한다. 사물을 관계적인 관점에서 보는 역량을 키우지 않았다면 이 사실을 발견하지 못했을 것이다.

청력 역시 주위 상황을 파악하는 데 도움이 된다. 청각적인 단서가 제공하는 온갖 종류의 정보는 우리가 시각적으로 취하는 자료를 확장시키는 데 도움이 된다. 다음과 같은 연습해보자. 눈을 감은 뒤 들리는 소리에 집중한다. 무슨 대화가 들리는가? 사람들이 걷는 소리가 들리는가? 다른 소리가 들리는가?

소리를 감지했으면 눈을 감은 채 그 소리가 어디에서 들려오는지 파악해보자. 말하는 사람들은 어디에 있는가? 어느 방향에서 발소리가 들리는가? 발소리가 나를 향해 다가오는가, 나에게서 멀어지는가? 가까이에서 들리는 소리를 쉽게 파악할 수 있게 되면 희미한 소리를 듣는 연습도 해보자.

또 다른 청각 훈련 연습도 있다. 상대방의 비언어적 단서에 집중해보자. 상대의 표정은 무슨 뜻을 암시하는가? 상대방이 한숨을 쉬거나 잠시 말을 멈추는가? 몸짓을 하는가? 이런 것들이 무엇을 의미한다고 생각하는가? 언어 외에 상대가 드러내는 다른 신호들도 파악해보자. 언어는 의사소통 수단 중 극히 일부에 불과하다. 비언어적 신호를 더 잘 읽어낼 수 있다면 상대의 생각과 감정을 더 잘 이해할 수 있을 것이다.

패턴 파악하기

패턴 파악하기는 정보로 가득 찬 환경에서 반드시 필요한 기술이다. 감각적인 정보를 파악하고 스캔하며 취하는 능력을 키우려면 온갖 정보를 빠르게 분석할 수 있어야 한다. 이 기술이 바로 패턴 파악하기다. 동료들이 입은 옷에서 패턴을 파악하는 연습을 해보

자. 얼마나 많은 사람이 어두운 색상의 옷이나 반팔 티셔츠를 입고 있는가? 그들이 입은 셔츠에는 로고가 있는가?

건물 내 여러 공간과 식당에서도 패턴을 파악해보자. 줄을 서서 무언가를 기다리는 중이라면 핸드폰을 들여다보는 대신 주위를 둘러보며 특정 패턴을 발견할 수 있는지 살펴보자. 시간이 지날수록 직원이나 고객 만족도 조사, 제품의 문제, 직장의 다른 측면을 비롯한 온갖 종류의 자료에서 패턴을 읽는 능력이 향상될 것이다.

> ▶ **적용**
>
> 우리는 파악하기, 훑어보기, 감지하기, 패턴 찾기 기술을 향상시키는 연습을 즐길 수 있다. 이 기술이 향상되는 것이 느껴지면 이 연습이 더욱 즐거워질 것이다. 2주 동안 파악하기 기술을 연습하면 어떨까? 그 다음 2주 동안에는 훑어보기 기술을 연습해보자. 그 다음 2주는 감지하기 기술을, 마지막 2주는 패턴 찾기 기술을 연습해보라. 팀원 모두가 이 기술을 향상시키는 데 다 같이 전념하면 더욱 좋다. 업무의 질이 크게 향상될 것이다.

자, 이제 대안을 보다 효과적으로 분석하는 데 도움이 되는 두 가지 도구를 살펴보도록 하자.

▮ 선택사항 살펴보기

분석 중인 선택사항에 관해 활발한 토론이 이루어질 경우 때로는 원활하게 공통의 이해와 결론에 도달할 수 있다. 이 경우 합리적인 아이디어가 빠르게 도출되며 팀원들은 쉽게 합의에 이른다. 하지만 그렇지 않은 경우도 있다. 이때는 모두가 동의하는 결론에 도달하기가 훨씬 힘들 수 있다.

우리는 보통 빠르게 합의에 도달해야 좋다고 생각한다. 우리 모두에게는 해야 할 일이 있다. 게다가 불명확한 상황은 불편을 야기할 수 있으며 치열한 논쟁으로 이어질 수 있다. 이 불쾌한 감정은 우리로 하여금 이를 무시하고 앞으로 나아가게 만들 수도 있지만 때로는 그것이 최선이 아닐 수 있다.

이제 합의를 이루어 더 발전시키고 싶지만 그러기 쉽지 않은 상황에서 아이디어와 선택사항을 분석하고 비교할 수 있는 단순한 방법을 살펴보겠다.

체계적인 믿음과 의심 조사

특정 아이디어를 지지할 경우 우리는 그것이 다른 아이디어보다 나은 부분과 목표 달성에 도움이 되는 측면에 집중하는 경향이 있다(이를 '믿음 조사'라 부르자). 반면 해당 아이디어를 지지하지 않을 경우 우리는 그것의 결점과 실패 가능성에 집중하곤 한다(이를 '의심 조사'라 부르자). 체계적인 믿음/의심 조사 방법을 적절히 활용하면, 누군가는 아이디어의 장점을 입증하기 위한 증거를 모으고 또 누군가는 단점을 보여주기 위한 증거를 찾기보다는 모두가 두 가지 측면을 함께 고려할 수 있게 된다. 이는 팀원들이 여러 대안을 평가하고 최고의 선택을 내리는 데 큰 도움이 된다.

매사추세츠 대학 암허스트캠퍼스 명예교수인 피터 엘보(Peter Elbow)[4]가 창안한 이 방법론을 나는 수년간 많은 기업과 일하면서 실전에 적용해왔다. 이것은 두 단계로 이루어진다. 첫째, 모든 팀원이 믿음 조사에 참여한다. 모두가 해당 아이디어의 진실된 부분과 실행 가능한 부분을 찾는다. 이 과정을 철저히 진행한 뒤에야 모든 팀원이 의심 조사 단계로 넘어가 성공에 방해가 되는 부분을 찾는다.

믿음 조사를 실시하는 동안, 팀원 모두는 해당 아이디어의 확실한 장점을 확인한 뒤에 의심 조사 단계로 넘어가기로 동의해야 한다. 이 단계의 목적은 아이디어의 장점을 살펴보는 것이다. 우선 팀원 모두가 해당 아이디어를 이해해야 한다. 그 아이디어를 뒷받침하는 증거는 무엇인가? 그것의 흥미로운 특징은 무엇인가? 언제 유용한가? 아이디어의 긍정적인 측면을 파악하기 위해 이 같은 질문을 던져야 한다. 그 아이디어를 지지하는 이들은 다른 사람들이 그들과 같은 관점에서 해당 아이디어를 바라보도록 도와줘야 하며 그것을 긍정적으로 바라보게 된 증거와 설명을 제공해야 한다.

그 아이디어에 회의적인 이들은 그것의 장점을 이해할 때까지 그것을 살펴보겠다는 데 동의해야 한다. 그러기 위해서는 개방적인 자세로 상대의 말에 귀 기울여야 하며 해당 아이디어를 진심으로 믿을 때까지는 그것을 거부하지 않아야 한다. 무언가를 믿기 위해서는 해당 아이디어에 온전히 마음을 쏟아야 한다. 그 아이디어에 동의하기 어렵더라도 우리는 다른 이들이 보는 긍정적인 부분을 진정으로 볼 수 있을 때까지 계속해서 살펴보아야 한다.

해당 아이디어의 장점을 온전히 살펴보았으면 의심 조사 단계로 넘어간다. 이제 아이디어를 비판하고 단점을 살펴볼 차례다. 이 단계에서 참여자들은 아이디어의 장점에 집착한 나머지 단점을 보지 못하는 우를 범해서는 안 된다. 실행 불가능한 측면에 초점을 맞춰라. 믿음 조사 단계에서 미처 파악하지 못했을지도 모르는 모순을 찾아라. 이 아이디어가 실행 불가능한 상황을 살펴보아라.

모든 팀원이 믿음 조사와 의심 조사를 철저히 실시할 경우 토론은 모두가 머리를 맞대어 최고의 방침을 찾는 대화로 발전한다. 회의 참석자들은 기존에 보지 못했던 아이디어의 장점과 미처 찾지 못했던 단점도 발견한다. 그 결과 더 나은 결론을 내릴 수 있는 보다 완벽한 그림을 얻게 된다. 모두가 서로의 말에 귀 기울이며 자신의 선택을 옹호하던 기존의 토론에서 벗어나 선택사항의 장·단점을 더 잘 파악하게 된다.

이 과정은 시간이 걸리고 에너지가 소요되기 때문에 브레인스토밍 과정에서 도출된 모든 선택사항이 아닌 중요한 업무나 잠재력이 큰 선택사항의 경우에만 활용해야 한다. 믿음/의심 조사는 토론 초반에 명확한 결론을 내릴 만한 확실한 증거가 없을 경우 특히 유용하다.

내가 인터뷰한 한 리더는 현재 재직 중인 회사와 과거에 몸담았던 회사 간의 현저한 차이를 설명해주었다. 과거 직장에서는 직원들이 자신이 동료보다 아는 것이 많기 때문에 더 좋은 결론을 내릴 수 있다고 믿었다. 그들은 자신의 관점을 더 높이 평가했으며 다른 이들이 제안한 아이디어는 경시하곤 했다. 그 결과 타인이 공유한 관점을 실질적으로 거의 고려하지 않다시피 했다. 그는 당시 업무 환경이 무척이나 숨 막혔다고 말했다. 그런 분위기는 기업의 성공에 방해가 되었다. 직원들이 집단의 뇌를 활용해 함께 아이디어를 살펴보는 일이 거의 없었기 때문이다. 그는 회사를 떠났고 완전히 다른 문화의 회사에 들어갔다. 그는 타인의 아이디어에 개방적인 문화가 효과적인 협업에 중요하다고 확신했다. 나 역시 마찬가지다.

이 믿음/의심 조사 과정은 협업적인 기업문화를 구축하는 데 도움이 된다. 또한 조직원들의 사고방식이 너무나 유사한 나머지 서로를 지지하기만 할 뿐 반박의 여지가 없는 그릇된 집단사고도 피해갈 수 있도록 돕는다.

더 많은 문제를 해결할 때 필요한 것: 정보를 바탕으로 한 수정

선택사항을 살펴보는 과정에서, 목표 달성에 100퍼센트 도움이 되는 선택은 없다는 사실을 알게 될 수도 있다. 제시된 선택사항 중 완벽해 보이는 것이 없는 경우다. 계속해서 토론을 이어간다고 해도 마법과 같은 해결책이 나오리라는 보장도 없다. 다만 개중 가장 합리적인 대안을 도출했다는 확신은 있다. 즉 아예 처음부터 다시 논의를 시작한다고 해서 더 나은 대안이 나올 것 같지는 않다는 뜻이다.

이럴 경우 원래의 선택사항으로 돌아가 새로운 관점에서 그것을 바라보는 것이 도움이 될 수 있다. 완전히 새로운 대안을 마련하는 것이 아니라 이미 수행한 분석의 도움을 받아 기존에 제안된 대안들을 새로운 방식으로 면밀히 검토하는 것이 목적이다. 가장 이상적인 모습은 다른 사고방식을 통해 기존 아이디어에서 가장 좋은 것들만 통합한 새로운 대안을 마련하는 것이다.

그러려면 선택사항의 장점과 단점을 파악하고 살펴봐야 한다. 아래 그림은 브레인스토밍을 통해 새로운 대안을 찾는 과정을 돕기 위한 도표다.

우선 고려 중인 선택사항을 전부 나열한다. 각 선택사항의 장점과 단점을 파악한다. 각 대안의 가장 큰 장점과 단점을 찾는다.

이제 창의력을 발휘해 새로운 해결책을 찾을 차례다. 기존 선택사항의 가장 두드러진 장점은 최대한 많이, 가장 큰 단점은 최소한으로 취하는 새로운 해결책을 마련한다. 완전히 새로운 대안을 찾는 게 아니다. 기존의 아이디어에서 중요한 부분을 취해 이를 새로운 생각과 가능성으로 재결합하고 재구성하는 것이다.

다양한 선택사항을 절충하는 게 아니라, 프로젝트의 니즈를 충족시키도록 기존 선택사항의 중요한 측면만을 결합하는 것임을 명심하기 바란다.

정보를 바탕으로 수정한 진행표

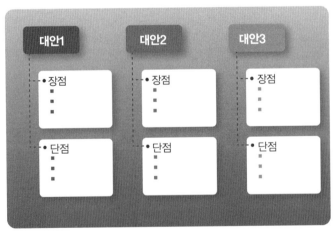

에일린 조르나우 그림

협업의 시대

정보를 바탕으로 수정된 대안의 예를 살펴보자. 멕시코 퓨전요리 체인업체의 경영진이 체인점을 늘리기로 결정했다고 치자. 어떤 식으로 확장하는 것이 기업의 전반적인 성공에 가장 크게 기여할지 모색하는 임무가 관리자에게 맡겨진다.

수많은 조사를 진행한 끝에 해당 팀은 다음과 같은 세 가지 대안을 마련한다. 이미 성업 중인 지역에서 체인점을 늘리는 것, 새로운 지역으로 진입해 입지를 다지는 것, 이미 성업 중인 지역에서 멕시코 패스트푸드 버거 식당을 여는 것이다.

몇 주간 이 세 가지 대안을 구체적으로 살펴보았으나 이 중 완벽한 대안은 없다는 사실을 깨닫는다. 관리자는 아예 처음으로 돌아가 이 대안들보다 월등히 나은 다른 대안을 찾아봐야 하는 건 아닐지 고민한다. 심사숙고해본 결과 그런다고 해서 더 나은 대안이나 완전히 새로운 방안이 도출될 것 같지는 않다는 결론이 나온다. 그리하여 기존의 분석 정보를 바탕으로 세 가지 대안을 수정하기로 한다. 이제부터 구체적인 과정을 살펴보자.

1단계

이 세 가지 선택사항의 장·단점을 파악한다. 그 결과 다음과 같은 장·단점이 도출되었다(여기서는 각 선택사항의 장·단점을 두 가지만 찾았으나 실제 적용할 때는 더 많이 찾아보기 바란다).

대안1: 이미 성업 중인 지역에서 체인점을 늘린다.

장점

■ 기존의 공급망을 이용함으로써 비용을 절감할 수 있다.

■ 기존 광고를 활용함으로써 비용을 절감할 수 있다.

단점

■ 이 식당을 이용하는 사람이 이미 기존 고객일 수 있다. 새로운
체인점은 현 체인점의 매출 감소를 야기할 수 있다.

■ 이미 가장 좋은 위치에서 체인점이 운영 중이기 때문에 현 지역에
서 매장 수를 늘릴 경우 새로운 매장은 수익을 내기 힘들 것이
다.

대안2: 새로운 지역으로 진출해 입지를 다진다.

장점

■ 미국 내 특정 인구(예를 들어 33퍼센트)가 멕시코 퓨전요리를 좋아
한다면 새로운 지역에서 33퍼센트의 고객을 더 확보함으로써
매출 증대에 기여할 수 있다.

■ 새로운 시장에 진입할 경우 전국적인 광고를 쉽게 진행할 수 있
다. 이는 지역 광고보다 비용 측면에서 더 효율적이다.

단점

■ 기존 공급망을 이용할 수 없어 새로 구축해야 하기에 비용이 증
가한다.

- 새로운 시장에 진입할 경우 기존의 브랜드 인지도와 구전효과를 누릴 수 없다.

대안3: 이미 성업 중인 지역에서 멕시코 패스트푸드 버거점을 연다.

장점

- 이 매장에서 다른 메뉴를 판매하더라도 기존의 공급망을 이용할 수 있기 때문에 비용을 절감할 수 있다.
- 기존 매장의 매출을 깎아먹지 않는다. 버거를 판매하는 식당은 기존 체인점과는 다른 고객층을 상대로 하기 때문이다.

단점

- 기존 공급망을 이용할 수 있지만 다른 식자재를 구비해야 한다. 그 결과 비용이 증가하고 재고 관리가 복잡해진다.
- 이 시장에서 두 가지 브랜드를 구축하고 유지하려면 광고 비용이 증가한다.

2단계

확실한 단점은 최소한으로, 뚜렷한 장점은 최대한으로 취하는 새로운 해결책을 제안한다.

- 이 모든 장·단점을 살펴본 뒤에는 다면적인 방법이 최고의 해결책이라는 사실이 뚜렷해진다. 관리자는 경영진에게 다음과

정보를 바탕으로 한 수정의 예시: 체인점 확대

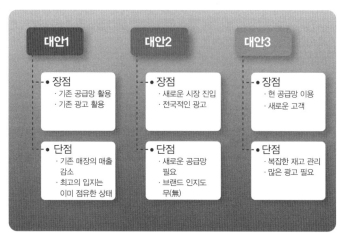

에일린 조르나우 그림

같이 보고한다.

→ 기존 체인점의 시장점유율이 33퍼센트에 달하지 않는 지역
   에서는 체인점을 더 추가하기로 결정한다.

→ 기존 체인점의 시장점유율이 33퍼센트에 도달한 지역과 시
   장조사 결과 새로운 버거점이 별로 인기가 없을 것으로 보
   이는 지역에서는 현 브랜드를 인근 시장으로 옮겨가 기존
   의 광고와 공급망을 이용하기로 결정한다.

협업의 시대

정보를 바탕으로 한 수정을 통해 관리자는 새로운 관점에서 상황을 분석할 수 있었다. 그 결과 처음의 세 가지 대안 중에서 선택할 필요는 없다는 사실을 알게 되었다. 관리자는 새로운 결론을 내릴 수 있었고 이를 경영진에게 확신 있게 제시할 수 있게 되었다.

계속할 때와 중단할 때

시간, 돈, 인력 같은 제약 요인이 존재할 경우 눈앞에 놓인 최고의 대안을 골라 실행하는 것이 가장 합리적일 때가 있다. 이를 '만족화(satisficing)'라 부른다. 이것은 1940년대에 노벨상을 수상했으며 조직 관리 분야의 유명한 전문가인 허버트 사이먼(Herbert Simon)이 창안한 용어다. 만족하다(satisfy)와 충분하다(suffice)를 합친 이 용어는 최고의 해결책을 찾을 수 없어 현 상태에서서 최고의 대안을 선택하는 상황을 말한다.

하지만 만족화가 최고의 대안이 아닌 경우도 있다. 텔사가 최초의 전기자동차를 만들겠다는 데 만족화했다면 어떠했을까? 제대로 된 공식을 찾기 전에 포기했다면 업계를 뒤흔든 전기자동차 대신 그저 그런 하이브리드 차를 설계하는 데 그쳤을 것이다. 반면, 텔사가 5년을 더 투자해 공식을 찾기 위해 노력했지만 올바른 공식을 찾지 못했다면? 이 경우 5년 전에 만족하는 편이 나았을 거라고 생각할 것이다.

조지 버나드 쇼(George Bernard Shaw)는 이렇게 말했다. "저항을 최소화하기보다는 이익을 극대화해야 성공에 이른다."[5] 안타깝게도 우리가 다음번 대박 상품을 개발할 수 있을지 여부를 판단할 수 있는 쉬운 공식은 없다. 보통 몇 달 더 작업한다고 원하는 결과가 나오지는 않을 거라는 생각에 희생하는 것이 최고의 판단이다.

이 개념은 팀원들이 프로젝트나 기업 전체의 방향에 영향을 미치는 중요한 결정을 내릴 때 중요하다. 언제 '계속하고' 언제 '중단할지' 판단할 수 있는 쉬운 방법은 없지만 이 결정은 상당히 중요하다. 이런 상황이 발생할 경우 계속 밀고나갈지 만족화해야 할지 팀원들 간에 논의가 필요하다.

▶ **적용**

파악하고 훑어보고 감지하고 패턴을 찾는 여러분의 기술은 얼마나 뛰어난가? 이 네 가지 분야에서 역량을 향상시키기 위해 노력할 의지가 있는가? 여러분이 소속된 팀에 이 네 가지 역량을 향상시키자고 설득할 수 있는 방법이 있는가?

여러분의 기업은 체계적인 믿음/의심 같은 방법을 통해 더 나은 결정을 내리도록 직원들을 독려하고 있는가? 제시된 대안 중 이상적인 대안이 없는 상황에 처해 있는가? 정보를 바탕으로 한 수정을 하도록 동료들을 이끌어보기 바란다.

협업의 시대

회사에 충실하기와 관련된 조언

이해부터 지원에 이르기까지

회사에 충실하기는 기업의 방향을 확실히 이해하고 지원하는 데서 출발한다. 직원들은 전후사정을 훤히 알고 있을 때 기업의 목표와 전략을 훨씬 잘 이해할 수 있다. 자사의 미션을 비롯해 리더들이 해당 미션에 열정적인 이유, 결과물과 실패 사례, 교훈 등을 더 잘 알고 있을 때 직원들은 기업의 성공을 돕는 데 더욱 전념하게 된다.

기업의 목표를 우리의 목표로 삼는 이유는 그 목표를 달성할 경우 월급이 나오기 때문만은 아니다. 보다 큰 그림을 보고 이해하며 리더들이 진정한 파트너로 대할 때 우리는 기업의 성공을 돕기 위해 더욱 열심히 일하게 된다.

한 실리콘밸리 기업의 사례를 살펴보자.

우리는 올해 새로운 제품을 출시했습니다. 업무량이 늘어날 거라는 사실은 알았지만 얼마나 많아질지는 알 수 없었죠. 실제 업무량을 알고 나서는 약간 겁을 먹었습니다. 추가 지원 없이는 일을 수행할 수 없다고 윗선에 말해볼까도 생각해봤죠.

우리는 경영진과 비공식적인 대화를 나눴습니다. 그 결과 회사가 더 많은 자원을 제공할 여유가 없다는 사실을 알게 되었죠. 회사는 자금난에 시달리고 있었습니다. 경영진은 우리에게 더 많은 자원을 지원하려면 다른 팀의 소중한 자원을 빼앗아 와야 한다고 솔직하게 말했습니다. 그렇게 되면 이 새로운 제품과 기업의 성공에 차질이 생길 수도 있었죠. 회사는 추가 수익이 절실한 상황이었습니다.

경영진이 회사 사정을 솔직하게 설명해준 덕분에 상황이 분명히 이해가 되었습니다. 우리는 현재 가지고 있는 것들을 최대한 활용했습니다. 합리적으로 업무를 분배했죠. 직원들의 전문성과 직책을 바탕으로 하기도 했지만 융통성을 발휘하기도 했습니다. 새로운 관점이 필요하거나 도움이 필요할 경우 업무를 재분배했습니다.

팀원들의 완벽한 협력으로 일은 생각보다 꽤 쉽게 진행되었습니다. 경영진이 현 상황에 대해 솔직히 말해준 덕분에 우리는 다른 이들의 도움을 기대할 수 없다는 걸 분명히 알 수 있었죠. 경영진은 우리를 내부 구성원으로 존중해주었습니다. 그들은 지금도 그렇게 합니다. 이는 성공을 향한 기반을 마련하는 데 큰 도움이 됩니다.

리더의 역할

조직의 리더가 직원들에게 기업의 방향과 관련된 정보를 충분히 제공할 경우 직원들은 긍정적으로 반응한다. 이런 정보뿐만 아니라 특정한 결정 뒤에 놓인 전후사정과 이유를 공유하면 더욱 좋다. 그럴 경우 직원들은 업무와 관련된 올바른 결정을 내리는 데 필요한 맥락을 파악할 수 있다. 그 결과 직원들과 리더 사이에 파트너십이 형성되며 직원들은 수동적으로 상사의 명령을 따르는 데서 한 발

더 나아가 헌신적으로 업무에 전념하게 된다.

이는 직원 혼자 힘으로는 할 수 없는 일이다. 리더가 나서서 주인 의식이라는 긍정적인 사이클의 출발점이 될 수 있는 정보를 제공하고 전후사정을 설명해야 한다. 하지만 직원 역시 관리자와의 대화를 통해 예상되는 문제를 구체적으로 설명함으로써 나름의 역할을 수행할 수 있다.

직원의 역할

자신의 역할에 충실한 리더는 직원들에게 관련 정보를 제공하며 그들을 파트너로 대우한다. 직원들에게 전략과 전술을 상세히 설명하며 그들에게 직접적인 영향을 미치는 주제와 관련해 직원들의 의견을 구한다.

한편, 직원의 역할은 중요한 결정이든 사소한 결정이든 업무와 관련된 결정을 내릴 때 기업의 목표와 전략을 명심하는 것이다. 프로젝트를 위한 최선의 결정과 기업 전체를 위한 최선의 결정 간에는 충돌이 발생할 수 있다. 자신의 맡은 바에 충실하다는 것은 기업의 방향이 바뀌거나 그로 인해 프로젝트를 도중에 그만둬야 할지라도 기업의 방향에 이로운 결정을 내린다는 뜻이다.

예를 들어, 현재 설계 중인 제품에 재미있는 특징을 추가할 수 있다고 치자. 장난감 자동차를 판매하는 장난감 회사에 다닐 경우

자동차에 리모컨 기능을 추가할 수 있다.

직원들은 이 새로운 기능을 기꺼이 탑재하고자 한다. 게다가 시장조사 결과 고객들이 이 기능을 무척 좋아하는 것으로 밝혀졌다. 괜찮아 보이지 않는가? 하지만 이 기능을 추가할 경우 제품의 가격이 지나치게 비싸지고 기업의 전반적인 전략이 지장을 받는다면? 이 경우 올바른 결정을 내리기 위해서는 이 기능을 포기해야 한다. 여러분은 이 프로젝트를 포기해야겠지만 리더들은 회사를 위해 여러분이 희생했다는 사실을 알 것이다.

다음 질문들은 프로젝트가 기업의 목표에 잘 맞고 목표 달성에 기여하는지 확인하는 데 도움이 되는 것들이다. 새로운 프로젝트에 착수하기 전에 이 질문들을 이용해 기업의 전반적인 목표와 관련해 프로젝트의 가치를 평가해볼 수 있다. 프로젝트 진행 도중 기업에 가장 이로운 결정을 내리는 데 도움이 되도록 활용할 수 있는 질문들도 있다. 팀원으로서, 개별 직원으로서 아래와 같은 질문을 던져보자.

1. 회사가 지금 당장 이용할 수 있는 가장 큰 기회는 무엇인가?
2. 지난 몇 년 동안 알게 된 사실 중 여러분이 지금 당장 혹은 내년에 시행할 프로젝트에 영향을 미치는 사항이 있는가?
3. 이 회사가 지금으로부터 3년에서 5년 사이에 번창할 거라 어떻게 확신할 수 있는가?

4. 회사가 지금 당장 당면한 가장 큰 문제나 위협, 제약사항은 무엇인가? 여러분과 동료들은 이와 관련해 어떤 도움을 줄 수 있는가?

5. 여러분은 전사적인 목표 달성에 어떻게 기여할 수 있는가?

6. 이 프로젝트는 기업의 어떤 목표에 기여하는가?

7. 이 프로젝트가 기업의 목표에 기여하기 위해 필요한 것은 무엇인가?

8. 경영진이 이 프로젝트를 지원하는가? 경영진은 이 프로젝트에서 무엇을 기대하는가?

9. 스스로에게 정기적으로 질문하라. 이 프로젝트의 큰 그림은 무엇인가? 특정한 결정을 내릴 경우 무슨 일이 발생할 확률이 높은가? 그 결정은 여러분이 기업의 큰 목표를 달성하는 데 기여하도록 만드는가?

10. 프로젝트의 성공을 극대화하기 위해서는 누구와 의사소통하거나 누구에게 보고를 해야 하는가?

11. 다른 프로젝트에 교훈을 제공하기 위해서는 이 프로젝트가 마무리될 시점에 어떠한 최종 검토를 수행해야 하는가?

▶ 적용

앞의 질문들은 여러분이 계획을 수립하고 업무를 시행할 때 올바른 결정을 내리도록 돕기 위해 설계되었다. 여러분과 동료들은 프로젝트를 계획하고 실행하기 위한 결정을 내릴 때 이 질문들에 대답할 수 있을 만큼 전후사정에 능통한가? 그렇지 않다면, 이 질문들에 답할 수 있어야만 업무 성과가 현저히 향상될 것이라고 윗선을 설득할 수 있는가? 그들에게 여러분이 회사에 더욱 충실하고 싶으며 이런 정보가 확보되어야 그렇게 할 수 있을 거라고 말하라.

여러분은 기업 내 협업을 강화하기 위해 개인이 할 수 있는 일은 별로 없을 거라고 생각했을지도 모른다. 네 가지 개인의 역량 모델과 이 모델을 적용할 수 있는 도구들이 그러한 믿음을 바꾸었기를 바란다. 이 기술들을 정기적으로 연습한다면 점차 익숙해질 것이다. 이 기술들을 활용해 기업의 협업 문화에 긍정적인 기여를 해보자.

자, 이제부터 팀의 노력을 강화할 수 있는 방법을 살펴보기로 하자.

3부

협업을 통한
강력한 팀은
어떻게 만들어지는가

팀 차원에서 보다 원활한 협업을 도모하기 위한 수단으로는 무
엇이 있을까? 애자일 관리방식이란 무엇인가? 효율적인 회의
진행방법은? 서로 간에 보다 명확한 의사소통을 가능케 하는
'프레이밍'과 불확실한 상황에서 협업을 돕는 '시나리오 계획'
은 어떻게 실행하는가?

8/

애자일 방식_

민첩하게 변화를 수용하는 최강의 팀을 만드는 방법

┃ 모든 팀에서 활용 가능한 적절한 업무 절차

4장에서 우리는 SVAC와 이에 필요한 세 가지 도구 (개인의 역량, 팀 도구, 기업 관행)를 살펴보았다. 팀 도구를 갖추기 위해서는 직원들의 다양한 업무를 조직하는 데 도움이 되는 절차를 마련해야 한다.

'골조'를 갖추는 것은 마천루를 짓는 공장 인부들에게만큼이나 프로젝트를 진행하는 팀원들에게 필수적인 일이다. 프로젝트별로 세부사항은 다르겠지만 팀원들이 일반적으로 알아야 하는 사항은 다음과 같다.

- 프로젝트의 전반적인 목표와 전사적인 목표에 기여하는 방법
- 전반적인 목표를 달성하기 위해 프로젝트의 각 요소들을 결합시키는 방법
- 프로젝트 참여 대상과 개인의 역할
- 중요한 정보를 파악하고 공유하는 방법
- 회의와 의사소통 유형
- 성공을 측정하는 방법

기업경영 전문가인 마이크 카비스(Mike Kavis)는 블로그에서 이를 잘 요약했다. "나는 프로젝트 헌장이나 팀 구조 같은 개념은 보통 비웃는다. ……하지만 다양한 팀이…… 프로젝트에 참여할 경우…… 혼란을 막기 위해서는 어느 정도 질서가 필요하다."[1]

일부 조직에서는 '절차'라는 개념을 반기지 않는다. 한 절차 개선 전문가는 최근에 블로그를 통해 이렇게 밝혔다. "'절차가 싫다'는 글을 읽자마자 상당수가 가슴을 쓸어내리며 '그래, 누군가가 마침내 이 말을 내뱉었군'이라고 생각할 것이다."[2]

이 단순한 개념은 왜 이리도 평판이 좋지 않은 것일까? 내가 인터뷰한 한 리더의 말에 따르면 직원들은 기업이 성장하면 혼란도 가중된다고 생각한다고 한다. 이런 혼란을 막기 위해 기업은 절차를 도입하는 경향이 있다. 하지만 절차가 엄격할 경우 직원들의 창의력이 저하되고 새로운 업무 수행방식을 시도하지 않게 된다.

이 리더가 속한 기업에서는 이 딜레마를 어떻게 해결할까? 이 기업은 좋은 절차와 안 좋은 절차를 구별한다. 안 좋은 절차란 효율성을 꾀하기보다 효율이라는 미명 하에 여러 규칙을 양산하는 식의 절차로, 별다른 목적 없는 엄격한 관료주의적 요구조건을 부여한다. 이와 반대로 좋은 절차는 숙련된 직원들이 업무를 수행하는 데 도움이 된다. 이 기업은 불필요한 관료주의를 지양하며 적정한 구조를 제공하는 바람직한 절차를 수립하는 데 집중한다.

내가 인터뷰한 리더들은 상당수가 창의력을 저해하지 않는 선에서 프로젝트의 지침이 되는 좋은 절차를 수립한 기업에서 일했다. 하지만 자사에 그런 체계가 제대로 갖춰져 있지 않다며 한탄하는 사람도 일부 있었다. 이들 모두가 동의하는 바는, 유연한 다목적 절차를 갖추는 것이 바람직하다는 것이었다. 적정 수준의 절차가 없을 경우 새로운 프로젝트를 시작할 때마다 처음부터 그런 절차를 수립해야 한다는 사실을 알기 때문이다. 이는 프로젝트의 내용에 집중할 수 있는 소중한 인력의 낭비로 이어진다.

다양한 프로젝트의 요구를 만족시킬 수 있는 지침과 구조를 제공하는 다목적 절차가 존재할까? 그렇다. 바로 애자일 방법론이다.

▌애자일 방법론

애자일(Agile)은 소프트웨어 개발팀의 업무 지침으로 2000년대 초에 개발되었다. 당시에는 소프트웨어와 관련 없는 팀이나 프로젝트에서 애자일의 가치를 파악해 적극 활용하는 경우가 소수에 불과했다. 그러나 일부 리더들은 이 방법론을 자사에 맞춤화해 보다 광범위하게 사용했다.

이는 훌륭한 생각이다. 나 역시 많은 기업이 애자일을 광범위하게 사용하기를 바란다. 그때 이후로 진전이 있기는 했지만 아직까지는 소프트웨어와 관련 없는 프로젝트에서 애자일을 활용하는 방법이 많이 알려져 있지 않다. 이번 장에서는 애자일의 개념을 광범위한 프로젝트에서 사용할 수 있는 방법을 살펴보겠다.

애자일 기본지침

우선 '애자일 성명서'[3]의 네 가지 일반적인 가치를 살펴보자. 소프트웨어와 관련 없는 프로젝트에서 사용하기 위해 나는 이를 다음과 같이 각색했다.

1. 계약사항을 엄격히 시행하는 것보다는 고객과 지속적이고 실질적인 협업을 유지하는 것이 더 중요하다.
2. 수많은 시간을 들여 결과 달성 방법을 꼼꼼히 기록하기보다

는 실질적인 결과를 내놓는 것이 중요하다.

3. 기존 계획에 집착하기보다는 문제를 시정하는 것이 중요하다.

4. 엄격한 절차를 고수하기보다는 직원들 간의 실질적인 교류가 훨씬 더 중요하다.

이는 벽에 걸어놓은 뒤 금세 잊어버리는 진부한 문구가 아니라 실제 업무 수행방식의 지침이 되도록 고안된 방침이다. 이 네 가지 가치를 확장시킨 열두 가지 '애자일 원칙'이 있다.[4] 비 소프트웨어 프로젝트용으로 각색된 이 원칙은 다음과 같다.

1. 프로젝트 목표를 달성하기 위한 업무를 수행함으로써 고객을 만족시키는 것이 우선과제다.

2. 소량의 결과물을 자주 제공한 뒤 고객에게서 피드백을 받아 변화의 필요성이 있는지 최대한 빨리 판단한다.

3. 절차를 측정하는 주요 방법은 이 업무가 고객을 만족시키며 프로젝트의 전반적인 성공에 기여하는지 살펴보는 것이다.

4. 고객의 니즈를 만족시킬 수 있고 수정 비용이 합리적일 경우 프로젝트가 거의 완료되어가는 시점일지라도 프로젝트를 변경한다.

5. 동기 부여된 개인을 프로젝트에 참여시키고 그들이 업무를 수행하도록 믿고 지원한다.

6. 팀원이 프로젝트 진행 내내 협업할 수 있도록 분위기를 조성한다.

7. 업무를 제대로 수행하고 최상의 결과를 내기 위해 가장 효과적이고 효율적인 의사소통 수단을 사용한다.

8. 영원히 지속가능한 업무 속도를 추구한다.

9. 훌륭한 디자인과 내용에 계속해서 주의를 기울일 경우 프로젝트의 결과가 개선된다.

10. 간결성이 복잡성보다 중요하다. 프로젝트의 목표를 달성하되 최대한 단순한 방식으로 업무를 수행하는 것이 중요하다.

11. 팀원들이 기업과 그 기업이 속한 산업에 합리적인 방식으로 권한을 부여받는다.

12. 프로젝트 팀은 이따금 더욱 효과적인 업무방식을 제안한 뒤 행동방침을 미세조정한다.

나는 애자일을 실무에 적용하는 기업과 일하는 동안 애자일 환경에서 업무를 수행하기 위한 다른 중요한 팁도 개발했다.

- 불필요한 제약사항을 배제하고 프로젝트의 지침이 될 수 있는 체계를 수립한다.
- 효과적인 프로젝트 진행을 위해 사전 계획을 충분히 세운다.
- 반복적인 절차를 사용해 프로젝트를 조각이나 단위로 설계하

고 수행한다(반복적으로 소량의 업무를 수행하고 시험하며 수정한 뒤 다음 업무로 넘어간다).

- 기존 업무에서 얻은 교훈과 변화를 반영하기 위해 새로운 업무를 시작하기 직전에 구체적인 계획을 수립한다.

- 고객과 주주를 프로젝트에 참여시킨다.

- 관리자는 주로 코칭을 하거나 장애물을 제거하는 역할을 맡는다. 팀원들은 업무와 관련해 많은 권한을 부여받으며 올바른 결정을 내릴 수 있도록 충분한 정보를 제공받고 전후사정을 자세히 설명 듣는다.

- 불운한 챌린저호보다는 아폴로 13호에 가까운 정신을 장려한다(거리낌 없이 말하고 귀 기울이며 불쾌한 정보를 적극적으로 공유한다).

- 전문성을 바탕으로 역할을 배분하며 동료의 업무 수행에 기여하기 위해 적극적으로 가담하는 분위기를 조성한다.

- 프로젝트의 기준이 바뀔 경우 시간과 비용 같은 제약사항을 바탕으로 이 기준을 평가한다.

- 모두가 각자 맡은 업무뿐만 아니라 전체 프로젝트에 책임의식을 갖는다.

- 짧은 정기 회의를 비롯해 상호 교류나 의사소통을 위한 적절한 방법을 활용한다.

- 가장 중요하고 어려운 업무를 제일 먼저 시행한다.

- 관심 있는 직원이나 고객과 프로젝트 정보를 공유한다.

| 사전 프로젝트 계획

일부 프로젝트 관리 절차는 직원들이 업무를 시작하기 전에 프로젝트와 관련된 구체적인 계획을 수립하도록 장려한다. 담당 직원들은 프로젝트 목표를 수립한 뒤 수행해야 하는 업무를 요약한 구체적인 단계들을 기술한다. 그 다음에는 프로젝트의 목표를 달성하기 위해 필요한 직원 수, 자금, 시간을 비롯한 기타 자원을 가늠하고 프로젝트의 특정 부분에 어떤 직원이 필요할지 판단한다. 때로는 특정한 결정을 내리는 책임자를 지정하기도 한다. 이 같은 세부적인 계획은 구체적인 지도를 작성할 경우 프로젝트가 매끄럽게 진행되고 변화를 최소화시킬 수 있으며 불필요한 비용 지출을 막는 데 도움이 된다는 믿음을 바탕으로 한다.

그런데 안타깝게도 이런 구체적인 사전 계획을 세울 경우 문제가 해결되기보다는 발생하는 경우가 더 많다. 가장 큰 문제는 도중에 변화가 거의 불가능하다는 점이다. 계획 수립자는 보통 모든 세부사항을 정확히 예측할 수 있을 만큼 프로젝트에 관해 샅샅이 알지는 못한다. 알고 있는 정보를 바탕으로 최선을 다할 뿐이다. 그러나 프로젝트를 진행하다 보면 계획을 수정해야 할 경우가 종종 발생한다. 사전에 세운 계획이 신성불가침으로 여겨질 경우 필요한 변화가 제때 이루어질 수 없다.

애자일 방식에서 프로젝트 지원자나 담당자는 개략적으로 알 수 있을 만큼만 사전 계획을 수립한다. 프로젝트 계획자는 리더와 협업해 전사적인 방향과 프로젝트의 목표에 기여하기 위해 이 프로젝트를 어떻게 활용할지 결정하며 필요한 인력이나 기타 자원을 판단한다. 여타의 세부사항은 업무를 작은 단위로 나누어 실행하는 미니 계획 세션에서 파악한다.

프로젝트 계획자는 온갖 세부 계획을 혼자서 혹은 소수의 동료들과 세우지 않으며 우선은 킥오프(kick-off) 세션에서 논할 안건부터 정한다. 이때부터 계획을 세우는 일은 팀 스포츠와도 같다. 프로젝트 팀원들과 고객들이 이 초기 회의에 참여한다. 그들은 프로젝트의 목표를 바탕으로 업무의 범위, 주요 업무 단위, 결과물, 해당 작업에 참여할 직원 등을 기술한 프로젝트 헌장을 함께 작성한다. 또한 성공을 가늠하는 방법에 합의하며 발생 가능한 기회와 위험을 살펴본다.

킥오프 회의 참여자들은 조직의 리더로부터 직접 중요한 메시지를 전달받는다. 그들은 이 프로젝트가 어떻게 회사에 도움이 되는지 전달받으며 업무 진행을 위한 진솔한 대화를 나눈다. 이 대화를 통해 팀원들은 프로젝트와 그것의 성공에 직접적인 책임을 느낀다. 이 대화 결과, 팀원들 간에는 신뢰하고 존중하는 분위기가 형성되며 모두가 서로의 성공을 바라게 된다.

사용자 사례(user stories)는 프로젝트의 지침이 되는 중요한 도구다. 이는 초기 킥오프 회의에서 제안될 수 있다. 사용자 사례에는 프로젝트의 바람직한 최종 상태와 구체적인 요소를 기술한다. 이 사례는 대개 프로젝트에 배정된 고객이나 직원이 함께 작성한다. 여기에 얼마나 많은 세부사항을 포함시킬지는 프로젝트의 복잡성과 관련 아이디어의 참신성에 달려 있다. 고객들은 우선 이 프로젝트를 진행하게 된 이유를 기술한다. 그 다음에는 성공적인 프로젝트의 다양한 측면을 기술한다. 직원들이 새로운 아이디어를 제안하는 복잡한 프로젝트에서는 고객들의 희망사항이 보통 상당히 구체적으로 기술된다. 이 구체적인 사항은 사용자 사례의 일부가 되거나 작은 사례로 나눌 수 있다.

회의를 진행하는 동안 팀원들은 전체 프로젝트를 위한 계획을 수립할 뿐만 아니라 프로젝트에서 자신의 팀이 맡은 업무를 기술하기도 한다. 그들은 다른 팀에 무엇을 요구할지 협상할 수 있다. 이렇게 하면 각 팀이 자신이 맡을 업무 분량을 별도로 계획할 때보다 프로젝트가 순조롭게 시작될 수 있다.

다음으로 팀원들은 업무 완료 순서를 결정한다. 애자일과 다른 프로젝트 절차의 차이는, 애자일의 경우 가장 위험하고 힘든 업무를 제일 먼저 한다는 것이다. 다른 절차의 경우 가장 어려운 업무를 마지막으로 미룬다. 그런데 그러다 보면 기존에 알려지지 않은 문제가 뒤늦게 드러나 업무를 처음부터 다시 수행해야 하는 경우가 발생하기 쉽다. 애자일 프로젝트에서는 이 재작업을 줄이기 위해 가장 힘든 문제를 먼저 다룬다.

협업의 시대

프로젝트의 다른 중요한 부분 역시 킥오프 세션에서 다룰 수 있다. 예를 들어, 특정 업무를 특정한 순서로 수행해야 하는지 여부를 논할 수 있다. 구체적인 논의사항은 해당 프로젝트의 요구조건에 달려 있다. 애자일의 일반적인 원칙은 절차를 최소화함으로써 직원들을 지나치게 제약하지 않고도 업무를 수행할 수 있는 충분한 체제를 수립하는 것이다.

| 업무 시작하기

구체적인 계획

애자일은 사전 계획을 개략적으로 짜기 때문에 업무를 시작할 때마다 세부 계획을 더 많이 수립해야 한다. 이를 위해서는 해당 업무를 효과적으로 계획할 수 있는 사람들을 모아야 하며 가능하다면 고객들을 이 과정에 참여시킨다.

팀원들은 어떠한 업무가 완료되어야 하는지, 우선순위는 무엇인지, 담당자는 누구로 할지 결정한다. 그리고 예산도 구체적으로 세워야 하며 예상 소요시간도 가늠해봐야 한다.

또한 업무의 완료 수준을 결정하고 수행한 업무의 질을 측정하는 데 적용할 기준도 정해야 한다. 만약 비행기 부품을 설계하고 제작하는 경우라면 약간의 실수도 용납되지 않을 것이다. 그러나 소프트웨어 게임을 만들 때는 그 정도로 완벽할 필요가 없다. 보통 애자일은 철저하고 정확한 업무를 꾀하지만 완벽을 추구하지는 않는다. 추구하는 품질의 바람직한 수준은 프로젝트의 특성에 달려 있다.

복잡한 프로젝트나 대규모 프로젝트의 경우 각 업무를 관리 가능한 수준으로 나눈다. 애자일의 핵심 원리는 업무의 각 부분을 자주 달성하는 것이기 때문이다. 완료하는 데 수개월이 걸릴지도 모르는 한 가지 업무 대신 '스프린트'라 부르는 여러 부문으로 업무를 나누어야 한다.

┃ 업무 수행, 추적, 의사소통하기

일단 스프린트가 시작되면 추가 변화를 요구할 수 없다. 애자일의 목적은 고객의 니즈에 유연하게 대처하는 것이지만, 어느 시점에서는 직원들이 업무를 완료할 수 있도록 안정적인 계획이 필요하다.

일하는 도중 복잡한 문제가 발생할 경우 예산과 소요 시간은 고정시킨 채 필요할 때마다 업무를 조정하는 것이 이상적이다. 이때 계획한 업무 중 일부를 잠시 중단해야 할 수도 있다. 이 업무는 나중에 다시 시작할 수도 있지만 모두가 프로젝트의 특정 부분을 중단하는 데 동의할 수 있어야 한다.

애자일의 또 다른 원칙은 자신에게 할당된 업무가 아니라도 다른 이들을 돕기 위해 적극 나서야 한다는 것이다. 직원들이 자신의 업무만을 고수하며 다른 이들에게 도움의 손길을 뻗는 것을 그들을 방해하는 것이라 생각하는 기업문화는 바뀌어야 한다. 애자일 문화에서는 프로젝트에 도움이 될 경우 자신이 맡은 공식적인 역할에서 벗어나 다른 일에도 적극적으로 참여하도록 장려된다.

애자일의 업무 현황을 관리하고 공지하는 데 사용할 수 있는 도구들이 있다. 이들을 보통 '정보 방열기(information radiators)'라 부른다.[5] 일례로 스프린트 기간 동안 팀이 진행한 업무를 시각화하는 게시판이 있다. 이 게시판은 진행 중인 업무와 현황, 발생한 문제를 보여준다. 또 다른 도구로는 '번다운 차트'가 있다. 남은 업무와 시간을 보여주는 그래프다. 프로젝트의 진행 상황을 알고 싶은 사람은 누구나 이 도구들을 이용할 수 있다. 팀원들은 누구에게도 숨기는 것이 없어야 하며 개방적이고 직접적으로 문제에 맞서야 한다.

스프린트가 완료되는 시점에는 최종 결과물을 고객에게 전달해야 한다. 이때는 업무가 완료되었다고 단정 짓지 말고 열린 대화를 나눠야 한다. 이 대화를 통해 얻게 된 고객 피드백은 발생 가능한 문제나 바람직한 변화사항을 발견하는 데 도움이 된다. 스프린트는 웬만하면 변경은 없다는 전제를 깔고 시작되지만, 프로젝트를 개선시킬 수 있다면 약간의 변화도 고려해야 한다. 애자일의 기본 원칙 중 하나는, 반복적으로 작업을 진행해나가면서 도중에 언게 된 교훈을 그때그때 반영하는 것이다. 때로는 이로 인해 업무 진행이 더뎌지기도 하지만 그 결과 결과물의 품질과 고객 만족도가 훨씬 더 높아진다.

이와 관련해 한 리더는 이렇게 말했다. "프로젝트를 시작하기 전에 고객들이 원한다고 생각하는 것을 설계하고 만들 경우 그들이 정말로 원하지 않는 것을 디자인하고 제작하게 될 수도 있습니다. 반복적인 절차를 활용하면, 고객이 미처 명시하진 못했지만 내심 정말로 원하고 있던 것을 끄집어낼 수 있죠."

❘ 회의

스탠드업 회의

'스탠드업 회의'는 애자일의 주요 특징으로 팀원들이 정기적으로 만나 그동안 진행한 상황을 공유하고 문제를 해결하는 과정이다. 이 회의를 얼마나 자주 할 것인지는 구체적인 업무의 요구사항에 달려 있다.

이 회의의 목적은 빠른 점검이다. '스탠드업'이라는 표현 그대로 모두가 서 있는 상태로 회의를 진행하는 것이다. 이렇게 하면 중요한 주제만을 신속히 논의하게 되어 회의가 효과적으로 진행된다. 스탠드업 회의에서는 보통 다음과 같은 개방적인 문제들이 논의된다.

- 지난 번 회의 이후 어떠한 성과가 있었는가?
- 어떤 문제가 발생했으며 도움이 필요한 부분은 무엇인가?
- 다른 이들에게 도움이 될 만한 교훈은 무엇인가?
- 다음번 회의까지 무슨 업무를 진행해야 하는가?
- 변경하거나 중단하거나 더욱 빠르게 진행해야 하는 업무는 무엇인가?

팀원들은 동료의 업무와 그 업무가 전반적인 프로젝트에 어떻게 기여하는지 파악하고 있어야 한다. 이는 직원들이 크고 작은 문제와 관련해 올바른 결정을 내리는 데 도움이 된다. 스탠드업 회의의 목적은 프로젝트 담당자와 각 참여자들이 서로에게 업무 진행 상황을 알리는 것이 아니다. 정말 중요한 목표 중 하나는 실패를 미리 파악해 이를 해결하는 것이다. 이 목표의 달성 여부는 문제가 있는 부분을 자유롭게 말할 수 있는 개방적인 문화에 달려 있다. 신성불가침의 영역이나 논의 불가능한 사안이 있어서는 안 된다.

이에 관해 한 리더는 이렇게 말했다. "똑똑한 사람을 고용하는 애자일 환경에서는 모두가 서로를 전문가라 생각하며 다른 이들을 부정적으로 판단하는 비판적인 분위기를 지양합니다. 모두가 타인이 기여할 수 있는 부분을 잘 알고 있으며 다른 이들의 의견에 귀 기울이죠."

회고 회의

작은 업무가 완료되거나 큰 업무 목표가 달성되면 해당 프로젝트에 참여하는 모든 직원과 고객이 한 자리에 모인다. 업무의 진행 상황을 살펴보고 반영하고 싶은 개선사항을 파악하는 이 과정을 회고 회의라 부른다.

이는 '블레임스토밍(blamestorming)' 과정이 아니다. 말하기 불편한 사안을 솔직하게 내뱉는 것과 오락적인 분위기에서 불만을 표하는 것 사이에는 섬세한 균형이 필요하다. 이 둘 간의 차이가 그다지 크지 않기 때문에 그 차이를 식별할 줄 알아야 하며 회의 참여자들이 목표를 달성하는 데 도움이 되는 전문 중재자가 회의를 진행하는 편이 좋다.

▎관리자의 역할

관리자는 애자일에서 중요한 역할을 수행한다. 다른 프로젝트에서 수행하는 역할과는 다르다. 한 리더는 이에 관해 이렇게 말했다. "애자일 방식에서는 관리자의 역할이 중요합니다. 하지만 구체적으로 규정되지 않기 때문에 이들의 역할은 다른 경우와 거의 똑같아 보입니다." 예를 들어 어떤 프로젝트팀에서는 관리자가 스탠드업 회의를 중재하지만 다른 팀에서는 관리자가 한 발 물러나 다른 이들에

협업의 시대

게 그 역할을 맡긴다. 이는 관리자의 스타일과 팀문화에 달려 있다.

애자일 프로젝트에서 관리자가 맡는 중요한 역할은 다음과 같다.[6]

- 전문성을 향상시키고 최선을 다하고 싶어 하는 훌륭한 직원을 채용하고 관리한다.
- 현 프로젝트가 조직의 전체적인 방향과 어떤 관련이 있는지 공지한다. 프로젝트 착수 시점뿐만이 아니라 그 후로도 정기적으로 공지하며, 직원들이 자신의 위치에서 적정한 결정을 내릴 수 있도록 전후맥락을 제공한다.
- 해당 팀과 협업해 고무적인 프로젝트 목표를 수립한다.
- 지속적인 학습과 성장을 장려하는 분위기를 조성한다. 교육 프로그램을 제공하고 스스로 학습하는 직원들을 파악한다.
- 개방적이고 투명한 업무 환경을 조성한다.
- 직원들이 문제를 파악하고 해결할 수 있도록 돕고 효과적인 문제 해결 방법을 알려준다. 직원들을 대신해 문제를 해결하는 것이 아니라 그들에게 문제를 직접 해결할 수 있는 방법을 일러줘야 한다.
- 업무 수행에 방해가 되는 장애물을 제거한다.
- 직원들이 필요로 할 때 도움을 제공하되 그들의 업무를 대신하지는 않는다.

- 팀원들이 최선을 다해 해당 프로젝트에 전념할 수 있도록 필요한 자원을 판단하고 확보한다.
- 회사 내 다른 이들과 파트너십을 구축한다. 다른 팀과의 유대를 강화한다.
- 불필요한 방해물로부터 팀을 보호한다.
- 직원들의 진로 계획과 관리를 돕는 조언자로서 그들의 전문성 향상에 도움을 준다. 업무 피드백을 제공하고 직원들이 최선을 다하도록 장려하며 적정한 업무 경력을 강화시키는 방향으로 보상을 제공한다.

애자일 방식에서 관리자는 단순히 후원이나 관리의 역할만 수행하지 않는다. 직원들이 전반적인 기업 목표에 기여하는 방법을 이해할 수 있도록 이끌고 계속해서 정보를 제공하고 기반을 마련하는 것이 그들의 역할이다. 또한 해당 프로젝트에 참여하는 직원과 다른 팀원들 간에 긴밀한 관계를 유지하도록 하는 것도 그들의 역할이다. 관리자는 훌륭한 직원의 경력 관리를 통해 그들의 이탈을 막고 업무 수행 능력이 떨어지는 직원이나 프로젝트의 진행에 도움이 되지 않는 직원들과도 일할 줄 알아야 한다(협업적인 환경에서 관리자의 역할에 관해서는 10장에서 더 자세히 살펴볼 것이다).

범위 추가 관리하기

이 용어에 익숙하지 않은 독자를 위해 설명하자면 '범위 추가 (scope creep)'란 무절제한 확장과 프로젝트 초기 범위에 해당하지 않는 업무 추가로 프로젝트의 목표가 계속해서 확대되는 상황을 일컫는다.

애자일은 사전 계획 시 프로젝트의 세부사항을 중점적으로 다루지 않으며 프로젝트를 진행하면서 변화를 적극 수용하기 때문에 다른 방식에 비해 부적절한 범위 추가에 취약하다고 염려하는 사람들이 있다. 여기서 중요한 것은 '부적절한'을 어떻게 정의하느냐이다.

저렴하고 성능 좋은 차세대 디지털 카메라를 개발 중인 업체가 있다고 치자. 한창 개발 작업이 진행 중인데 갑자기 경쟁사가 고해상도 디지털 카메라를 출시한다. 이 사실이 알려지자 일부 직원들은 당혹감에 휩싸인다. 그들은 개발 프로젝트팀이 하던 일을 멈추고 경쟁사보다 해상도를 높일 수 있는 방법을 찾아야 한다고 주장한다. 계획된 사양대로 제품이 출시될 경우 곧장 구식으로 전락할게 뻔하고 아무도 사지 않을 거라 생각하기 때문이다.

다른 직원들은 개발 작업이 거의 완료된 시점이라(카메라는 90퍼센트 완성되었다) 그렇게 크고 새로운 목표를 다시 설정하기란 불가능하다고 주장한다. 그러려면 막대한 비용이 추가로 소요될 것이며 결국 이 프로젝트가 실패할 거라고 생각한다.

만일 사전에 합의한 제품을 예상 비용에 맞춰 생산할 때만 보상이 주어질 경우, 팀원들은 변화를 거부하는 쪽으로 쏠릴 것이다. 하지만 기업이 정말로 필요로 하는 것을 만들어낼 때 보상이 주어질 경우라면 팀원들은 프로젝트를 잠시 중단하고 더 나은 성능의 카메라를 만드는 편에 서게 될 것이다. 애자일의 경우 후자의 상황이 발생할 확률이 훨씬 높다. 더 나은 카메라를 출시하기 위해 프로젝트는 잠시 중단될 것이다.

애자일이 유용한 이유는 제시된 변화를 전부 받아들이기 때문이 아니다. 직원들로 하여금 손익 분석의 필요성을 인식하고 그에 따른 힘겨운 결정을 내릴 수 있게끔 해주기 때문이다. 결정을 내릴 때 고려해야 하는 몇 가지 사항은 다음과 같다.[7]

- 구체적인 계획을 수립하기 전이라면 범위 추가가 아니다.
- 추가 업무를 발생시키지 않는다면 범위 추가가 아니다.
- 최종 제품의 요구조건을 더 잘 충족시킬 경우 수용 가능한 범위 추가다.
- 중요한 변화가 프로젝트 '예비비' 범위 내에 있을 경우 수용 가능한 범위 추가다.
- 궁극적인 목표는 프로젝트의 온전성이다.

협업의 시대

▶적용

여러분의 회사는 특히 복잡한 프로젝트에서 업무를 이끌고 추적할 수 있도록 맞춤화 가능한 다목적 절차를 갖추고 있는가? 전반적인 계획을 구체적인 계획과 분리시킴으로써 직원들을 지나치게 규제하지 않는 선에서 프로젝트의 사전 계획을 세우는가? 여러분의 회사는 서로 협업해야 하는 직원들 간에 상호 교류와 의사소통을 가능하게 하는 도구를 제공하는가? 프로젝트를 진행할 때 스탠드업 회의와 회고 회의가 중요한 역할을 수행하는가? 관리자는 이 장에서 기술된 것과 비슷한 역할을 수행하는가? 어떤 면에서 다른가? 관리자가 이 장에서 설명한 역할을 해준다면 더 좋을 거라는 생각이 드는가?

요약

애자일 방식은 상세한 계획이나 기록을 전면 거부하는 것이 아니다. 이것 역시 업무 수행방식을 파악해야 할 필요성을 인정한다. 다만 문제는, 다른 많은 프로젝트 관리 절차의 경우 기록을 주요 우선과제로 삼는다는 점이다. 그 탓에 실제 업무 수행보다 그것을 해나가는 방식에 더 집착하곤 한다. 이는 바람직한 관행이 아니다.

일부 리더들은 대규모 프로젝트에는 애자일 방식을 적용하는 데

무리가 있다고 우려를 표한다. 그러나 내가 확인한 바로는, 애자일은 유연한 특성 덕분에 광범위한 프로젝트와 팀에 적용될 수 있다.

애자일 방식은 규율이 부족하고 프로젝트 결과에 책임을 지지 않는다는 비난도 받는다. 그러나 명확히 규정된 단기간의 스프린트는 오히려 정반대의 결과물을 낳는 경우가 많다.

애자일은 마법의 해결책이 아니다. 다른 프로젝트 관리방식에서 발생하는 문제를 완벽히 해결해줄 수는 없다. 애자일 역시 장·단점이 있다. 모든 프로젝트에서 필요로 하는 모든 것을 제공해주지는 않는다. 하지만 광범위한 프로젝트에서 활용할 수 있는 유용한 프로젝트 관리 도구라는 점만큼은 분명한 사실이다.

9/
협업을 강화하는
핵심적 팀 도구

전문 분야와 배경이 다른 사람들은 각기 다른 세계관을 지니게 마련이다.

한 실리콘밸리 리더는 이렇게 말했다. "저마다 다른 역량을 지닌 사람들을 한데 모아놓으면 각자 다르게 사고하고 행동합니다. 각각의 뇌가 작동하는 방식이 다르죠. 예를 들어, 마케팅팀과 재무팀이 최근에 함께 일했는데, 이 두 부서의 스프레드시트는 조금도 비슷해 보이지 않았습니다."

다른 리더 역시 비슷한 의견을 피력했다. "운영팀과 제품 생산팀은 세상을 다르게 봅니다." 또 다른 리더는 이렇게 말했다. "밧줄로 함께 묶인 채 산을 오르는 것과도 같습니다. 저마다 산을 오르는 더 좋은 길을 알고 있다고 생각하죠. 모두가 같은 목표를 갖고 있지만 다른 이들이 '자신'의 길을 따르도록 끌어당깁니다."

관점이 다르면 세상을 보는 방식도 다르다는 말은 별로 놀라울 것도 없다. 그러나 우리는 보통 그러지 않기를 희망한다. 언제나 완벽하게 협업할 수 있기를 바란다.

협업이 잘 이루어지는 기업에서는 그러지 않을 거라고, 즉 직원들이 처음부터 협업을 잘했을 거라고 생각할지 모르겠다. 하지만 실리콘밸리 리더들은 직원들의 관점의 차이를 막아서지 않으며 그러고 싶어 하지도 않는다. 한 리더는 이에 관해 이렇게 말했다. "충돌이 반드시 나쁜 것만은 아닙니다. 바람직한 방식으로 전개된다면 괜찮습니다. 효과적인 협업은 그저 생각을 공유하고 상대를 좋아하는 것이 아닙니다. 차이를 극복하는 것이죠."

내가 인터뷰한 리더들은 서로 다른 견해를 지닌 직원들이 협업하는 데 도움이 되는 조언을 공유해주었다.

■ "우리는 특정 프로젝트에 참여하는 모든 팀이 공통의 목표를 지향하도록 합니다. 직원들이 상대의 노력을 무산시키고 서로 논쟁하느라 에너지를 낭비하기를 바라지 않습니다."

■ "과거에는 기회를 보자마자 뛰어들었습니다. 하지만 이제는

잠시 멈춰서 전반적인 전략을 점검하죠. 이 새로운 방향이 우리가 전략을 달성하는 데 도움이 되도록 만듭니다. 우리는 새로운 기회가 목표를 향해 있는지, 목표에서 벗어났는지 직원들이 직접 판단할 수 있도록 '전략을 자유롭게 활용하는 방법'을 찾습니다. 이유를 민주화하는 거죠."

- "우리는 토대를 마련하는 시간을 갖습니다. 견해의 차이를 예상하며 직원들이 이를 극복할 수 있도록 도와주죠."
- "견해의 차이는 대부분 내용에 기인하는 것이 아니라 양식과 접근법 때문이라는 사실을 알게 되었죠. 우리는 직원들이 효과적으로 협업하는 데 사용할 수 있는 도구를 제공합니다."

이제부터 직원들이 협업할 수 있는 토대를 마련한 한 기업의 사례를 직접 들어보기로 하자. 직원들 간의 협업을 꾀하기 위해 그들이 활용한 독특한 프로그램을 눈여겨보자.

┃ 샌디스크가 팀의 효율성을 높인 방법

우리는 샌디스크의 글로벌 판매팀에게 깊은 감사를 표한다. 그들은 아주 열심히 일하며 일 년에 한두 번 정도만 전체 팀이 한 자리에 모인다. 이 자리에서 우리 제품과 기업 목표, 전략, 업무 진행 상황 등을 파악한다. 그들은 이 시간을 전문가로 성장할 수 있는 시간으로 활용하기도 하고, 다음 판매를 위한 기운을 북돋는 기회로 삼기도 한다. 대개 외부 고객들도 이 회의에 참석한다.

샌디스크는 박애주의를 추구하며 지역사회를 돕는 일에 적극적이다. 우리의 박애주의적 행사는 팀 간의 협업을 강화하는 계기가 되기도 했다. 유의미한 자원봉사 활동에 함께 참여한 직원들 사이에 강한 유대관계가 형성되기 때문이다. 그들은 지역사회(혹은 세상)를 더 나은 곳으로 만들기 위해 함께 일하는 것을 영광으로 생각한다. 봉사 활동을 마치고 업무 현장에 복귀하면 완전히 다른 분위기가 감지된다. 그들은 서로를 더욱 존중한다. 각자가 전체의 일부라는 사실을 깨닫는다. 한번은 글로벌 판매팀 주도로 기아 근절을 목표로 하는 비영리단체를 돕기 위한 자원봉사에 나선 적이 있다. 800명의 직원을 참여시키는 다소 어려운 과제였지만 성공리에 진행되었다. 800명의 직원이 힘을 모아 배고픈 이들에게 전달할 45만 개의 도시락을 포장했으며, 모두가 굉장한 열의를 보였다.

이후 정기적으로 열리는 다음 회의에 참석한 이 800명의 관점은 크게 바뀌어 있었다. 서로 교류하는 방식과 의사결정을 내리는 방식이 기대 이상으로 향상되었다.

자원봉사 행사가 있은 후, 실적 기대치가 가장 낮은 직원들이 가장 창의적인 아이디어를 내놓기도 했다. 이 행사를 진행하기 전에는 좀처럼 사람들 앞에 나서서 이야기하지 않던 이들이었다. 이 변화는 큰 의

협업의 시대

미가 있었고…… 거의 마법과도 같았다. 직원들이 과감히 자기 아이디어를 공유할 수 있었던 건 '아무도 비난할 사람이 없다는' 확신이 있기 때문이다. 또한 자기 아이디어가 채택되지 않더라도 모두가 그것을 진지하게 고려한다는 것을 알고 있었다. 지역 주민을 함께 도우며 형성된 신뢰 덕분에 업무 현장에서 발생하는 크고 어려운 문제를 함께 해결할 수 있는 안전망이 형성된 것이다.

요약

샌디스크의 경우 이 자원봉사 활동의 긍정적인 효과는 조직에서도 지속되었다. 직원들은 지역사회의 문제를 함께 해결하는 동안 의견의 일치를 경험하고 서로에 대해 잘 알게 된다. 상대의 가족과 취미, 가치관을 알게 되는 것이다. 이 새로운 유대감 덕분에 업무에 복귀한 그들 사이에는 이해와 공감, 그리고 '자세히 살펴보지 않은' 아이디어를 과감히 다시 꺼내들 수 있는 안전망이 형성된다.

자원봉사 프로그램을 활용해 직원들이 서로를 알게 되고 상호 신뢰를 높이는 과정이 여러분의 기업에서는 효과적일 수도, 그렇지 않을 수도 있다. 요점은 그런 존중과 신뢰가 직원들이 위험을 무릅쓰고 완전히 익지 않은 아이디어를 적극 공유하고자 하는 안전한 환경을 조성할 수 있다는 것이다.

이런 환경은 여러 다양한 방식으로 조성할 수 있으며 직원들이 효과적으로 협업하는 데 반드시 필요하다. 실리콘밸리의 유명 대기업에서 일하는 한 리더는 이렇게 말했다. "검증되지 않은 아이디어를 입 밖에 꺼낸다는 건 당연히 불안한 일이죠. 당신은 급진적일 정도로 새로운 아이디어를 갖고 있을 수 있습니다. 그러나 안전하다는 생각이 들지 않는다면 그 아이디어를 남들과 공유하려 들지 않을 겁니다. 직원들이 창의적으로 생각하고 어떤 아이디어든 선뜻 공유해줄 때 조직은 이득을 봅니다. 우리 회사의 문화가 그렇죠. 우리 회사에는 안정적인 분위기가 조성되어 있습니다."

여러분의 기업에 필요한 것이 바로 이러한 신뢰와 존중, 안전한 환경이다.

> ▶**적용**
>
> 샌디스크에서 직원들이 상호 교류하도록 만들고 안전한 문화를 구축한 방법을 생각해보자. 이 방법을 여러분의 회사에 적용할 수 있는가? 여러분의 회사는 직원들이 이런 유대감 형성을 위해 개인적으로 교류하도록 돕고 있는가? 그러한 노력이 얼마나 효과를 보고 있는가? 그러한 활동이 더 많이 필요한가?

| 팀원의 효과적인 업무 수행을 돕는 도구

이제부터 팀원들이 더욱 효과적으로 일하는 데 도움이 되는 두 가지 도구를 소개하겠다. 첫 번째 도구인 주제 프레이밍은 논할 가치가 없는 주제를 고려하느라 시간을 낭비하지 않아도 되도록 초점 대상의 폭을 좁히는 데 도움이 된다. 두 번째 도구인 시나리오 계획은 구조적인 사고방식으로, 예상 불가능한 미래의 특정 부분을 고려해야 하는 상황에서 사용할 수 있는 도구다. 우리는 보통 미래의 불확실성을 즉시 해결하거나 무시해야 하는 문제로 본다. 시나리오 계획은 불확실성을 최소화해야 하는 문제가 아닌 기회로 보는 데 도움이 된다.

주제 프레이밍

주제를 프레이밍한다는 것은 무슨 뜻일까? 말 그대로 프레임은 무언가를 주위 환경과 구분 짓는 경계다. 예술작품을 액자 틀에 담으면 우리 시선이 집중되는 데 도움이 되듯이, 프레이밍도 대화에 있어 동일한 효과를 낳는다. 한마디로 프레이밍은 우리가 주제의 특정 부분에 집중할 수 있게 해준다.

'쓰레기를 넣으면 쓰레기가 나온다'는 말을 들어봤을 것이다. 컴퓨터의 도래와 함께 등장한 이 문구는 시스템에 잘못된 정보를 넣으면 잘못된 결과물이 나온다는 뜻이다. 특정 회의나 전체 프로젝트에서 자신의 업무가 무엇인지 확실히 알지 못할 경우 희망하는 결과를 얻을 확률이 낮다. 앨버트 아인슈타인은 이렇게 말했다. "나에게 문제를 풀 시간이 한 시간 주어지고 내 인생이 그 해결책에 달려 있다면 나는 적정한 질문을 찾는 데 55분을 쓰겠다."[1]

팀원들이 모여 직원 만족도를 향상시킬 방법을 고심한다고 치자. 이 세 단어(직원 만족도 향상)만을 염두에 둔다면 대개 봉급, 휴가 제도, 병가, 상여금 등에 관한 논의가 이루어질 것이다. 이런 사안들 역시 흥미롭기는 하지만, 회의의 본래 목적이 재택근무 정책에 초점이 맞춰져 있다면 이런 사안을 논의하는 것은 별로 의미가 없을 것이다.

회의 주선자가 참석자들에게 회의의 목적, 즉 직원들의 재택근무 요청과 관련된 구체적인 하부 주제를 논하기 위함이라고 미리 공지한다면, 참석자들은 해당 주제를 논의할 준비를 갖춘 상태로 회의에 참석할 것이며 회의 내용도 본래 의도에서 크게 벗어나지 않을 것이다. 설령 논의가 다른 방향으로 새어나가더라도 중재자나 협업자가 본래 의도했던 주제로 돌아오도록 회의를 재조정할 것이다.

회의가 시작되고 20분쯤 지나면 본래 취지와 별 상관 없는 샛길로 빠져들곤 하지 않는가? 회의를 주관한 사람이 주제를 꼼꼼히 '프레이밍'하고 사전에 심사숙고 한다면 이런 일이 발생할 확률이 적어진다.

프레이밍은 안건을 설정하고 주제를 잡아나가는 데만 유용한 것이 아니다. 회의가 진행되는 내내 계속해서 유용하게 활용될 수 있다. 게다가 이것은 회의 주최자나 중재자뿐 아니라 참석자 모두에게 유용한 도구다. 회의 참석자들이 주인의식을 갖고 올바른 방향으로 회의를 이끌어나갈 때 효과적인 협업이 이루어질 확률이 훨씬 높다.

다음은 대화를 프레이밍하고 참여자가 올바른 주제에 집중하는 데 도움이 되는 네 가지 항목이다.

네 가지 What

여러분의 대화를 다음의 관점에서 생각해보자.

- 무엇인지. 주제에 관해 우리가 아는 사실과 증거.
- 무엇을 해야 하는지. 우리가 알아야 하는 의견이나 관점, 판단.
- 만약에. 주제와 관련된 브레인스토밍 가능성과 새로운 아이디어.
- 그 다음에. 이 주제가 나아가야 하는 방향. 오늘 회의를 어느 선에서 마무리할지, 다음 단계를 어떻게 설정할지.

이제부터 이 네 가지 What을 효과적으로 사용하는 방법과 주제를 프레이밍하는 데 도움이 되는 기타 항목을 살펴보자.

올바른 질문 던지기

개인의 지능을 끄집어내 집단의 뇌에 녹여내기 위해 주제를 프레이밍하는 데는 기술이 필요하다. 질문을 던지는 것이 특히 유용하다. "질문은 정신을 자극하고 사람들에게 뇌를 [훨씬 더] 건설적으로 사용할 수 있는 기회를 제공한다."[2]

다른 이들의 참여를 원할 경우, 하고 싶은 말을 진술서 형식으로 기술한 뒤 무슨 일이 발생하는지 살펴보라. 여러분이 원하던 대화가 이루어지는가? 다음번에는 질문의 형태로 생각을 기술해보라. 이번에는 무슨 일이 일어나는가?

회사의 재택근무 정책과 관련해 우리 생각을 진술서 형식으로 기술한다고 생각해보자. "우리 회사의 재택근무 정책은 너무 제한적이다. 더욱 유연해야 하며 더 많은 직원들이 혜택을 누릴 수 있어야 한다"라고 할 수 있을 것이다. 이것을 질문 형식으로 기술한다면, "기업의 재택근무 정책이 직원 만족도와 이직 결정을 내리는 데 어떤 영향을 미친다고 생각하는가?"라고 할 수 있을 것이다.

질문으로 대화를 시작하면 협업적인 토론이 이어질 수 있는 분위기가 조성된다. 반면 진술서로 대화를 시작할 경우 그 진술에 동의하지 않는 이들을 양극화시키고 논쟁적인 분위기를 조성할 수 있다.

다양한 종류의 협업적인 토론을 조성하는 데 유용한 주요 질문을 살펴보자(7개 질문 중 4개는 네 가지 What이며, 나는 여기에 세 가지 질문을 추가했다).

■ **토론 대상을 결정하는 데 도움이 되는 질문.** 무엇이 문제인

가? 누구에게 문제인가? 잘 진행되고 있는 부분은 무엇인가? 두세 가지 문제를 개선하고자 할 경우 가장 시급한 문제는 무엇인가?

- **사람들이 주제를 이해하지 못할 때 세부사항을 도출할 수 있는 질문.** 이 질문들은 보통 '깔때기' 질문이라 부른다. 일반적인 수준에서 시작해 직원들의 이해도가 높아짐에 따라 그들을 더욱 구체적인 사항으로 이끌기 때문이다. 이때 유용한 질문들은 다음과 같다. 이 사안에 대해 더 자세히 말할 수 있나? 어떤 부분이 마음에 들었나? 어떤 부분이 혼란스러웠나? 어떤 것을 더 많이, 더 적게 사용할 수 있었나? 이 상황에서 배운 가장 중요한 교훈은 무엇인가?
- **('만약에'라는 주제를 살펴보는 데 도움이 되도록) 팀원을 비전으로 이끄는 질문.** 이 상황에서 가장 염려되는 부분은 무엇인가? 우리에게 의미하는 바는 무엇인가? 우리에게 영감을 주는 부분은 무엇인가? 희망하는 모습은 무엇인가? 이상적인 모습은 무엇인가? 어떻게 그 이상향으로 나아갈 수 있을까? 이 상황과 관련해 통찰력 있는 질문을 세 가지 제기한다면 어떤 질문을 할 수 있을까? 이 질문에 어떻게 답하겠는가?
- **대안과 선택사항을 살펴보는 데 도움이 되는 질문.** 이 아이디어들을 판단하는 기준은 무엇인가? 무엇을 바탕으로 결정을 내려야 하는가? 그 기준을 바탕으로 판단할 경우 더 설득

력 있는 아이디어가 존재하는가? 덜 설득력 있는 아이디어가 존재하는가? 목표를 최대한 달성하려면 어떻게 해야 할까? 고려하고 싶은 다른 사안은 무엇인가? 그것은 다른 이들이 생각하거나 일하는 방식에 어떤 영향을 미칠까?

■ ('무엇인지'라는 주제를 살펴보는 데 도움이 되도록) **자료를 도출하는 질문.** 이 생각을 뒷받침하기 위해 필요한 근거가 무엇인가? 이 주제와 관련해 더 많은 정보를 수집해야 하는가? 그 밖에 무엇이 필요한가? 조사를 실시하고 다음 회의에서 결과를 발표하고자 하는 이는 누구인가?

■ ('무엇을 해야 하는지'라는 주제를 살펴보는 데 도움이 되도록) **의견, 판단, 가정을 도출하는 질문.** 이 상황과 관련해 무슨 의견이 제기되었나? 무슨 생각이 드는가? 무슨 감정이 드는가? 이를 어떻게 해석해야 할까? 어떤 사고와 가정이 그러한 관념을 지지할까? 이 주제를 계획하면서 과거의 어떤 중요한 사건을 떠올려야 할까?

■ ('그 다음에'라는 주제를 살펴보는 데 도움이 되도록) **행동을 이끄는 질문.** 이 프로젝트를 어떻게 완료해야 할까? 어떠한 단계를 밟아야 할까? 누가 참여해야 할까? 누구에게 공지해야 할까? 누가 어떤 임무를 수행해야 할까? 이 단계의 일정은 어떠한가? 효율성을 어떻게 측정해야 할까?

위 질문에서 특정 단어의 부재를 눈치챘는가? 잠시 멈춰서 추측해보자. 없는 단어는 '왜'이다. '왜' 질문은 위험할 수 있다는 말을 들어봤을 것이다. '왜' 질문은 상대를 판단하는 것처럼 들려 그들이 방어적인 태도를 취하게 만들기 때문이다. 하지만 '왜' 질문이 필요할 때가 있다. 이 질문은 무엇을, 언제, 어디에서, 어떻게 질문과는 완전히 다른 방식으로 상황을 이해하는 데 도움이 될 수 있다. '왜'라는 단어를 사용할 때는 질문에 사용하는 단어와 목소리 톤이 심문하는 듯한 느낌을 주지 않도록 조심하기 바란다.

'왜' 질문을 적절히 사용할 수 있는 예로는 '다섯 가지 Why'가 있다. 이는 팀원들이 문제의 근원을 깊이 파고드는 데 도움이 되는 빠르고 효과적인 절차다. 하부 주제를 살펴본 뒤 '왜'라는 질문을 던질 수 있다. 다섯 가지 Why 질문을 던질 경우 직원들은 새로운 깨달음을 얻게 된다. 고객들이 갑자기 여러분의 회사에서 구매한 여성용 블라우스를 왜 그렇게 갑자기 많이 환불하는지 알고 싶다고 치자. 첫 번째 질문으로 토론을 연 뒤 다음과 같은 질문으로 넘어가면 된다.

1. 고객들이 왜 그렇게 블라우스를 자주 환불하는가?
   단추가 너무 많이 떨어지기 때문이다.
2. 왜 그렇게 단추가 많이 떨어지는가?
   사이즈 책정이 잘못되었으며 많은 여성이 너무 작은 사이즈로 구매하기 때문이다. 그래서 블라우스를 입을 때 단추가 떨어지곤 한다.

3. 왜 사이즈를 잘못 책정하게 되었나?

사이즈 체계가 다른 나라의 제조업체에게서 블라우스를 수입하기 때문이다.

4. 블라우스를 수입하기 전에는 왜 이 사실을 알지 못했나?

우리는 보통 같은 제조업체에게서 블라우스를 매입하며 그들의 사이즈 체계는 익히 알고 있었기 때문이다. 그 탓에 새로운 제조업체와 일하면서 이 부분을 점검해야 한다는 생각을 하지 못했다.

5. 왜 새로운 제조업체에게서 블라우스를 수입하는가? 앞으로도 더 자주 이런 일이 발생할까? 새로운 제조업체와 일할 때 사이즈를 체크하는 관행을 수립해야 하는가?

요약

우리는 새로운 아이디어를 브레인스토밍하는 대화에서는 질문이 가장 유용한 도구라고 생각하곤 한다. 하지만 질문은 다른 목적으로도 유용하게 사용될 수 있다.

- 상대를 설득할 때
- 정보를 얻을 때
- 애매모호한 사고를 명확히 할 때

- 직원들을 동기 부여시킬 때
- 문제를 해결할 때
- 비판을 완화할 때
- 반대를 극복할 때
- 지침을 명확히 할 때
- 우려를 불식시킬 때
- 변덕스러운 상황을 제거할 때[3]

질문의 효율성은 이를 어떻게 프레이밍하느냐에 달려 있다. 우리가 찾고자 하는 정보를 이끌어내기 위해 정확한 단어를 사용하는 것이 가장 중요하다. 진실성 역시 질문의 효율성에 영향을 미친다. 상황을 진짜로 살펴보기 위해 질문을 활용하는가? 그렇다면 개방적인 대답과 성공적인 대화로 이어질 것이다. 하지만 누군가 대화를 조작하기 위해 질문을 사용할 경우 다른 이들이 이를 간파할 것이고 대화는 성공적으로 이루어지지 않을 것이다. 질문자에 대한 신뢰도 손상될 것이다.

한 실리콘밸리 리더는 지난 몇 년간 사용한 훌륭한 도구를 알려주었다. 회의의 참석자 중 한두 명은 '쥐구멍 정찰대'다. 그들은 구멍 앞에 있는 쥐가 그려진 유머러스한 카드를 들고 있다. 회의가 초점에서 벗어날 때 이 정찰대는 카드를 회의 탁자에 던진다. 이 카드의 이미지는 다음과 같다.

에일린 조르나우 그림

> ▶ **적용**
>
> 여러분의 기업에서 직원들은 주제를 적절히 프레이밍하는가? 이 기술과 관련해 여러분의 기업을 어떻게 평가하겠는가? 이번 장에서 소개된 다른 기술들도 적용해보자.

| 시나리오 계획

원하는 미래는 그냥 다가오는 게 아니다. 원하는 미래는 만들어가는 것이다. 위대한 미래를 창조하기 위해서는 불확실성을 고려해 무슨 일이 일어날지 잘 예측해야 한다. 흔히 미래 예측은 회계 업무 같은 식이었다. 과거와 현재에 어떤 일이 발생했다면 미래에도 그러리라고 예측하는 게 논리적이었다. 문제는 이런 사고방식이 변화의 가능성을 고려하지 않는다는 것이다.

시나리오 계획은 큰 불확실성에 맞닥뜨린 상황에서 결정을 내리는 데 도움이 된다. 활용 가능한 자료를 관찰 결과나 근거 있는 통찰력과 결합한다면 미래를 합리적으로 추론할 수 있다. 특정한 미래를 감히 장담하자는 게 아니다. 어떤 미래가 펼쳐질지에 관해 몇 가지 시나리오를 작성하는 것이다. 그리고 난 뒤에는 가능성이 가장 높은 시나리오를 채택하면 된다.

시나리오 계획이라는 개념 확립에 큰 기여를 한 인물은 미국의 유명한 미래학자이자 작가인 피터 슈워츠(Peter Schwartz)다.[4] 이제부터 지난 몇 년 동안 여러 기업과 일하면서 내가 맞춤화한 절차를 살펴보도록 하자. 우선 여덟 가지 시나리오 계획 절차를 설명한 뒤 이 절차를 실행한 예를 제시하겠다.

시나리오 계획 활용 방법

1단계: 고려 중인 사안을 파악한다. 충분한 시간을 갖고 꼼꼼히 '프레이밍'해 특정한 사안을 확실히 살펴본다. 이때는 얼마나 먼 미래를 고려 중인지도 명시하기 바란다. 2년인가, 5년인가?

2단계: 계획 중인 기간 동안 이 결정과 관련된 중요한 요소나 트렌드를 파악한다.

- 여기에는 직원들이 현재 갖추고 있거나 그렇지 못한 주요 역량, 현 제품, 결정에 영향을 미칠 수 있는 기타 요소 등 외부 요소가 포함될 수 있다.
- 고객 선호도 변화, 경쟁력, 새로운 기술, 정부 규제 등 이 사안에 큰 영향을 미치는 외부 요소 또한 포함되어야 한다.

시나리오를 계획하는 데 이 요소와 트렌드가 사용될 것이다. 대부분의 요소는 단기적으로는 기업에 큰 영향을 미치지 않는다.

3단계: 2단계에서 파악한 요소를 살펴본 뒤 각 요소가 발생할 확률이 얼마나 높은지 파악한다.

- 모든 불확실성을 하나로 모은다. 이 불확실성은 5단계에서 시나리오를 구상하는 데 사용될 것이다. 이제 이들 불확실성의 우선순위를 매긴다. 이 프로젝트를 비롯해 여러분이 내리는 결정과 연관성이 가장 높은 것은 무엇인가?
- 모든 확실성을 하나로 모은다. 이는 변화 불가능한 요소들이다. 발생할 확률이 높으며 여러분이 영향을 미칠 수 있는 부분이 없기 때문이다. 이는 여러분이 시나리오를 점검하는 데 도움이 되는 고정된 제약사항이다. 확실성의 우선순위를 정해라. 가장 중요한 요소를 사용해 시나리오를 살펴볼 것이다.

불확실성과 확실성이라는 두 항목은 중요하다. 모든 요소나 트렌드를 두 항목으로 나누고 우선순위가 가장 높은 요소를 판단한 뒤 이 요소를 다시 한 번 점검하라. 어떤 근거를 바탕으로 이 요소를 포함시켰는가? 이 근거를 다시 살펴봐야 할까? 여러분이 설정한 가정 중 다시 확인해보고 싶은 것은 무엇인가? 이 재확인 과정은 시나리오 계획 절차의 정확성을 높여줄 것이다.

4단계: 시나리오의 유효성을 더욱 높이기 위해 다음과 같은 질문을 던진다.

- 과거에 발생한 일이나 현재 발생하고 있는 일 중 이 주제와 관련해 미래에 영향을 미치는 부분이 존재하는가?
- 고려해야 하는 대상 중 살펴보지 않은 부분은 무엇인가?

5단계: 이제 우선순위가 높은 불확실성을 바탕으로 네 가지 시나리오를 작성할 차례다. 각 시나리오에는 이 사안과 관련된 미래의 모습이 담겨 있다.

- 우선순위가 높은 불확실성의 변형된 모습이 반영된 네 가지 시나리오를 작성한다. 다소 혼란스럽게 들리겠지만 다음 페이지에 나오는 예를 살펴보면 명확히 알 수 있을 것이다.
- 발생할 확률이 높은 상황에 집중하기보다는 모든 가능성을 골고루 살펴볼 수 있도록 네 가지 시나리오를 작성한다. 네

가지 시나리오 모두에서 가장 바람직한 해결책이나 결정을 내리는 것이 목표다.

- 가장 중요한 확실성을 제약사항으로 시나리오에 대입한다(제약사항은 모든 시나리오에서 동일하다). 이 역시 다음 예에 적용된 것을 보면 명확해질 것이다.

6단계: 네 가지 시나리오에서 한 발 물러나 그 시나리오들을 평가한다. 다음 질문을 통해 시나리오의 유용성을 평가해보라.

- 이 시나리오는 논리적인가?
- 어떤 사건들이 이러한 미래를 낳을 수 있는가? 발생 가능한 미래인가?

이 질문의 답에 따라 시나리오를 수정하거나 새로운 시나리오를 작성하고 싶을지도 모른다.

7단계: 이 시나리오와 관련해 여러분이 내리려는 결정을 살펴본다. 어떤 결과가 나올지 알 수 없기 때문에 모든 가능한 미래에서 성공할 확률이 가장 높은 결정을 내리는 것이 목표다. '네 가지 시나리오의 결과에 관계없이 어떤 결정을 내려야 성공 확률이 가장 높아질까?'라는 질문을 던져본다.

8단계: 최종 결정을 선택한 뒤 이를 시행하기 위한 계획을 구상한다. 상황이 바뀌어 시나리오가 더 이상 유효하지 않을 경우를 대비해 여러분의 결정을 재점검해볼 수 있는 '노란불' 경고 체계가 필요할 수도 있다.

시나리오 계획 예시

이제부터 전기자동차 생산을 고려 중인 기업의 시나리오 계획 사례를 살펴보도록 하자(실제 자료를 바탕으로 한 사례는 아니다. 현실적인 문제를 대입시켜 단순하게 구상한 시나리오다).

1단계: 주제를 프레이밍한다: 5년 후 전기자동차의 제작, 판매는 수익성 높은 사업이 될 수 있을까?

2단계: 이와 관련된 트렌드를 찾아본다(이 단순한 사례에 국한시키지 말고 중요한 요소와 트렌드를 최대한 살펴봐야 한다).
- 5년 후 휘발유 가격
- 전기차량용 공공 주유소의 가용성
- 전기차량용 공공 주요소 이용비
- 가정에 개인 주요소를 마련할 수 있는 가능성

3단계: 2단계에서 살펴본 첫 세 가지 요인은 불확실성에 해당한다. 5년 뒤 이 세 가지 추세가 어떻게 바뀔지 알 수 없기 때문이다.

네 번째 요인은 확실성으로 간주할 수 있다. 전기자동차를 구입하려는 사람은 집에서 충전하기를 원할 것이고 그럴 수 있을 거라고 가정해보자.

- 처음 세 가지 요인을 불확실성 항목에 넣는다. 이 사례에서 이 추세들은 전부 상당히 유의미하다.
- 이 사례의 경우 확실성은 한 가지다. 이 추세 역시 상당히 유의미하다.
- 이 네 가지 요인을 적절한 항목에 포함시켰는지 재확인한다 (실제 상황이었다면, 이 네 가지 요인과 관련해 설정한 가정의 타당성을 점검하기 위해 조사를 실시했을 것이다).

4단계: 시나리오 계획의 4단계에서 제시한 두 가지 질문을 던져보면 우리가 파악한 네 가지 요인이 중요한 사안을 충분히 다루고 있다는 것을 알 수 있다. 발견하지 못한 요소나 트렌드는 없다.

5단계: 네 가지 시나리오는 다음과 같다.

- 시나리오1: 휘발유 가격이 5년 후 상당히 높아진다. 공공 주유소는 고속도로와 국도에서 아주 저렴한 가격으로 쉽게 이용할 수 있다. 개인 주유소는 가정에서 저렴하고 쉽게 이용할 수 있다.
- 시나리오2: 휘발유 가격이 5년 후 조금 높아진다. 공공 주유

협업의 시대

소는 고속도로에서 쉽게 이용할 수 있지만 국도에서는 찾기 힘들다. 주유소 이용 비용은 보통이다. 개인 주유소는 가정에서 저렴하고 쉽게 이용할 수 있다.

- 시나리오3: 휘발유 가격은 5년 후에도 변동이 없다. 공공 주유소는 고속도로와 국도 모두에서 한정적으로 이용 가능하다. 주유소 이용 비용은 상당히 비싸다. 개인 주유소는 가정에서 저렴하고 쉽게 이용할 수 있다.
- 시나리오4: 휘발유 가격은 5년 후 더 저렴해진다. 공공 주유소는 고속도로나 국도에서 쉽게 이용할 수 없다. 주유소 이용 비용은 상당히 비싸다. 개인 주유소는 가정에서 저렴하고 쉽게 이용할 수 있다.

6단계: 이 네 가지 시나리오는 모두 논리적이고 가능성 있으며 유용하다.

7단계: 이제 이 시나리오의 관점에서 우리의 결정을 고려할 차례다. 5년 후 전기자동차를 제작하고 판매할지 결정해야 한다. 우리는 각 시나리오별로 다음과 같은 결론에 도달한다.

- 시나리오1: 비용과 이익, 한계를 모두 감안할 때 이 시나리오에서 살펴본 상황의 경우 반드시 전기자동차를 제작하고 판매해야 한다고 결론 내린다.

- 시나리오2: 비용과 이익, 한계를 모두 감안할 때 이 시나리오에서 살펴본 상황의 경우 전기자동차를 제작하고 판매해야 한다고 결론 내린다.

- 시나리오3: 비용과 이익, 한계를 모두 감안할 때 이 시나리오에서 살펴본 상황의 경우 전기자동차를 제작하고 판매해야 한다고 결론 내린다. 세 번째 시나리오에서 기술한 상황에 따르면, 전기자동차의 수요가 그다지 높지는 않아 수익이 많지는 않겠지만 사업을 개시할 만큼 충분히 높은 수익이 나올 것이다.

- 시나리오4: 비용과 이익, 한계를 모두 감안할 때 이 시나리오에서 살펴본 상황의 경우 전기자동차를 제작하고 판매해서는 안 된다고 결론 내린다. 이 같은 상황이 발생해 전기자동차의 수요가 훨씬 낮아진다면 기업의 수익이 줄어들 것이다. 이 시나리오에서는 5년 후 전기자동차를 제작하고 생산할 경우 수익성 높은 사업을 운영할 수 없다.

8단계: 시나리오 계획 결과, 전기자동차를 제작하고 판매하자는 결정에 확신을 갖게 되었다. 네 가지 시나리오 중 세 가지 시나리오가 이 전략이 이롭다고 말하기 때문이다. 하지만 마지막 시나리오에 따르면 그렇지 않기 때문에 우리는 이 시나리오들을 계속해서 점검할 것이다. 한 가지 시나리오라도 안 좋은 결과를 가져오는 것처럼 보일 경우 우리의 결정을 재고할 필요가 있다.

시나리오 계획은 상당히 애매모호한 상황에 최대한 많은 지식을 도입하는 방법이다. 이는 불확실한 미래를 고려해 철저한 결정을 내리는 데 도움이 된다. 시나리오 계획 절차는 시간이 걸린다. 따라서 상대적으로 쉬운 결정이 아니라 많은 것이 걸려 있는 상황에 적용해야 한다.

> ▶ **적용**
>
> 알 수 없는 미래 때문에 불확실한 상황과 관련된 결정을 내리는 데 시나리오 계획을 활용할 수 있을까? 복잡한 주제를 논의하기 위한 계획을 세울 때 시나리오 계획을 활용해보라.

시나리오 계획을 구상하고 실행하기 위해서는 앞서 살펴본 8단계면 충분하다. 더 많은 정보를 원한다면 피터 슈워츠의 저서《미래를 읽는 기술》을 참고하기 바란다.

4부

개인의 강점과
조직의 강점을
하나로 엮는 전략

기업 관행도 협업에 큰 영향을 미친다. 업무 공간, 연봉, 인센
티브, 휴가, 재택근무 등 성공적인 협업을 위해 조직 차원에서
고민해보아야 할 기업정책과 제도가 있다. 협업을 장려하고 활
성화하는 조직문화란 무엇일까?

10/
협업의 성패를 좌우하는 조직의 관행

이번 장에서는 협업을 조성하는 세 가지 기업 관행 중 첫 번째 관행을 살펴보겠다. 관리자의 역할이다. 우선 인력 관리의 다양한 측면에 관해 실리콘밸리 리더들이 공유해준 통찰력 있는 조언을 소개한 뒤 특정한 경영 관행과 관련된 다양한 조언을 들려주겠다.

효과적인 협업을 꾀하는 데 경영진의 결정이 얼마나 중요한지 보여주는 한 사례부터 살펴보자.

| 강요된 분리가 협업을 저해한 사례

저는 실리콘밸리의 유명 기업에서 일했습니다. 이동통신 기기와 그것에서 운영되는 소프트웨어를 생산하는 기업이었죠. 경영진은 곰곰이 생각한 끝에 물리적인 기기를 생산하는 팀과 소프트웨어를 만드는 팀을 분리시키겠다는 힘겨운 결정을 내렸습니다. 일부 고객의 요구 때문이었죠.

몇몇 고객은 우리 회사 기기를 구매한 뒤 다른 업체의 소프트웨어를 실행하고 싶어 했으며 또 다른 고객들은 다른 업체 기기에서 우리 소프트웨어를 실행하고 싶어 했습니다. 고객들은 경쟁사에서 구입한 제품을 작동시키기 위해 우리 제품을 그들 입맛에 맞게 약간씩 변형해 사용하고 있었습니다. 그리고 그들이 우리 제품을 어떻게 변형시키는지 우리가 알게 된다면 우리 회사가 부당 이익을 취할 수도 있다고 우려했죠. 경영진은 고객의 우려를 불식시키기 위해 자사의 두 팀을 아예 분리시켜 상호 교류가 거의 불가능하도록 만들었습니다.

이후 직원들은 팀 내에서는 서로 협업했지만 타 부서의 직원들과는 업무 교류를 거의 하지 않았습니다. 실제로 팀들이 아주 철저히 분리되어 물리적인 장치와 소프트웨어의 세부사항을 둘 다 이해하는 직원이 거의 없었죠.

이는 심각한 문제를 낳았습니다. 기기 제조 부서에서 일하는 직원들은 소프트웨어팀에서 일하는 직원들에게 이렇게 말했죠. "우리는 소프트웨어로 X를 해야 합니다." 소프트웨어팀 직원들은 설명할 수 없는 다양한 이유들로 그렇게 할 수 없다고 반박했습니다. 반대의 상황도 발생했죠. 소프트웨어팀은 기기팀에게 이런저런 요청을 했지만 기기팀은 그렇게 할 수 없다고 했습니다. 그리하여 모든 업무가 교착상태에 빠졌습니다.

두 팀을 분리하겠다는 결정 때문에 우리는 소프트웨어와 하드웨어를 생산하는 데 따른 이득을 취할 수 없었습니다. 사실 우리는 경쟁업체보다도 이 두 분야 사이에 미칠 수 있는 영향력이 적었습니다.

이런 딜레마에 직면한 기업은 이 독특한 상황에 가장 좋은 결정이 무엇인지 파악해야 합니다. 모두에게 적합한 명쾌한 정답은 없습니다. 우리에게는 두 부서 간의 구분을 완화하는 것이 올바른 결정이었습니다. 우리는 두 부서를 서로 격리시킬 경우 사업적으로 이득이 되지 않는다는 사실을 깨달았습니다. 결국 왜 변화가 필요한지 고객에게 알렸고 고객을 설득할 수 있었습니다.

두 팀을 다시 하나로 합쳤다고 상황이 곧바로 개선되지는 않았습니다. 두 팀을 상당히 철저히 분리시켰기 때문에 이를 되돌리는 일은 쉽지 않았습니다. 직원들은 협업의 개념을 받아들이고 부서 내에서는 아주 효과적으로 협업했지만 두 팀 간에 놓인 장벽은 어마어마한 균열을 낳았습니다. 이를 무너뜨리기 위해서는 모두가 적극적인 노력을 기울여야 했습니다.

우리는 두 부서 간의 협업을 증진시키기 위해 수차례에 걸쳐 워크

숍을 진행해 이 두 팀이 협업해야 할 필요성을 강조했습니다. 경영진은 여러 부서의 직원들이 협업할 수 있는 방법을 몸소 보여주었죠. 시간이 흐르자 두 팀 사이에 놓인 벽이 무너졌고 직원들은 부서 내에서만큼이나 부서 간에도 효과적으로 협업하기 시작했습니다.

요약

이 이야기는 협업에 방해가 될 뿐만 아니라 기업의 수익에도 해가 되는 전략의 현실적인 사례를 잘 보여준다. 경영진은 이 전략이 직원들의 협업을 저해할 거라는 사실을 알았다. 하지만 일정 기간 동안은 이 선택이 재정적으로 바람직한 방향이라고 생각했다.

특정 정책이나 관행이 협업이나 기업의 수익에 부정적인 영향을 미치는 것이 경영진의 눈에는 보이지 않을 때가 있다. 경영진이 이 악영향을 파악하기 오래전에 직원들이 이 문제를 먼저 알아챌 때도 있다. 리더들은 그런 상황을 적극적으로 살펴야 할 필요가 있을 뿐만 아니라 직원들에게 그런 일이 발생한 것을 알아차렸을 경우 보고하도록 요청해야 한다.

경영 관행이 협업과 기업의 성공에 얼마나 중요한지 살펴보았으
니 이제부터는 실리콘밸리 리더들이 전해준 효과적인 경영 관행 사
례를 살펴보겠다. 어떤 사례가 여러분의 회사와 가장 비슷한지 생
각해보기 바란다.

경영 철학이 협업 분위기를 좌우한다

▪ "몇 개월 전에 신임 CEO가 임명되고 나서 새로운 철학이 실행
되었습니다. CEO는 우리가 진정으로 하나의 팀이라는 사실을
깨닫도록 해주었죠. CEO가 새로 오기 전에는 모든 부서가 각
자의 업무만 수행했습니다. 팀들을 하나로 이어주는 연결고리
가 없었죠. 직원들은 협력적이지 않았을 뿐만 아니라 서로 적
대적이기까지 했습니다. 새로운 CEO는 이러한 분위기를 크게
바꾸어놓았습니다. 이제 우리는 '고객이 우선'이라는 철학 아

래 협업합니다. 프로젝트의 공통 목표를 수립하죠. 덕분에 서로에게 반대하기보다는 서로 힘을 합쳐 일하게 되었죠."

- "지난 3, 4년 동안 우리는 수익을 위해 특정 제품을 제작하고 판매하는 기업에서 고객 중심의 기업으로 진화했습니다. 몇 년 전 경영진이 내린 결정이었죠. 우리는 고객에게 최선을 다하기 위해 노력합니다. 이는 고객의 입장에서 생각하는 데 도움이 될 뿐만 아니라 동료들에게 공감하는 데도 도움이 됩니다. 둘 다 중요한 자세죠."

- "예수와 노자를 비롯해 역사상 유명한 지도자들을 보면, 직원들에게 무엇을 해야 할지 명령하고 그렇게 하도록 강요하는 것은 직원들이 스스로 결론에 도달하도록 이끄는 것만큼 효과적이지 않다는 사실을 알 수 있습니다. 이 지도자들은 옳았습니다. 단순히 위대한 보트를 짓는다고 위대한 보트가 탄생하지는 않습니다. 직원들이 바다로 가고 싶도록 만들어야 하죠. 기업의 미션을 개인의 업무와 연결 지어야만 합니다."

- "협업은 '통제가 아닌 이해'입니다. 우리는 특정한 관점이나 업무 수행방식을 강요하지 않습니다. 그 대신 전후맥락을 설명합니다. '우리에게는 이러한 비즈니스 목표와 니즈가 있습니다. 목표를 달성하기 위해 어떻게 협업할 수 있을까요?'라고 묻죠."

- "리더들은 다양한 스타일의 다양한 직원들이 이해할 수 있도

록 기초를 마련해야 합니다. 조직 내에는 좌뇌형 직원과 우뇌형 직원이 섞여 있기 마련입니다. 모두에게 의미 있는 방식으로 업무를 진행해야 하죠. 훌륭한 리더들은 그렇게 합니다. 그들은 사실뿐만 아니라 우리가 감정적으로 공감할 수 있는 영감적인 사례를 공유하며 여러 방식으로 문제를 제기해 모두의 참여를 유도합니다."

가치: "관리자는 직원들을 매우 아끼며 이를 보여줍니다."

- "관리자는 조직의 목표뿐만 아니라 직원들도 상당히 아낍니다. 성공적인 팀을 조직하기 위해 최선을 다하죠. 그 다음에는 높은 기대를 갖고 직원들에게 업무를 위임합니다. 효과적인 방식이죠."

- "CTO[최고기술책임자]는 제게 빠르게 신뢰를 구축하는 방법을 가르쳐주었습니다. 다른 사람의 입장에서 생각하는 법이죠. 그러한 소프트 기술을 CTO에게서 배웠다는 사실에 놀라는 이들도 있습니다. 이 CTO는 기술적인 역량뿐만 아니라 감정지능 또한 뛰어납니다."

- "리더는 팀원들이 상호 교류하는 방식을 결정합니다. 리더가 방해가 될 경우 부정적인 분위기가 조성됩니다. 우리 회사에는 협업 신조가 투철한 리더십팀이 있습니다. 강요되거나 믿는 척하는 것이 아닌 진짜 협업을 꾀하는 팀이죠. 이 팀은 협업하지

않는 것을 용납하지 않을 뿐만 아니라 하나의 팀으로서 아주 긴밀하게 일합니다. 그들은 다음 단계의 경영진과 협업하죠. 그런 식으로 계속해서 윗선까지 올라갑니다. 모두를 위한 분위기가 조성되는 거죠."

- "한 인터뷰 대상자가 중요한 교훈을 제공했습니다. 그녀는 저더러 엄지손가락과 검지손가락으로 '오케이' 사인을 만들라고 했습니다. 그러고는 다른 손가락으로 턱을 만지라고 말했습니다. 직접 시연을 해 보이면서 말이죠. 하지만 그렇게 말하면서 자신은 볼을 만졌습니다. 저 역시 그녀의 동작을 따라 했습니다. 그녀가 전한 교훈은 확실했죠. '리더들이 하는 행동은 그들이 하는 말보다 영향력이 있다. 이 두 가지가 상충할 경우 사람들은 리더의 말보다 행동에 중점을 둔다'는 교훈이었죠."

영감 있는 비전 창조: "음성메시지가 기다려졌습니다."

- "예전 직장의 경영진은 고무적이었습니다. 그들은 이미지를 상기시킨 뒤 직원들의 뇌에 이를 생생히 주입시켰죠. 그들은 놀라운 스토리텔러였습니다. 비유를 사용해 개인적으로 중요하게 생각하는 가치를 전해주었으며 다양한 이야기를 통해 회사의 핵심 가치를 강조했죠."

- "제가 좋아하는 직장 상사 중 한 명은 의사소통 능력이 뛰어났습니다. 그는 분기마다 한 번씩 직원들에게 일방적으로 결

과를 발표하는 사람이 아니었죠. 그는 금요일 아침마다 음성 메시지를 남겼습니다. 한번은 6개월간 진행 중이던 우리의 업무를 브루클린 다리 건설과 연관 지었습니다('자기 업무가 힘들다는 생각이 든다면 이 다리를 건설하던 사람들이 해야 했던 일을 생각해보세요'). 우리는 다음 금요일 음성메시지를 기다리곤 했습니다."

- '협업해라. 혼자서는 이 업무를 수행할 수 없다'는 메시지를 꾸준히 전달하는 임원 한 분이 있습니다. 그는 직원들에게 협업하며 계속해서 노력하라고 촉구하고 격려합니다.

- "우리 경영진 중 한 분은 자신에 관해 상당히 많은 정보를 공유했고 우리는 그 사람을 개인적으로 안다는 느낌을 받았죠. 덕분에 그 경영진과 회사에 더욱 헌신하게 되었습니다."

- "그 임원은 직원들을 다그치지 않았습니다. 직원들을 지원하기 위해 필요한 것이라면 무엇이든 했죠. 우리를 존중했으며 우리에게 책임을 부여했습니다. 우리는 그 방식이 참 마음에 들었죠."

경영 관행: "우리는 정답 경제에서 질문 경제로 이동했습니다."

- "모두가 최선을 다하도록 조직 내에서 협업 관계를 구축해야 합니다. 우리는 업무를 수행하기 위해 협업합니다."

- "프로젝트에 참여한 모든 직원이 목표를 공유하는 데서 시작합니다. 다양한 팀의 목표가 상충될 경우 그들이 수행하는 업

무는 서로에게 방해가 될 뿐입니다."

- "우리 회사의 관리자들은 직원들에게 무엇을 하고 무슨 생각을 하며 어떻게 업무를 수행할지 말해주곤 했습니다. 관리자들은 주로 질문을 던졌고 직원들이 이에 답하도록 했죠. 이제 그들은 보다 효과적인 방식을 동원합니다. 직원들은 꼼꼼히 설계된 사려 깊은 질문에 대한 답을 찾기도 하지만 적극적으로 질문을 제기하기도 합니다. 가장 큰 혁신은 올바른 질문에서 나옵니다. 우리는 정답 경제에서 질문 경제로 이동했습니다."

- "우리는 무언가를 무작정 도입하기보다는 격려하고 참여시키는 게 훨씬 더 효과적이라는 것을 압니다. 직원 참여도가 14퍼센트에서 92퍼센트로 급증했죠. 새로운 관행은 직원들에게 큰 영향을 미쳤습니다. 관리자 역시 마찬가지였죠. 난제라고 생각한 문제들이 사실은 전혀 그렇지 않았습니다."

- "리더들이 '이 일을 하세요'라고 일방적으로 말해야 할 때가 있습니다. 우리 회사에는 긍정적인 역사가 구축되어 있기 때문에 그런 상황이 발생할 경우 직원들이 받아들입니다. 그들은 상황을 이해하며 해당 업무를 끝마친 뒤 다음으로 넘어가자고 말합니다."

- "저는 우리 팀원들에게 최대한 많은 정보를 제공합니다. 그들에게 계속해서 전후사정을 설명하려고 하죠."

협업의 시대

- "저는 우리 팀을 보호합니다. 팀원들이 업무를 훌륭히 수행할 수 있도록 사내 정치와 잡음을 제거하죠. 저는 팀원들에게 필요한 것은 전달하고 나머지는 거르는 필터 역할을 수행합니다."

- "저는 애자일 방식을 도입한다고 해서 팀원들을 이끌고 성장시키는 방식이 크게 바뀌지는 않을 거라 확신했습니다. 그러나 제 예상은 완전히 빗나갔죠. 이전에는 우리가 꽤 앞서가는 관리자라고 생각했습니다. 하지만 실제로는 그렇지 않았죠. 우리는 직원들을 성장시키고 가르칠 시간이 거의 없었습니다. 애자일 환경에서는 그럴 수 있습니다. 모든 팀이 제품의 소유자이기 때문이죠. 제 역할은 직원들을 지원하며 그들이 어떤 제품이든 생산할 수 있도록 돕는 것입니다."

- "우리는 사고방식을 바꾸어야 합니다. 관리자는 팀워크와 효율성, 애자일의 핵심 가치를 제대로 이해해야 합니다. 애자일 방식을 실행해야 할 뿐만 아니라 애자일 자체여야 하죠."

- "관리자는 팀워크를 촉진합니다. 임원이나 대리인이 아니라 지도자가 되어야 하죠."

- "사실상 여전히 위계질서가 존재하지만 우리는 팀 사이에 놓인 장벽을 제거했습니다. 관리자는 직원 개개인과 그들의 역할을 관리하는 데서 벗어나 팀을 이끄는 역할을 맡고 있습니다."

- "리더로서 '이 일을 하라'고 말하는 것은 더 이상 우리의 책임

이 아닙니다. 그보다는 '우리가 가는 방향, 그곳에 가는 방법, 방해 요소, 해결책'을 제안해야 하죠. 정보를 제공하고 토론을 이끌어야 합니다."

- "저는 지시와 통제 중심의 기업에서 일했습니다. 이제는 더 이상 그런 기업에서 일할 수 없습니다. 저는 보다 협력적인 스타일을 좋아합니다. 직원들이 특정 업무에 관해 어떻게 해야 하는지 물을 경우 저는 그들의 생각을 끄집어낼 수 있는 질문들로 대답합니다."

- "저는 지시와 통제 위주의 기업에서 일한 적이 없습니다. 그보다는 '나의 우선과제를 어떻게 이행해야 할까?'를 생각한 뒤 이를 실행한 방식에 맞춰 업무 성과를 평가합니다."

- "합의를 내리지 못하는 직원들은 관리자에게 가서 결정을 내려달라고 요청하기도 하죠. 이제는 관리자가 이를 거부하며 직원들 스스로 방법을 파악하라고 제안합니다. 그래도 해결이 나지 않을 경우에만 관리자가 개입하죠."

- "예전에는 하향식 방식이 우세했습니다. 관리자는 의사결정에 직원들을 참여시키지 않았습니다. 오늘날에는 그런 방식이 받아들여지지 않죠."

- "항상 모두의 의견을 받아들일 경우 끔찍한 결과를 초래할 수 있습니다. 평범한 결과물이 탄생할 수 있죠. 따라서 새로운 아이디어를 장려하는 것이 중요합니다. 하지만 정말로 좋은 아

협업의 시대

이디어가 번창하도록 돕는 절차 또한 필요하죠."

■ "지도자들은 설득력을 발휘할 줄 알아야 합니다. 제가 만약 제품 생산 책임자라면 이 아이디어가 다른 아이디어보다 낫다는 사실을 설득할 수 있어야 합니다. 상사라는 이유로 직원들이 제 말에 동의해야 하는 것은 아니죠. 꽤 건전한 방식이라고 생각합니다."

■ "관리자는 이제 노력의 질을 관리하며 직원들의 경력 관리를 돕습니다. 직원들이 다음번 경력을 파악하고 그곳에 도달하기 위해 어떠한 기술이 필요할지 파악하는 데 협조합니다."

■ "리더로서 저는 팀원들이 올바른 대상에 집중하도록 만들어야 할 책임이 있습니다. 무엇에 집중할지 파악해 이를 저에게 보고하는 것은 팀원들의 몫이죠. 저는 업무를 잘 수행할 수 있는 직원들을 고용하고 그들로 하나의 팀을 만드는 조력자로서의 역할을 수행하면 됩니다."

■ "저는 직원들과 개인적으로 대화를 나눌 수 있는 장을 마련합니다. 그들은 하고 싶은 얘기를 마음껏 한 뒤 훌훌 털어버리죠. 직원들은 감정을 터놓을 곳이 필요합니다. 난제에 부딪힐 때 해결을 도울 수 있는 자문관이 필요하죠."

■ "직원들은 장시간 열심히 일합니다. 벤처기업에서는 흔한 일이죠. 우리에게는 열심히 일한 뒤 조금 쉴 수 있는 여유가 없습니다. 장기적으로는 지속불가능한 일이죠. 다행히 직원들은

회사에 헌신적입니다. 시장에 진입하는 것이 얼마나 중요한지 잘 알고 있기 때문이죠. 우리는 직원들이 열심히 일함으로써 결국 이로운 결과를 얻어가도록 만듭니다."

- "우리는 여전히 관리직을 키우며 그들이 배우도록 협조합니다. 우리는 완벽하지 않습니다. 하지만 무엇이 중요한지 깨닫고 이것에 집중하죠."

- "직원들을 신뢰하고 업무를 위임하는 리더도 있지만 아직 그 단계에 도달하지 못한 리더들도 있죠. 그들은 여전히 세부사항에 얽매여 있습니다. 직원들을 지나치게 세세하게 관리하죠. 좋지 않은 관행입니다. 직원들이 무력감을 느끼게 만들기 때문이죠."

수정 관행: 새로운 행동

- "변화를 거부하면 발전할 수 없습니다. 한번은 회사에서 고객지원센터를 대대적으로 개편하는 작업이 추진되었습니다. 당연히 큰 거부감이 있었죠. '지금도 별 탈 없이 잘 돌아가고 있는데 왜 굳이 바꿔야 하는지' 모두가 의문을 제기했죠. 결국 한 관리자가 변화에 앞장서기로 결정했습니다. 그는 추진력 있게 밀어붙였습니다. 독재적이진 않았죠. 그는 왜 변화가 필요한지 차분히 설명했고 직원들은 그의 말을 경청했습니다. 결국 직원들은 그가 앞장서서 변화를 이끈 것에 큰 감사를 표

했습니다."

■ "몇 년 전 경영 전문가에게 들은 이야기가 있습니다. 그는 '녹색 계란과 햄'이라는 우화를 이용해 변화된 절차를 설명했습니다. '친구들이 샘에게 녹색 계란과 햄을 먹으라고 설득합니다. 샘은 그러고 싶지 않다면서 거부하죠. 다른 친구들은 계속해서 샘을 설득하려고 합니다. 샘은 계속해서 거부하죠. …… 결국 그는 친구들의 말대로 녹색 계란과 햄을 먹어봅니다. 그러고 나서 아주 좋아하죠.' 이는 변화 관리의 지침서가 될 수 있습니다. 우리는 일관적이고 지속적으로 변화를 추구해야 합니다."

■ "모든 대화를 장악하려 들고 피드백이나 변화를 받아들이지 않는 직원들은 결국 팀에서 제외됩니다. 우리는 그들을 전문가로서 초빙해 의견을 듣고 질문을 하고 브레인스토밍을 할지 모르지만 그들을 지속적인 팀원으로 받아들이지는 않을 것입니다."

■ "정보를 독식하는 직원이 있을 경우 '그러한 행동은 용납되지 않습니다. 계속 그렇게 행동할 거라면 이 조직을 떠나는 게 나을 것 같네요'라고 말해야 합니다. 경영진의 핵심 역할이 바로 그것이죠."

■ "말이 통하지 않을 경우 직원들을 해고해야 할 때도 있습니다."

| 목표 공유가 필수다

내가 인터뷰한 실리콘밸리 리더들은 목표 공유의 중요성을 강조했다. 그들이 전해준 이야기들은 앞서 살펴본 바 있다.

대기업에서 일한다면 팀 간에 목표가 상충하는 바람에 프로젝트의 성공에 지장을 받은 경우를 수차례 겪었을 것이다. 예를 들어, 완벽한 단계까지 제품을 다듬는 팀이 있는 반면, 고객에게 제품을 빠르게 제공하는 것에 더 중점을 두는 팀도 있다. 서로 다른 가치에 중점을 두기 때문에 서로 다른 목표가 생겨나곤 한다.

두 팀이 새로운 도로를 건설하기 위해 협업하는 사례를 살펴보자. 한 팀은 교통의 원활한 흐름을 위해서는 넓은 도로와 좁은 대로가 중요하다고 생각하는 반면, 다른 팀은 넓은 대로와 좁은 인도가 중요하다고 생각한다. 각기 다른 목표를 사전에 충분히 조율하지 않을 경우 효과적인 업무 진행이 이루어질 수 없다.

때로는 관리자들이 각기 다른 목표를 수립하기도 한다. 그럴 경우 직원들은 이 사실을 파악하자마자 상사에게 알려야 한다. 관리자는 자신들이 문제를 야기했는지 깨닫지 못하는 경우가 많다. 해당 목표를 그대로 고수해야 하는 이유가 명백할 경우 관리자와 직원들은 협업해서 충돌을 피하는 방법을 찾아야 한다.

리더가 아니라 여러 팀이 각기 다른 목표를 수립할 때도 있다. 이때는 팀원들이 문제를 해결하는 것이 가장 이상적이다. 그럴 수 없을 경우 프로젝트의 성공을 저해할 수 있기 때문에 리더가 나서야 한다.

공통의 목표가 있다면 직원 모두가 주인의식을 갖고 공동의 해결책을 찾기 위해 더욱 적극적으로 협업하게 된다. 공통의 목표는 조직과 개인의 성공을 위한 시작점일 뿐 그것만으로는 충분하지 않다. 그보다 많은 것이 필요하다. 직원들 모두가 같은 팀이라는 의식이 필요하다.

▎완벽한 조직 구조는 없다

협업 문제를 해결하는 가장 효과적인 방책이 함께 일하는 팀 모두가 같은 관리자에게 보고해야 하는 거라고 생각하는 사람들이 있다. 이런 방식은, 협력이 잘 이뤄지지 않을 경우 공통의 상사가 협업을 명령하거나 팀원들을 대신해 문제를 해결할 거라는 믿음을 바탕으로 한다. 하지만 이는 특히 직원 수백 명에 이르는 기업에는 좋은 해결책이 아니다. 직원이 많은 경우 모두가 한 사람에게 보고하기란 사실상 불가능하기 때문이다. 또한 관리자가 효과적으로 코칭하고 감당할 수 있을 만큼만 직접 보고를 받는다는 목표와 안정적인 보고 체계에 방해가 된다.

제품 개발 프로젝트의 사례를 살펴보자. 효과적인 개발을 위해서는 디자인, 기술, 제조, 운영, 판매, 마케팅 직원들을 한데 모아야 한다. 제품 중심의 조직 구조에서는 해당 프로젝트에 배정된 전 직원이 한 명의 관리자에게 보고할 수 있다. 하지만 프로젝트가 완료되면 직원들은 각기 다른 프로젝트로 배정된다. 특정 프로젝트에 참여하는 직원들을 동일한 관리 하에 두는 것이 목표라면 이에 맞게 보고 체계를 계속해서 바꿔야 할 것이다. 그렇게 되면 직원과 관리자의 업무 관계는 불안정해진다. 게다가 이는 제품 개발 프로젝트에서만 효과적이다.

직원들이 제품 개발 업무와 동시에 진행하는 다른 단기간 프로젝트에 속해 있는 경우는 어떠할까? 제품 개발팀에 속한 직원들 중 일부는 직원 복지제도를 다시 설계하기 위한 프로젝트에도 참여하고 있을 수 있으며 다른 직원들은 고객 서비스를 개선하기 위한 프로젝트에 배정되었을 수 있다. 직원들이 다양한 프로젝트에 참여하고 있을 때는 단기간 프로젝트에 참여한 전 직원이 동일한 관리자에게 보고할 수 없다.

내가 인터뷰한 거의 모든 실리콘밸리 리더들이 조직 구조만으로는 차이를 조율할 수 없다는 데 동의했다. 그보다는 관리자가 협업자이자 코치의 역할을 수행하고 리더가 프로젝트를 완료하기 위해 자신들뿐만 아니라 팀원 간에 협업을 추구하는 무난한 조직 구조를 갖추는 것이 해결책이 될 수 있다. 그럴 경우 어쩔 수 없이 발생하는 난제를 직원 스스로나 관리자가 중재할 수 있다. 직원들은 관리자에게 보고할 수도 그러지 않을 수도 있다.

▮ 단일팀으로 일하는 경영진

최고경영진은 자신의 부서만을 위한 결정을 내리거나 자신들이 관리하는 팀에게 가장 이득이 되도록 영향력을 행사하기보다는 기업 전체를 위하는 방향으로 회사를 운영해야 한다. 최고경영진이 진정한 주요 팀으로서 함께 평가하고 결정을 내리며 자원을 제공하고 핵심 프로젝트를 지원할 때 기업 전체의 목표에 가까워질 수 있다. 자신이 속한 사업 부문의 성공을 극대화하는 데 집중할 경우 문제가 발생할 뿐만 아니라 내부 경쟁적인 문화가 조성될 것이다. 하위 직원들 역시 그들과 별반 다르지 않게 행동할 것이다.

▶ **적용**

여러분의 회사에서 함께 일하는 팀들은 공동의 목표를 갖고 있는가? 여러분의 조직 구조는 직원들이 협업하도록 돕는 데 있어 장점과 단점을 둘 다 갖고 있는가? 경영진은 자신들끼리 협업함으로써 성공적인 협업의 모범 사례를 직원들에게 보여주고 있는가? 이번 장에서 배운 내용을 토대로 여러분 회사의 경영 관행을 바꾸도록 리더를 설득할 수 있기 바란다.

11 /
인센티브는
어떻게 책정할 것인가

이번 장에서는 협업에 큰 영향을 미치는 두 번째 기업 관행인 직원 인센티브에 대해 살펴볼 것이다.

직원 인센티브(기업이 직원들의 업무에 대해 보상하는 방법)는 상당히 중요한 주제다. 한 실리콘밸리 리더는 이에 관해 "직원들은 보상받을 때 적극적으로 행동한다"라고 말했다.

내가 인터뷰한 리더들의 경우 경영 관행은 거의 비슷했지만 직원 인센티브에 관한 철학과 관점은 저마다 달랐다. 이런 차이가 있긴 하지만 그들 상당수가 직원들에게 최고의 대우를 해주었다. 그들은 뛰어난 직원을 영입하고 계속 함께하고 싶어 했으며 직원들이 생활비가 비싼 베이 지역에서 편안하게 생활하기를 원했다. 대부분의 기업은 최고의 대우를 해주는 만큼 직원들이 아주 열심히 일하기를 기대했다.

한 실리콘밸리 리더가 제공해준 다음 이야기는 이 지역에서 활동하는 (특히 직원 간 협업이 잘 이루어지는) 수많은 성공적인 기업의 대표적인 직원 인센티브 철학을 잘 보여준다.

▎직원 인센티브는 기업에 이롭다

저는 기업 합병의 일환으로 우리 회사와 다른 회사의 통합을 추진하는 작업을 맡게 되었습니다. 두 기업의 큰 차이 중 하나가 직원 보상 체계였죠. 우리와 합병하게 된 다른 회사는 임원에게 연금을 제공했는데, 이는 소수에게만 혜택이 돌아가는 방식이었어요. 우리 회사의 보상 체계는 달랐습니다. 우리는 전 직원에게 인센티브를 제공했죠. 합리적인 수준의 월급뿐만 아니라 큰 노력을 기울여 놀라운 성과를 달성한 모든 직원에게 상여금을 주었습니다. 우리는 열심히 일한 대가를 돌려주는 게 올바른 일이라고 생각했으며, 그래야만 직원의 헌신과 성과, 결과가 증진되고 종국적으로 기업의 성공에 바람직한 영향을 미칠 거라 생각했습니다.

우리는 합병 이후 그 기업도 우리 정책을 따르기를 바랐습니다. 두 기업 간에 오랫동안 토론이 이어졌죠. 그 기업의 경영진은 합병으로 인해 직원 수가 너무 많아졌기 때문에 우리 정책을 실행하기 불가능하다고 생각했습니다. 그리고 우리 방식이 과연 인센티브 차원에서 실효성이 있는지 여부도 확신할 수 없다고 했습니다.

저는 우리 회사의 직원 보상 체계가 더 낫다고 확신했습니다. 이를 입증하기 위해 많은 시간을 들여 사례를 모았죠. 합병된 새로운 조직에서도 우리의 기존 정책을 실행할 수 있음을 보여주는 게 제 목표였습니다. 이 정책을 시행하기 위해서는 우선 상여금을 비롯한 다른 예산의 우선순위를 재조정해야 했습니다. 오랜 토론 끝에 저는 임원진을 설득할 수 있었습니다. 충분한 근거를 살펴본 뒤 그들은 시행해봄 직한 정책이라는 데 동의했습니다.

저는 이제 이 정책이 실행할 만한 가치가 있음을 입증해야 했습니다. 모든 계층의 직원들과 금전적인 혜택을 공유할 경우 일부 간부들에게만 금전적 혜택을 제공할 때보다 기업의 이익에 긍정적인 영향을 미칠 거라는 사실을 보여줘야 했습니다. 저는 외부 전문가와 그들이 진행한 연구를 통해 근거를 모을 수 있었습니다. 이 자료를 통해 저는 결국 합병 기업의 경영진으로 하여금 높은 성과를 달성한 직원 모두에게 상여금을 지급하는 광범위한 보상 체계를 채택하도록 설득했습니다.

대부분의 경영진은 이제 이 보상 체계가 기업의 전반적인 이익에 도움이 된다는 사실에 전적으로 동의합니다.

요약

모든 산업이나 특정 산업에 적용 가능한 단 하나의 직원 인센티브 제도는 없다. 그렇기는 하지만 실리콘밸리 리더들과 대화를 나눈 내 경험과 연구 결과에 따르면, 노력과 성과를 전 직원에게 보상할 경우 임원진에게만 보상을 제공할 때보다 기업에 훨씬 이득이 된다.

▎훌륭한 성과와 협업 보상하기

실리콘밸리의 리더들이 공유해준 정보에서 발견되는 중요한 공통점이 하나 더 있다. 거의 모두가 협업을 잘한 직원을 보상해주는 것이 상당히 중요하다고 생각한다는 것이다. 이 기업들은 직원들이 서로 협업할 거라 기대할 뿐만 아니라 이를 보상 제도에 반영한다.

이제부터 실리콘밸리 리더들이 직원 인센티브 정책에 대해 전해준 얘기를 살펴보자. 기업마다 보상 체계는 각기 다르다. 기본적인 월급/상여금 제도를 통해 직원들을 보상하는 기업도 있으며 별도의 보너스를 제공하거나 복지정책을 활용하는 기업도 있다. 다음은 자사의 보상 제도와 관련해 지도자들이 언급한 내용의 일부다. 다음을 살펴보면서 여러분의 회사에 해당하는 사례가 무엇인지 생각해보기 바란다.

보상 체제는 단순하다: 훌륭한 업무 성과를 달성한 직원에게 높은 연봉을 제공한다

- "우리의 보상 체계는 단순합니다. 직무별로 최고의 대우를 해 주죠. 우리는 우선 다른 기업에서 우리 직원들이 얼마나 벌 수 있을지 살펴봅니다. 그 다음에는 직원 교체에 드는 비용을 생각하죠. 최종적으로 직원들이 회사를 나가겠다고 말할 때 그들을 붙잡아두기 위해 얼마를 지불할 용의가 있는지 스스로에게 묻습니다."

- "우리의 기본 철학은 돈을 고려 대상에서 배제하는 것입니다. 그 대신 직원들이 열심히 일하기를 기대합니다. 단기간이 아니라 지속적으로 말이죠. 근면은 우리 회사의 생활방식입니다. 그렇지만 직원들이 다른 회사에서 벌 수 있는 것보다 많이 지급하지는 않습니다. 그들이 월급 때문에 우리 회사에 묶여 있기를 바라지는 않기 때문이죠. 우리는 직원들이 회사를 위해 일하고 싶어 하고, 본인 스스로 업무를 즐기기를 원합니다. 그런 이유로 이 회사에 남아 있으면 좋겠다는 생각입니다."

- "직원들은 기술적인 기여도뿐만 아니라 문화적 적합성(문화적 적합성에는 다른 이들과 얼마나 잘 협업하는지가 포함된다)에 따라서도 평가됩니다. 동료들이 특정 직원에 대해 좋게 말했다고 해서 해당 직원에게 월급을 많이 주지는 않습니다. 직원들은 성과와 결과, 협업할 수 있는 능력을 보여줘야만 더 많은 돈을 받습니

다.”

- “우리는 ‘상위 30퍼센트’와 ‘하위 10퍼센트’ 직원들을 기피합니다. 즉, 직원들을 상대평가하지 않습니다. 그렇게 하면 경쟁하는 분위기가 조성되기 때문이죠. 우리는 직원들이 서로 돕기를 바라며 실제로 그들은 그렇게 합니다. 우리는 전 직원이 상위 10퍼센트에 속하기 위해 노력하기를 바라죠.”

- “직원을 평가하는 몇 가지 항목 중 하나가 협업입니다.”

- “우리 회사는 관리자에게 특정 액수를 할당하고 팀원들에게 이를 어떻게 분배할지 관리자가 직접 결정하도록 합니다. 우리는 그들에게 다양한 전략의 장·단점을 알려주죠(예를 들어, 소수의 직원에게 많은 보상을 제공할 경우 대부분의 직원은 불만이 많아질 것이다). 우리는 직원들이 달성한 업무와 그 과정을 고려한 보상 체계를 도입하려고 합니다. 그들이 얼마나 잘 협업했는지, 적정한 상황에서 팀원들을 잘 이끌었는지, 기업의 발전에 기여했는지를 평가합니다.”

- “우리 회사에서는 경영진들도 협업의 정도에 따라 보상을 달리합니다. 업무 평가와 보상의 상당 부분이 직원들과 얼마나 잘 협업했는지 그리고 다른 팀과 얼마나 잘 협업했는지를 바탕으로 합니다.”

협업의 시대

상여금: 협업을 보상하는 훌륭한 방법

- "우리 회사에서 상여금은 타인과의 협업 수준과 특정 기간 동안 기업의 성과 같은 면밀한 평가 기준에 따라 지급됩니다."

- "상여금은 일 년에 두 번 지급됩니다. (수입, 비용관리, 수익성 같은) 전사적인 기준을 바탕으로 하기도 하며 사업 부문별, 개인별 성과를 바탕으로 하기도 하죠. 동료들과의 협력 수준은 두 번째 항목으로 고려됩니다."

- "마지막에 긴급하게 투입되어 프로젝트를 살려낸 직원을 보상해줄 경우 모두가 영웅이 되고자 합니다. 우리는 영웅에게 특별한 보상을 해주지는 않아요. 지속적으로 타인과 협업하고 업무를 잘 수행하는 직원들에게 보상해주려고 하죠."

보상을 미룰 경우 의도치 않은 영향을 미칠 수 있다

- "우리는 주식인수권과 연금수령권 때문에 관리자가 직원들을 '소유하기를' 바라지 않습니다. 따라서 모든 보상은 회사에 전부 투자되죠. 우리는 관리자가 좋은 업무 환경을 만들기를 바랍니다. 직원들은 위약금을 물지 않고도 언제든 우리 회사를 떠날 수 있죠. 하지만 거의 대부분이 회사에 머뭅니다. 보상이 미뤄져서가 아니라 회사와 업무가 마음에 들고 월급을 충분히 받기 때문이죠."

휴가: 필요할 때 언제든 휴가를 간 뒤 상쾌한 마음으로 돌아온다

- "우리는 자율적인 휴가 정책을 시행하고 있습니다. 회사에 있는 동안 직원들은 최선을 다해 열심히 일합니다. 그러고는 휴식이 필요할 때 휴가를 갑니다. 휴가는 대개 3주에서 6주 정도 다녀옵니다. 어떤 해에는 그보다 길게 가고 어떤 해에는 짧게 가죠. 우리 팀은 훌륭한 리듬을 유지합니다. 휴가를 얼마나 다녀올지 결정할 때 굳이 뭐라 말할 필요가 없었습니다. 다들 알아서 잘하니까요."

- "우리는 오랫동안 고수한 휴가 제도를 전면 개편했습니다. 결과적으로 지금 제도가 훨씬 효과적입니다. 하지만 오랫동안 일한 직원들은 변화에 반대했죠. 새로 들어온 직원들이 부당한 혜택을 본다고 생각했기 때문입니다. 저는 그들과 대화를 통해 오해를 풀었습니다. 쉽지는 않았죠. 시간이 걸리긴 했지만 직원들은 결국 업무 성과를 바탕으로 보상이 이루어져야 한다는 데 동의했습니다. 1년 할당치 중 얼마만큼의 휴가를 남겨놓았는지에 따라 크리스마스 이후 휴가를 갈 수 있는지가 결정되어서는 안 됩니다."

기타 의미 있는 혜택

- "우리는 최대 1년 유급 육아휴직을 줍니다. 하지만 모두가 그렇게 길게 휴직을 내지는 않죠. 결정은 순전히 직원들의 손에

달려 있습니다. 다만 우리는 직원들이 부모의 역할에 적응할 수 있을 만큼(혹은 많은 자녀를 돌볼 수 있을 만큼) 충분한 시간을 갖기를 바랍니다."

- "인정을 받는 것은 특히 동료들 사이에서 정말로 중요합니다. 인정은 공정해야 합니다. 인정받을 만한 자격이 되는 직원이 인정을 받아야 하죠. 그렇지 않을 경우 인정은 무의미합니다."

- "인정은 강력한 효과가 있습니다. 우리는 직원들끼리 우수 사원을 지명하도록 합니다. 누구라도 동료를 추천할 수 있어요. 이런 관행은 다른 이들이 수행한 업무의 장점을 보고 그들을 칭찬하도록 장려합니다. 협업하는 분위기가 자연히 조성되지요. 내가 우수 사원으로 지목했던 상대와 협업할 일이 생길 경우, 그 사람은 내가 그를 좋게 평가했으며 찬사를 보냈다는 사실을 알고 있거든요."

- "저는 아주 멋진 곳에서 일했던 적이 있습니다. 당시에 금전적인 보상을 받았던 기억은 없습니다. 제가 받은 보상 중 가장 의미 있었던 것은 회장님이 건네준 손편지였습니다. 회장님의 사무실은 제 사무실에서 얼마 안 떨어진 곳에 있었어요. 회장님은 시간을 내어 저에게 손수 편지를 보내 감사를 표했습니다. 저는 아직도 그 편지를 갖고 있습니다. 소중한 물건이죠."

인센티브가 협업에 방해가 될 때

- "동일한 업무와 성과에 대해 보상을 달리할 경우 직원들은 경쟁적이 되며 불만을 표하게 됩니다. 이는 불공평한 대우로 직원들은 서로에게 분개합니다. 우리는 이러한 관행을 근절하려고 노력합니다. 이런 불공평한 처우가 간혹 발생하기도 하지만 발견하는 즉시 해결하려고 합니다."

- "기술자의 눈에 성공은 훌륭한 기술입니다. 재정 부문의 직원에게 성공은 수익성이죠. 제작팀 직원에게는 쉽고 저렴한 제품을 만드는 것이 성공이고 조달팀 직원에게는 부품 구매를 용이하게 만드는 것이 성공입니다. 부서별로 정의하는 성공의 기준이 다르기 마련입니다. 직원들은 그러한 성공에 따라 보상을 받을 뿐 조직이 전반적으로 얼마나 잘 운영되는지에 따라서는 보상받지 않습니다. 좋지 않은 관행이죠."

- "한때 함께 일했던 CEO는 조직 내부의 경쟁을 지향하는 편이었습니다. 그래야 조직원들이 서로를 보며 실력을 키워갈 수 있다고 여겼죠. 승리자가 성공하면 나머지는 패배하는 구조였습니다. 이 때문에 치열한 분위기가 조성되었죠. 판매팀은 서로의 판매실적을 가로챘어요. 서비스팀도 그랬습니다. CEO는 다른 부분에 있어서는 뛰어났으나 그가 도입한 이 제도는 전혀 효과적이지 않았습니다. 우리는 다른 기업의 상황은 고려하지 않았습니다. 그저 다른 부서의 '성과를 빼앗으려고만' 했

협업의 시대

습니다."

요약

모든 기업이 완벽한 인센티브 제도를 갖추고 있는 것은 아니다. 모두가 최상의 제도를 개발하기 위해 노력 중이다. 협업을 보상해야할 필요성을 더 잘 알고 있는 기업도 있으며 다른 기업보다 뛰어난 정책을 시행하고 있는 기업도 있다. 공통점이 있다면 대부분의 리더들이 올바른 행동을 장려하는 인센티브 제도를 시행할 필요가 있다는 사실을 인식하고 있다는 것이다. 그들은 인센티브 제도가 그러한 방향으로 나아가도록 계속해서 애쓰고 있다.

▶적용

여러분의 회사와 업계에서 흔히 시행되는 인센티브를 생각해보자. 현행 인센티브 제도는 열심히 일하고 뛰어난 업적을 달성하는 직원들에게 적절한 보상을 해주는가? 상여금 제도를 비롯한 기타 금전, 비금전적인 보상은 협업을 강화하는가? 그렇다면 그것은 직원들이 협업하도록 장려하는 데 효과적인 방법인가? 여러분의 회사에서 시행 중인 인센티브에 부족한 부분은 무엇인가?

12/
한데 모여 일할 것인가,
서로 떨어져 일할 것인가

접근은 협업을 가능하게 해준다. 협업에 있어 접근성은 아주 중요하다. 어떠한 협업이든 성공하기 위해서는 직원들이 서로 쉽게 접근할 수 있어야 한다. 이번 장에서는 마지막 기업 관행인 직원들 간의 접촉을 용이하게 하는 환경을 조성하는 일에 대해 살펴보겠다.

구체적으로 세 가지 중요한 주제를 다룰 것이다. 첫 번째는 협업을 증진하기 위한 사무실 설계다. 실제로 많은 리더들은 직원의 생산성과 팀워크를 향상시키는 방향으로 공간을 설계하기 위해 사무실 설계 전문가와 조직 심리학자들과 협업하고 있다. 이 분야의 전문가인 MIT 소속 벤 와버(Ben Waber) 박사는 "물리적인 공간은 협업

협업의 시대

을 장려하는 가장 중요한 수단입니다. 온갖 자료에 따르면 소프트웨어 같은 복잡한 산업에서 높은 성과를 낳는 가장 큰 요소는 뜻밖의 교류입니다"[1]라고 말한다.

두 번째 주제는 직원들이 서로 협업하기 위해 거리를 초월하는 방법이다. 지리적으로 분산되어 있을 경우 직원들은 여러 주나 국가를 초월해 일해야 한다. 같은 지역 내 인접한 건물에 위치한 직원들도 지리적으로 분산된 셈이며, 같은 건물 내 다른 층에서 일하는 것만으로도 효과적인 협업이 저해되기도 한다. '분산'은 직원들이 생각하기 나름이다. 여러분의 기업에서 직원들이 지리적으로 분산되어 있더라도 걱정하지 말기 바란다. 이번 장에서 효과적인 협업이 이루어질 수 있는 좋은 방법을 살펴볼 것이다.

세 번째 주제는 재택근무에 관한 것이다.

이제부터 실리콘밸리의 한 리더가 환자들에게 최상의 의료 서비스를 제공하기 위해 의료 센터에서 직원들의 상호 접근성을 높이는 데 앞장선 사례를 들려주겠다.

▍효과적인 직원 접근성을 꾀하기 위해 앞장서다

20년 전, 제가 카이저 퍼머넌트에서 외과 전문의로 일하기 시작했을 때는 오늘날에 비해 기술발전이 덜한 상태였습니다. 보고서나 기록,

실험 결과를 비롯해 환자를 검진하기 전에 검토해야 할 정보를 즉시 확인할 수 없었죠. 대개는 진단 의뢰서를 작성한 담당의에게 연락해 필요한 정보를 받곤 했습니다. 혹은 방사선 전문의, 종양학 전문의를 비롯해 기타 전문의를 찾아가 실험 결과를 받고 그들의 의견을 듣곤 했죠.

계속해서 이리저리 찾아다니고 이 사람 저 사람과 일대 일로 상담을 해야 했습니다. 이는 중요한 일이었고 카이저에서 실행되는 표준 관행이었죠. 다른 의료기관도 마찬가지였습니다. 오늘날의 기준에서는 그다지 효과적이지 않았지만 당시에는 필수적이었고 효과적인 관행이었습니다.

얼마 지나지 않아 저를 비롯한 몇몇 동료들은 특별 진료를 요하는 환자들에 대해 논의하기 위해 정기적으로 회의를 여는 편이 더 효과적이라는 사실을 깨달았습니다. 한 환자에 대해 순차적으로 여러 회의를 가지기보다는 모두가 한 회의에 참석해 여러 환자에 대해 논할 수 있었죠. 덕분에 의료 문제와 관련된 우리의 발견이나 해석, 경험 등을 공유할 수도 있었습니다. 우리는 서로의 관점을 이해할 수 있었고 관련된 질문을 할 수 있었죠. 이는 환자를 치료하는 데 도움이 되었을 뿐만 아니라 우리가 서로의 지식을 공유하고 서로에게서 배울 수 있는 훌륭한 기회가 되기도 했습니다.

이 회의는 직업적으로도 도움이 되고 개인적으로도 만족스러웠습니다. 우리는 점심시간에 회의를 가졌습니다. 대부분이 그 시간을 선호했기 때문이었죠. 회의가 생각보다 큰 도움이 되자 모두가 기뻐했습니다. 우리는 '함께 빵을 나눠 먹으면서' 서로에 대해 더 잘 알게 되었습니다. 편안하게 서로에게 자료를 요청하거나 각기 다른 의견을 표명하기도 했죠. 다른 회의에서라면 불필요하다고 느꼈을 것들을 스스럼없이 행했습니다.

그 회의는 총 여섯 명의 전문가로 구성되어 있었습니다. 그런데 회의에 대한 소문이 퍼지면서 다른 사람들도 참석하고 싶다고 하더군요. 결국 이 주간 회의에 스무 명의 전문가가 참여하게 되었죠. 일차 의료진, 외과 전문의, 방사선 전문의를 비롯한 기타 의료진, 간호사, 상담사를 비롯해 환자의 치료를 담당하는 이들이었어요. 직접 참석할 수 없는 이들은 스카이프나 핸드폰을 이용해 함께하기도 했습니다.

참석자들은 직함이나 직무뿐만 아니라 인종, 국적, 나이, 성별이 각기 달랐죠. 다양한 배경의 수많은 참석자들 덕분에 회의가 더욱 효율적으로 진행되었을 뿐만 아니라 환자와 참석자 모두 이득을 보았습니다. 시간이 흐르자 우리는 다른 이들의 역할과 니즈, 스타일을 더욱 잘 파악하게 되었죠.

서로 합의한 결과 우리는 환자 치료 과정을 조율할 수 있었고 의료 서비스 제공자 간에 환자를 이리 보내고 저리 보내는 일을 피할 수 있었습니다. 덕분에 환자들은 훨씬 더 편안해졌죠. 우리 의사들 역시 혼란을 피할 수 있었습니다. 우리는 환자의 치료를 늘 최우선으로 생각했습니다.

우리가 지금도 정기적으로 모인다는 사실에 비춰보면 이 회의의 효율성은 입증된 셈이죠. 별로 효과가 없었다면 만나지 않았을 겁니다. 이 회의가 정말로 무용지물이었다면 우리가 이 회의를 구성했던 애초의 이유 중 일부를 보완하는 기술적 발전이 이뤄진 이후로는 특히 더 만날 일이 없었겠죠.

요약

이 사례는 의료진이 업무를 개선하고 환자들에게 더 나은 서비스를 제공하기 위해 서로에게 접근한 훌륭한 사례다. 이들 대부분은 인근에 위치한 건물에서 근무했다. 그들에게는 스무 명의 사람을 수용할 수 있는 공간과 개인 여건상 참석할 수 없는 동료들을 연결해줄 장비가 필요했으며 효율적인 회의 운영을 위한 양식도 필요했다. 하지만 무엇보다 중요한 것은 늘 바쁘기 마련인 이 전문가들이 회의에 참석하는 것을 우선과제로 생각하는 자세였다.

| 직원의 의견이 반영된 물리적인 공간 설계하기

카이저 의료진은 매일같이 만나 대화를 나눌 필요는 없을지도 모른다. 하지만 기업의 수많은 직원들은 매일 자주 교류해야 한다. 이 경우 물리적인 공간 구성이 효과적인 협업에 큰 영향을 미칠 수 있다. 실리콘밸리의 리더들 상당수는 이 사실을 알고 있으며, 직원들 사이에 보다 효과적인 협업을 꾀하기 위해 사무실을 재설계하는 데 비용을 지불할 가치가 있다고 생각한다.

다양한 팀원들의 요구를 충족시키기 위해 업무 공간을 다양하게 설계하는 경우가 점차 많아지고 있다. 한 실리콘밸리 리더는 이에 관해 이렇게 말했다. "편안한 환경은 협업에 도움이 됩니다. 사무실의 온도설정을 두고도 직원들끼리 불화를 겪을 수 있어요. 기술팀은 실내온도를 18도로 설정하기를 원하지만 법무팀은 23도로 설정하기를 원할 경우 이를 중재할 방법이 필요합니다."

직원들이 사무실에서 보내는 시간을 좋아하고 업무 공간을 보다 편안하게 느끼도록 만들기 위해 일부 기업은 물리적인 공간 설계에 많은 관심을 기울인다. 예를 들어 구글은 맨해튼의 이스트 코스트 본사에 근무하는 직원들에게 "무료로 아침, 점심, 저녁 식사를 제공하는 카페테리아를 운영한다. 브로드웨이를 주제로 꾸민 회의실에는 벨벳 휘장이 쳐져 있고 직원 휴게실은 고풍스러운 지하철처럼 설계되었으며…… 도서관에 놓인 책장에는 비밀의 방으로 통하는 문이 설치되어 있다."[2] 실리콘밸리에 위치한 본사 역시 "전 세계에서 가장 행복하고 생산적인 업무 공간을 창조하겠다"[3]는 구글의 철학을 반영하듯 상당히 근사한 모습이다.

물리적인 공간을 재미나고 독특하며 편안하게 만들기 위해 투자하는 관심과 자금은 기업마다 다르다. 저마다의 여건을 감안해 어떤 공간이 적합할지 판단해야 할 것이다. 그런데 실리콘밸리에 위치한 기업들의 경우 공통적으로 더 뚜렷이 드러나는 공통의 주제의식이 있다. 직원들이 더 많은 시간을 보내고 싶어 하게끔 최대한 편안한 공간을 설계하고자 하는 바람이다.

내가 인터뷰한 실리콘밸리 리더들이 이와 관련해 전해준 이야기를 공유하겠다. 다음 사례를 살펴보면서 여러분의 업무 환경을 개선하는 데 있어 어떤 아이디어를 적용해볼 수 있을지 생각해보자.

- "우리의 업무 공간은 협업을 꾀하기 위해 설계되었습니다. 건물마다 외관이 다른데, 주된 업무에 따라 차별화를 두었죠. 대부분의 건물에는 스탠드업 회의를 할 수 있는 방이 마련되어 있습니다. 빔을 쏠 수 있게끔 설계된 공간도 있죠. 개별 업무 공간은 보통 칸막이가 없이 개방된 형태입니다. 새로운 건물에는 근사한 공용 공간을 두었습니다. '거실' 같은 편안한 공간과 회의실로 구성되어 있죠. 우리 업무 공간의 유일한 단점은 방을 다 사용한 뒤에는 칠판을 반드시 지워야 한다는 것입니다. 칠판은 공용이니까요."

- "새롭게 단장한 회의실을 보자마자 다들 너무 좋아했어요. 우리는 새로운 공간을 설계할 때마다 (필요한 기술 등) 최고의 사양을 추구합니다. 이는 상당히 중요합니다. 직접 회의에 참석할 수 없는 사람들도 있기 때문이죠."

- "물리적인 배치는 성공적인 협업에 큰 영향을 미칩니다. 우리는 다양한 팀을 개방적으로 배치합니다. 덕분에 자금팀 직원이 마케팅팀 직원과 편리하게 의사소통할 수 있죠. 편안하게 앉아서 대화할 수 있는 장소가 있기 때문에 쉽고 효과적으로 대화를 나눌 수 있습니다. 이 개방적인 배치는 단점도 있지만(사적인 대화를 다른 이들이 엿들을 수 있다) 전반적으로는 효과적입니다. 어떤 배치든 장·단점이 있기 마련이죠. 무엇을 원하는지 결정한 뒤 잘 운영되도록 만들어야 합니다."

- "우리의 업무 환경은 개별 사무실이 아니라 전부 칸막이로 이루어져 있습니다. 최근 한 팀이 칸막이조차 없는 완전히 개방적인 형태로 업무 공간을 변경해 달라고 요청해왔습니다. 전부 유리로 된 칠판을 원하기도 했죠. 돈이 조금 들기는 하지만 생산성이 높아진다면 한번 해봄직한 시도입니다. 이런 배치가 효과적이라는 게 확인된다면 원하는 모든 팀에게 제공할 계획입니다. 다른 형태의 공간을 원하면 그렇게 해주고요."

- "한 팀이 장기간 사용할 수 있는 작은 회의실을 원할 경우 시설팀에 요청하면 됩니다. 그러면 해당 회의실을 마음껏 사용할 수 있죠(예를 들어, 마케팅팀이 브랜드 캠페인을 위해 전략 회의실을 원할 경우). 하지만 직원들은 하루를 마친 뒤 대형 회의실에 물품을 남겨둬서는 안 됩니다. 우리 회사에는 6명 정도가 앉을 수 있는 개인 부스도 있습니다. 그 밖에도 전 층에 개방적인 공간을 제

공하죠. 방마다 편안한 소파와 의자, 스크린, 화이트보드 등이 갖추어져 있습니다. 우리 회사에는 누구든 사용할 수 있는 유리벽과 화이트보드가 많습니다."

- "물리적인 환경은 상당히 중요합니다. 직원들이 선택할 수 있어야 하며 직원들에게 도움이 되어야 하죠. 직원들은 회사에 오랜 시간 머물기 때문에 업무 공간이 편안해야 합니다. 건물 사이나 심지어 방 사이를 오가는 데 사용할 자전거와 오토바이의 주차 공간을 마련한 회사도 있습니다. 아직 시도해보지 않았지만 언젠가 우리 회사에도 생길지도 모르겠네요."

- "최신식 사무실 공간은 개별 사무실에서 개방적인 공간으로 진화했습니다. 넓고 개방된 공간에 책상이 놓여 있는 형태죠. 개인적으로 저는 '사무실이 없는' 형태가 그다지 효과적이라고 생각하지는 않습니다. 하지만 사람마다 업무 스타일이 다르죠. 어떤 사람은 조용한 분위기를 좋아하지만 어떤 이들은 조금은 시끄러운 환경에도 개의치 않습니다. 개방적인 공간은 여러 면에서 장점이 있습니다. 모두의 요구를 만족시키는 공간을 설계하기란 불가능합니다."

- "우리는 직무를 고려해 직원들의 자리를 배치하기 위해 노력합니다. 재정팀 직원을 고객들과 앉히죠. 물론 쉽지는 않은 일입니다. 재정팀 직원들은 같은 팀원들끼리 앉고 싶어 하죠. 그들은 고객보다는 동료들과 더 자주 교류해야 한다고 생각합

협업의 시대

니다."

- "공용 공간에서는 협업이 쉽게 이루어집니다. 직원들 사이에 의사소통도 더 활발하고요. 10년 전과는 다른 분위기죠."
- "아직은 개선할 점이 많지만 우리는 공간이 얼마나 중요한지 깨닫고 있으며 건물을 재설계할 때 각 팀이 바라는 사항을 최대한 반영하고 있습니다. 이 부분에 있어 최첨단을 달리고 있지는 않지만 배우고 있는 중입니다."
- "우리는 투명성을 강조하기 위해 회의실을 일부러 유리로 설계합니다. 그 옆을 지나갈 때면 논의 중인 사항을 알 수 있죠."
- "사무실 설계는 꼼꼼하게 이루어집니다. 우리는 핵심 철학을 고수하죠. 경영진을 비롯해 기밀사항을 다루는 인사과 사무실을 제외하고는 대부분의 공간을 상당히 개방적으로 설계합니다. 직원들은 보통 책상이 놓인 개방적인 공간에서 일합니다. 책상과 전화가 놓인 사적인 공간도 있죠. 직원들은 언제든 이 공간을 사용할 수 있습니다."
- "이 회사에는 폐쇄적인 사적 공간이 없습니다. 사생활 보호가 필요할 경우 이용할 수 있는 회의실과 임시 사무실이 있지만 개인적인 사무실은 아니죠. 평면 계획은 대부분 상당히 개방적입니다. 특정 팀이 원할 경우 프로젝트 진행 기간 동안 전용으로 사용할 수 있는 맞춤화된 공간을 제공하죠."
- "우리 건물에는 개방적인 공간과 회의실이 많습니다. 하지만

공간을 사용하는 정해진 방식이 있지는 않습니다. 모든 팀이 각자의 공간을 갖는데, 보통 네모난 형태입니다. 기술팀에게는 책상이 주어지지만 반드시 책상에서 일해야 하는 것은 아닙니다. 자신에게 효과적인 공간을 찾으면 됩니다. 때로는 집중할 수 있는 조용한 공간이 필요합니다. 저는 직원들이 효율적인 업무 수행을 위해 필요한 곳이라면 어떤 공간이라도 이용하도록 장려합니다."

요약

이상적인 업무 공간은 개인과 팀원의 니즈를 둘 다 충족시킬 수 있도록 설계되어야 한다. 어떤 직원들은 지속적이고 정기적인 교류를 통해 이점을 누린다. 그런 직원들의 경우 개방적인 구조의 업무 공간이 바람직하다. 이는 즉각적인 대화를 장려해 더 나은 제품 설계로 이어지기 때문이다.

지속적이 아니라 가끔씩 상호 교류하는 편을 선호하는 직원들도 있다. 이들은 서로 부르면 들리는 거리에 앉을 필요는 없다. 어떤 직원은 여러 동료들과 빠른 브레인스토밍 회의를 할 필요가 있다고 생각해 그들과 가까운 곳에서 만나기를 원할 수 있다. 이러한 팀의 물리적인 니즈는 보통 비교적 조용하고 편안하게 앉을 수 있는 공간, 생각을 기록할 수 있는 화이트보드 정도다.

여러 부서(기술, 운영, 시장조사, 판매, 재정, 인적자원 등)의 직원 수가 수백 명이 넘는 기업의 경우 다양한 업무 공간이 필요하다.

팀원의 니즈를 가장 잘 충족시키는 물리적인 공간 구성에 관한 정보는 다양한 방법으로 얻을 수 있다. 인터넷 검색만으로도 이 주제에 관해 충분히 많은 정보를 찾을 수 있지만 업무 공간 설계라는 점차 성장하는 분야의 전문가를 고용할 수도 있다.

실리콘밸리 리더들과 대화를 나누면서 알게 된 사실 중 하나는 업무 공간을 설계할 때 직원들을 참여시킨다는 점이다. 직원들의 의견을 반영할 경우 그들의 니즈를 가장 잘 충족시키는 공간을 설계할 수 있을 뿐만 아니라 직원들의 의견을 중시한다는 사실을 전달할 수 있다.

▶ **적용**

여러분의 회사는 물리적인 공간을 잘 설계하는가? 생산성과 안락성 둘 다를 극대화하는 방향으로 설계되는가? 특정 팀의 니즈와 욕구를 충족시키도록 설계되는가? 업무 공간은 직원들을 한자리로 모으는 데 효과적인가? 실리콘밸리 리더들의 경험으로부터 배운 교훈 중 여러분의 회사에 적용할 수 있는 부분은 무엇일까?

지리적 분산은 특정 팀에 더욱 효과적이다

직원들을 지리적으로 다양한 곳에 위치시킬지 여부는 논쟁의 여지가 있는 주제다. 업무 공간을 두 곳이 넘는 곳에 둘 경우 비용 문제가 발생할 수 있다. 직원들이 다른 국가에서 일할 경우 협업해야 하는 직원들 간의 언어와 문화 차이, 시차, 물리적 보안, 사이버 보안 문제, 다른 국가의 직원들을 고용하고 그들과 계약하는 것과 관련된 사회정치적인 문제 등 수많은 문제가 발생할 수 있다. 이 문제는 콜센터나 코딩팀을 인건비가 저렴한 지역으로 이동시킬 때 수반되는 비용을 절감함으로써 상쇄될 수 있다. 게다가 두 기업이 합병할 경우 두 기업의 본사는 보통 인근에 위치하지 않기 때문에 핵심 직원들이 멀리 떨어진 두 곳에 위치하기 마련이다.

다른 국가의 직원들을 고용할 경우 생산성이 크게 향상된다고 생각하는 사람이 있다. 직원들이 다양한 시간대에서 일하게 되면 생산적으로 운영되는 시간이 연장되기 때문이다. 이 경우 전문 인력이 2교대나 심지어 3교대로 일함으로써 프로젝트가 빠르게 진행된다.

다른 국가 사람들의 니즈를 충족시키는 제품을 맞춤 제공하기 위해서는 다른 문화를 이해하는 일이 중요한데, 현지 직원을 고용한다면 비교적 쉽게 그 문화를 이해할 수 있다. 해당 지역에서 현지 영업자를 고용한다면 제품 판매가 더 용이해질 수도 있다. 다른 국가나 국가 내 다른 지역(본사에서 멀리 떨어진 지역)에서 직원을 고용하는 이유는 이 밖에도 많다.

지리적 분산을 통해 얻는 생산성이 의사소통 문제나 지속성 결여로 상쇄된다고 생각하는 이들도 있다. 직원들이 쉽게 의사소통할 수 없기 때문이다.

실리콘밸리 리더들이 이와 관련해 제공한 다양한 관점을 살펴보자. 어떤 관점이 여러분의 회사와 가장 잘 들어맞을지 생각해보기 바란다.

- "우리 회사에서는 직원들을 같은 곳에 배치시키는 것을 상당히 중요하게 생각합니다. 정기적으로 교류하는 직원들은 서로 가까이에서 일해야죠. 특히 마케팅팀과 기술팀은 바로 옆에 앉아야 합니다. 다른 부서 역시 마찬가지죠. 우리는 직원들에게 '원한다고 해서 덴버를 벗어날 수는 없다'고 말합니다."
- "우리는 판매 직원들을 어느 정도 분산시킵니다. 고객들에게 가까이 다가가야 하기 때문이죠. 하지만 기술팀 직원들은 서로 긴밀히 협업해야 하기 때문에 따로 떨어뜨려놓기를 원하지 않습니다."
- "저는 협업이 반드시 필요한 직원들의 경우 같은 곳에서 근무해야 한다고 생각하기 시작했습니다. 멀리 떨어진 코드 개발팀이 그때그때 모선(母船)과 교신해야 하는 상황을 좋아하지 않거든요. 업무를 나눈 뒤 멀리 떨어진 곳에 있는 직원들에게

각기 다른 업무를 주는 것은 괜찮습니다. 그렇지만 미국의 코드 제작자들이 인도나 런던의 코드 제작자와 긴밀히 연락하기란 쉽지 않습니다. 우리는 페이스타임, 구글행아웃을 비롯한 기타 도구를 활용합니다. 하지만 이러한 도구는 개인적인 해결책이지 팀 해결 방안이 아닙니다. 팀원들이 멀리 떨어진 직원들과 양질의 대화를 나누기는 상당히 어렵습니다. 아직까지는 기술이 뒷받침되지 않기 때문이죠.”

- “우리 직원들은 여러 곳에서 근무합니다. 우리는 스카이프를 비롯한 기타 기술들을 자주 활용하죠. 이런 도구들은 장·단점이 있습니다. 저는 전 세계를 돌아다니며 일하고 저의 팀은 세계 곳곳에 위치해 있죠. 저는 매일 비행기를 타지는 않지만 대부분의 직원들과 늘 의사소통합니다. 협업이 이루어져야 하기 때문이죠. 우리는 일과 삶의 균형 또한 고려해야 합니다. 관리자이자 직원이자 엄마이자 코치로서 저는 일과 가정의 양립을 꾀해야 합니다. 저의 경우 오전 5시에 일을 시작함으로써 최고의 균형을 찾습니다. 아무도 저에게 그렇게 하라고 요청하지 않습니다. 제가 선택한 거죠.”

- “직원 배치는 우리가 활동하는 업계의 미래에 심오한 영향을 미칩니다. 직원이 부족할 경우 다른 국가에서 직원을 채용하면 됩니다. 아프가니스탄에 살고 있는 누군가가 도움이 될 수 있습니다. 그렇게 하면 효율성이 증대되죠. 우리는 언제든 직

원 수를 늘리거나 줄일 수 있습니다. 모두에게 동일한 기준을 적용해야 한다는 사실만 기억하면 됩니다. 먼 곳에 위치한 직원들을 훈련시켜 원하는 품질과 기준을 충족시키도록 하면 됩니다."

- "이 회사에서는 일주일에 여섯 건에서 열 두 건의 회의가 진행됩니다. 일 년이면 500건이죠. 수많은 대화와 전화회담, 회의가 이루어집니다. 우리는 관계 중심적이며 지리적으로 분산되어 있기 때문에 계속해서 동료들과 회의를 해야 합니다."

- "그렇습니다. 우리 직원들은 지리적으로 분산되어 있습니다. 우리는 직원들이 수많은 지역에 분산되어 있을 경우 이따금 직접 만나야 생산성이 증대된다는 사실을 알게 되었죠. 원거리에서는 창의력이 발휘되기가 쉽지 않습니다. 서로를 잘 알게 되면 창의력을 쉽게 발휘할 수 있죠. 우리는 개인적으로 만나야 힘든 대화가 잘 풀린다는 사실도 알게 되었습니다. 한번은 논란이 되는 주제 때문에 관련자 모두가 런던에서 만났습니다. 우리는 서로의 눈을 보고 대화를 나누고 싶었습니다. 중요한 일이었죠. 덕분에 서로를 향한 신뢰가 향상되었습니다. 전화나 화상회의를 통해 회의가 이루어졌다면 그보다 좋은 결과가 나오지 않았을 거라 확신하게 되었죠."

요약

직원들을 지리적으로 분산시키는 것이 효과적인 방법일까? 수많은 요소가 이에 영향을 미친다. 업무를 개별적으로 분리시킬 수 있는가? 서로 멀리 떨어진 곳에 위치한 직원들이 각자가 맡은 업무를 완벽하게 완수할 수 있는가? 이 질문에 쉽게 답할 수는 없다. 다양한 제품과 기업이 존재하기 때문이다.

여러분은 경험이 있는 다른 기업의 사례를 살펴보고 싶을 것이다. 경험에서 우러나온 그들의 조언에서 도움을 받을 수 있기 때문이다. 직원의 지리적 분산이 바람직하다거나 필요하다는 판단이 든다면 조직 내 협업 신조를 통해 그 간극을 메우기 바란다.

▶ 적용

어려분의 회사에서는 협업해야 하는 직원들 간에 물리적인 거리가 존재하는가? 관리자들은 그러한 거리를 인식하며 다양한 곳에서 일하는 직원들이 겪는 불편함을 해결하도록 돕고 있는가? 여러분의 회사는 원거리에 위치한 직원들이 협업할 수 있도록 충분한 조치를 취하고 있는가? 원거리에 위치한 직원들 간의 협업을 꾀하는 또 다른 방법은 무엇이 있을까?

▎재택근무는 면대면 의사소통과 함께 이루어져야 효과적이다

지리적 분산은 재택근무 정책과도 맞물려 있다. 내가 인터뷰한 실리콘밸리 리더들 중에는 재택근무를 지지하는 이들도 있었으며 이에 반대하는 이들도 있었다. 재택근무를 선호하는 이들은 직원들이 집에서 일할 수 있을 때 더욱 만족하고 생산성이 향상된다고 믿는다. 그들은 재택근무를 할 경우 방해받거나 간섭받는 일이 줄어든다고 생각한다. 재택근무가 정기적으로 제공되든, 에어컨 수리공 방문 때문에 집에 있어야 할 때처럼 이따금 제공되든, 재택근무를 직원들의 충성도를 높이는 혜택으로 보는 이들도 있다.

확실한 결론은 없다. 많은 직원이 재택근무를 할 경우 사무실 공간이나 임대비를 아낄 수 있다. 하지만 직원들의 효과적인 업무 수행을 돕는 기술 관련 비용이 증가하기 마련이다. 재택근무에 반대하는 이들은 직원 관리와 협업상의 문제를 지적한다.

다시 한 번 실리콘밸리 리더들의 지혜를 빌려보자. 리더들마다 각기 다른 견해를 보였다. 이들의 의견을 통해 재택근무에 관한 새로운 관점을 살펴볼 수 있을 것이다.

- ■ "재택근무와 관련된 엄격한 규율은 없습니다. 하지만 집에서 일하는 직원을 고용하는 건 대개 별로 달갑지 않은 일입니다.

일주일에 한 번 정도는 허락할 수 있습니다. 하지만 업무를 제대로 수행하려면 정기적으로 직접 만나야 합니다. 저는 직원들이 필요할 때 회사에서 근무할 수 있기를 기대합니다."

■ "우리는 특정 직책의 직원들이 재택근무하는 것을 허락하고 있습니다. 앞으로 재택근무는 더욱 증가할 것으로 보입니다."

■ "우리는 재택근무를 허용합니다. 관리직보다는 평직원의 경우 더 흔한 일이죠. 관리자는 하루 중 대부분의 시간 동안 회의에 참석해야 하는데 원격으로 회의를 진행하기란 쉽지 않기 때문입니다."

■ "네, 우리는 관리자와 평직원들이 재택근무를 하도록 허락합니다. 재택근무를 할 경우 협업을 비롯한 기타 조직적인 생활이 어려워집니다. 우리는 스카이프 같은 기술을 활용해 영상회의를 진행하기도 하죠. 우리는 여러 주에 채용 담당자를 두고 있습니다. 저는 그들을 본 적이 없죠. 우리는 다른 국가를 포함한 수많은 곳에 기술자를 두고 있기도 합니다. 그들은 이따금 본사를 방문하지만 자주 오지는 않습니다. 이는 효과적인 방식입니다. 얼마나 효과적인지는 그들이 맡은 업무와 그들이 일하는 장소에 달려 있죠. 이제 세상이 돌아가는 방식이 그렇습니다."

■ "재택근무를 하기 위해서는 '좋은' 기술과 '나쁜' 기술이 있다는 사실을 인식해야 합니다. 나쁜 기술은 사람들이 그 뒤에 숨는 기술입니다(당신은 이메일에서 내 얼굴을 볼 수 없으니 나는 당신을 맹비난 한 뒤 도망친다). 나쁜 기술 때문에 우리는 스무 번 교류한 뒤

에야 합의에 도달하기도 하죠. 좋은 기술에는 영상이 포함됩니다. 우리는 상대의 얼굴을 봐야 자연스러운 대화를 나눌 수 있습니다. 따라서 돈을 조금 들여 사람들을 한 곳에 모아야 합니다. 이러한 인간적인 교류는 중요합니다. 그렇게 하지 않는다고 돈이 절약되는 것은 아닙니다. 우리는 직접 얼굴을 볼 때 상대에 대해 많은 것을 알게 됩니다. 이처럼 개인적인 관계를 구축할 경우 신뢰가 증진되며 협업이 개선됩니다.”

■ “네, 우리는 재택근무를 허락합니다. 처음에는 원거리에서 근무하는 직원들이 소속감을 느끼도록 만들기가 상당히 어려웠습니다. 그들은 소외감을 느꼈죠. 우리는 그들을 참여시키기 위해 열심히 노력해야 했습니다. 2년이 걸렸죠. 우리는 의식적으로 기회를 만들어야 했습니다. 이제 보다 효과적인 재택근무가 가능해지고 있습니다. 우리는 면대면 접촉이 중요하다는 사실을 알게 되었습니다. 그들이 오든, 우리가 가든 가끔은 직접 만나야 하죠. 이는 투자입니다. 업무 수행에 투자해야 할 뿐만 아니라 직원들이 이를 받아들이도록 만드는 데 투자해야 하는 거죠. 우리에게는 기술이 충분합니다. 기술이 문제가 되는 경우는 없습니다. 문제는 늘 다른 (소프트) 이슈죠.”

요약

재택근무는 직원과 고용주 모두에게 많은 이점을 제공한다. 여러분은 재택근무가 직원들 모두나 일부가 선택할 수 있는 옵션이라고 생각할지도 모른다. 재택근무를 시행할 예정이라면 "시간이 흐르면 감정적인 에너지가 빠져나가기 때문에 면대면 교류로 이를 갱신해야 한다"는 점을 기억하기를 바란다.[4] 직원들을 이따금 한데 모으는 것이 중요한 이유는 또 있다. 전문가들은 "뇌는 늘 위험을 감지한다. ……누군가가 친구인지 적인지를 결정하는 데는 비언어적 단서도 필요하다"[5]고 말한다. 제아무리 뛰어난 기술이라도 직원들이 상대를 평가하고 협업의 기반이 되는 유대감을 구축하는 데는 한계가 있다.

정책 및 관행 제안

재택근무를 시행하는 기업들이 전형적으로 실행 중인 중요한 정책과 관행은 다음과 같다.

1. "전반적인 재택근무 정책을 수립한다. 어떠한 직책에서 허용을 할 것인지, 얼마나 자주 허용할 것인지 파악한다. 수용 가능한 업무 시간, 다른 직원과의 의사소통 방법 등 필요한 요구사항을 파악한다. 재택근무가 수용되지 않는 직책을 명시하는 것 역시 매우 중요하다.

2. 이 정책을 관련 직원들과 공유한다. 이 정책은 바뀔 수 있으며 재택근무가 무조건 보장되는 것은 아니라는 점을 명시한다.

3. 직원들이 재택근무를 진행하는 절차를 수립한다.

4. 특정 직책과 특정 직원에게 재택근무가 효과적인지 여부를 어떻게 파악할지 결정한다.

5. 면대면 교류를 언제 가질지 결정한다.

6. 건전하고 안전한 재택근무 정책을 수립하고 직원들의 가정이 이 조건을 만족시키는지 확인한다.

7. 기업의 보험이 재택근무하는 직원들에게 적용되는지 확인하고 충분한 정책을 제공하도록 한다.

8. 재택근무하는 직원에게 필요한 장비를 파악하고 이를 조달하고 관리할 책임자를 파악한다.

9. 기술 장비가 기업의 보안 기준을 충족시키도록 한다.

▶ **적용**

여러분의 회사는 재택근무를 허용하는가? 그렇다면 어떻게 시행되고 있는가? 그것이 동료들과 효과적으로 협업하는 능력에 영향을 미치는가? 이번 장에서 살펴본 내용과 여러분의 경험을 바탕으로 판단하건대, 여러분의 조직이 현 정책의 변화로 이익을 볼 거라고 생각하는가?

5부

좋은 기업을
넘어
위대한 기업으로

협업의 3가지 구성요소가 잘 어우러지면 협업 신조가 생겨난
다. 자연스럽게 협업이 이뤄지는 조직문화가 자리 잡게 되는
것이다. 그런 조직의 실제 사례를 살펴보고, 제시된 질문지를
통해 현재의 협업 실태를 진단해본다.

13/

협업 신조_
SVAC의 비밀병기

운이 좋게도 개인의 지능이 모여 강력한 집단의 뇌가 창조되는 팀에서 일하는 사람들이 있다. 이 팀은 상상 이상으로 놀라운 성과를 이룩한다. 이제 이러한 모습을 어쩌다 한두 팀에서가 아니라 기업 전체에서 볼 수 있다고 생각해보자. 여러분의 기업에서 그러한 집단의 뇌가 창조될 수 있다고 상상해보자.

'협업 신조'는 기존에는 달성 불가능한 성과를 낳을 수 있는 응집적인 문화를 설명하기 위해 내가 창안한 용어다. 실리콘밸리 기업의 상당수가 협업 신조를 지니고 있다. 그렇다, 이는 개인의 역량, 팀 도구, 기업 관행이라는 세 가지 도구에 집중한 결과다. 하지만 그게 다가 아니다. 협업은 모두가 수용해야 하는 핵심 가치가 되고 있다. 사람들이 선호하는 생활양식이 되고 있는 것이다. 직원들은 동료들과 경쟁하기보다는 서로 힘을 합치기를 원한다.

실리콘밸리 기업에서 함께 일하다 보면 직원들이 서로를 돕는 방식에 큰 차이가 있다는 것을 알 수 있다. 언제든 동료들에게 도움의 손길을 내미는 게 다가 아니다. 실리콘밸리 직원들은 집단의 지성을 이용할 뿐만 아니라 기업 전체가 이 응집적인 철학을 공유할 때 발생하는 시너지를 경험하기도 한다. 그들은 자신들이 예를 들어, 보다 효과적인 의사소통을 돕는 저렴하고 재생 가능한 에너지 자원이나 이동 기기를 개발할 가능성이 높다는 것을 알고 있다. 이는 기업의 성공에 기여할 뿐만 아니라 직원 개개인이 업무 목표를 달성할 확률을 높여주기도 한다.

4장에서 우리는 SVAC의 구성요소를 자세히 살펴보았으며 다국적 기업에서 SVAC를 적용한 사례도 살펴보았다. 이제 샌프란시스코 배이 지역의 전미농구협회 팀인 골든스테이트 워리어스(GSW)에서 협업 신조가 실행된 사례를 살펴보자.

▌골든스테이트 워리어스: 협업 신조가 실행된 사례

3년 동안 NBA 챔피언 결정전에서 두 번 승리한 골든스테이트 워리어스는 샌프란시스코 배이 지역 너머로도 팬 층을 보유하고 있다. 왜 그런 것일까? 그들이 승자이기 때문이기도 하지만 그들이 승리하는 방식과 조직을 운영하는 방식 때문이기도 하다. 조 레이콥 구단주, 릭 웰츠 회장, 밥 마이어스 단장, 스티브 커 감독, 그리고 뛰어난 실력을 보유했을 뿐만 아니라 서로를 진심으로 아끼는 선수들이 하나로 뭉친 이 조직은 SVAC가 실행된 모범적인 사례다. 이들은 재미나고 자유로우며 행복한 농구팀을 조성하는 '투명하고 편안하며 평등주의적인 환경'을 구축한다.[1]

이 팀에 대해 다룬 기사가 수천 건에 달한다. 이 기사들은 이 팀이 어떻게 개인의 역량을 하나로 모아 천하무적의 단일팀을 이루었는지를 주로 다룬다. 이제부터 이 팀의 전반적인 모습과 이 팀이 어떻게 SVAC의 전형적인 사례가 되었는지 살펴보도록 하겠다.

이 사례는 실리콘밸리 리더들을 상대로 진행한 내 인터뷰와는 별도로, 지난 몇 년 동안 그들을 가까이에서 접한 후 내가 직접 기록한 모습이다.

자신에게 충실하기

미국에서 프로 운동선수로 활동하는 사람은 자부심을 느낄 만한 이유가 많다. 이들에게는 저마다 다른 동기부여 요인이 있다. 상당수가 돈을 쫓는다. 기록을 깨서 역사에 길이 남을 기회를 꿈꾸는 이들도 있으며 지역사회에 재산과 재능을 환원하고 젊은이들의 롤모델이 되고 싶어 하는 이들도 있다. 대부분이 자신이 잘하는 일을 함으로써 성공적인 경력을 구축하기를 바란다. 동기부여 요인이 무엇이든 프로 운동선수가 되는 것은 상당히 매력 있는 일이 틀림없다.

하지만 프로 운동선수가 되는 것은 쉬운 일이 아니다. 우리는 직장에서 원하는 자리에 오르는 일이 꽤 어렵다고 생각하지만, 사실상 프로 스포츠팀에서 원하는 자리에 오르는 일이 훨씬 더 어렵다. 운동선수 지망생과 실제로 팀에 소속되어 활동하는 선수들 간의 비율은 어마어마하다. 팀에 들어가려면 수년간 엄격한 훈련을 받아야 하며 그 자리를 유지하기 위해서는 계속해서 체력을 길러야 할 뿐만 아니라 실력도 향상시켜야 한다. 팀에 소속된 모든 선수는 매일 자신과 자신의 목표에 충실하다는 것을 보여주기 위해 노력한다.

드레이먼드 그린은 자신의 감정에 흔들리기보다는 이를 다스리는 법을 터득한 훌륭한 사례다. 그는 자신의 속마음을 터놓고 표출하기 때문에 팀에서 '엄마'라는 별명이 붙었다.[2] 게다가 그는 최대한의 투지로 경기를 펼친다. 이 두 가지 요소가 결합된 결과 그는 2015-2016 시즌에서 문제를 겪었다. 테크니컬 파울(파울은 보통 스포츠 맨답지 않은 행위로 여겨진다)을 몇 개 받은 뒤 그는 한 경기에서 출전금지를 당했다. 클리블랜드 캐벌리어스를 상대로 한 결승 5차전에서 발생한 일이었다. 이는 팀에 큰 타격을 주었고 골든스테이트 워리어스는 7차전에서 클리블랜드에게 우승권을 빼앗겼다.

이 사건이 있은 후 그린은 다시는 감정에 휘둘리지 않겠다고 맹세했으며 2016-2017 시즌에는 이 약속을 지켰다. 〈USA 투데이〉 소속 스포츠 기자인 샘 아믹은 "분별없는 파울로 안 좋은 타이밍에 출전금지를 당하던 모습은 이제 전혀 찾아볼 수 없다"[3]고 했다.

그린은 출전금지를 당함으로써 큰 교훈을 얻었다고 말한다. 변화가 필요하다는 사실을 알려준 일종의 경종이었다. 그는 자신의 감정을 통제함으로써 자신에게 더욱 충실하는 법을 알게 되었다. 그는 이렇게 말했다. "저에게 많은 것을 가르쳐주었죠. 감사한 경험입니다. 전 안 좋은 일이 있었다고 억울해하는 그런 사람이 아닙니다. 저는 경험에서 교훈을 얻었고 과거의 과오를 되풀이하지 않습니다."[4](감정을 이용하는 법에 관해서는 6장에서 살펴보았다.)

타인에게 충실하기

운동선수들이 받는 어마어마한 연봉은 팀 관리자가 수집한 통계자료를 바탕으로 한다. 이 통계자료의 기본은 점수다. 즉 얼마나 많은 골을 넣었는지가 중요하다. 대부분의 NBA팀에서 선수의 '득점'은 어시스트(동료에게 패스함으로써 그 선수가 골을 넣도록 돕는 것) 수보다 중요하다.

하지만 이제 이러한 관행이 바뀌고 있다. 일부 구단장과 코치는 개인의 득점을 극대화하는 것은 승리라는 팀 목표를 달성하는 데 역효과를 낳는다는 사실을 깨닫고 있다. 골든스테이트 워리어스보다 이러한 사고방식을 더 잘 보여주는 팀은 없다. 이 팀은 2016-2017 시즌에서 어시스트 왕을 선발했다.

다른 팀에서 '대표 선수'가 된 이후 이 팀에 오는 스타 선수들이 있다. 이들은 기꺼이 자신의 기존 역할과 높은 연봉에 필요한 경기 기록을 포기한다. 팀에서 필요한 방식대로 팀에 기여하기 위해서다.

골든스테이트 워리어스에는 올스타 게임(각 리그에서 매년 포지션별로 최고의 선수를 뽑아 각기 자기가 소속한 리그의 명예를 걸고 싸우는 경기-옮긴이)까지 출전한 선수들도 많다. 하지만 그들은 자기 득점에만 집착하기보다는 젊은 선수들이 득점하도록 돕는 것을 자랑스럽게 여긴다. 선수들은 팀의 성공을 추구하는 한편 서로를 지원하는 즐거움을 만끽하기 위해 자신의 점수를 챙기기보다는 다른 팀원들을 배려한다.

골든스테이트 워리어스는 여러 면에서 타인에게 충실하다. 스테판 커리나 케빈 듀란트 같은 스타들이 벤치에서 잠시 숨을 돌릴 때 텔레비전 카메라에 포착된 그들의 모습은 에너지 충전을 위해 조용히 휴식을 취하면서 다음번 행보를 고심하는 대신 다른 동료들을 열렬히 응원하는 모습이다.

업무에 충실하기

지속적인 여름 훈련, 프리시즌 연습, 정규시즌 기간 동안 82번의 게임, 6월까지도 계속되는 포스트시즌 동안 워리어스는 팀의 목표를 잊지 않고 이를 달성하는 데 전념한다.

　2016-2017 정규시즌이 마무리될 때 워리어스는 NBA 역사상 최고의 3년 기록을 달성한 것으로 갈채를 받았다. 워리어스가 이를 기념했을 거라고 생각할지 모르겠다. 하지만 워리어스는 자신들의 진정한 목표가 NBA 챔피언 결정전에서 승리하는 것임을 알았다. 그것만이 진정한 목표였다. 몇 주 후 그들은 플레이오프 경기에서 상대팀 셋을 4대 0으로 연달아 이기면서 플레이오프 역사상 또 다른 기록을 수립했다. 워리어스가 당시를 기념했을 거라 생각할 것이다. 하지만 팀원들은 자신들의 일이 끝나지 않았다는 것을 알았다. 6월 중순 클리블랜드를 무찌르고 나서야 그들은 1년 전 세운 목표를 마침내 완수했다고 생각했다.

　이보다 더 업무에 충실할 수는 없을 것이다.

회사에 충실하기

'기업가 정신'은 대부분의 NBA팀이 휴식 시간을 보내는 방법을 생각할 때 떠올리는 문구가 아니다. 하지만 워리어스 소속의 스타들은 CEO만큼이나 '기업'의 성공에 '열정적'이다.

2015-2016 시즌 챔피언 결정전이 끝날 무렵 워리어스는 한 게임 차이로 승리를 거머쥐지 못했다. 많은 팀원들, 특히 연봉이 높은 팀원들은 개인적인 성과와 보수에 만족하며 여름휴가를 가기 마련이다. 하지만 2016년 7월 4일 독립기념일 휴일에 다섯 명의 팀원은 햄튼에 집을 한 채 빌려 리그의 주요 선수인 케빈 듀란트를 초대했다. 케빈은 오클라호마 시티 썬더와 맺은 계약이 막 종료된 상태라 자유의 몸이었다. 많은 구단에서 그에게 러브콜을 보내고 있었다.

주말 동안 팀원들과 일부 고위 경영진이 케빈 듀란트를 설득했다. 그들은 워리어스가 얼마나 훌륭한 조직인지 설명했다. 그가 워리어스에 들어와 이 팀을 더욱 성공적으로 만들 수 있도록 자신들이 받던 스포트라이트와 득점, 연봉을 일부 포기하겠다고 말했다. 케빈은 결국 이 팀에 합류했고 나머지는 알다시피 역사적이다. 그는 2016-2017 시즌 동안 팀에 크게 기여했고 챔피언 결정전에서 보인 실적으로 최우수 선수로 뽑혔다.

이 같은 협업이 이루어지는 경우를 본 적이 얼마나 되는가?

| 팀 도구

케빈 듀란트는 2016년 여름 그를 납득시킨 것은 골든스테이트 워리어스의 집단의 뇌뿐만 아니라 집단의 영혼이었다고 말했다. "저는 그런 에너지를 찾고 있었는데, 이 팀에서는 처음부터 그런 에너지를 느낄 수 있었죠. 정말 순수했습니다. 무시할 수 없는 느낌이었죠. 저는 그 팀에 소속되고 싶었습니다."[5] 그는 팀이 최선을 다해 경기를 펼치는 방식을 말하는 게 아니었다. 팀원들이 결속하고 협업해 훌륭한 성과를 달성하는 방법에 대해 말하고 있었다.

▌기업 관행

협업 신조를 구축하는 한 가지 방법은 개인적인 성과보다는 협업을 장려하는 재정적인 인센티브를 제공하는 것이다. 워리어스가 안드레 이궈달라를 동기부여시키고 보상해준 방법을 살펴보자. 이 팀에 합류하기 4년 전, 안드레의 기록은 게임당 평균 14.3점에 5.9리바운드였다. 이 통계를 바탕으로 워리어스는 안드레에게 약 1,200만 달러의 연봉을 주었다. 안드레는 워리어스에서 활동한 4년 동안 평균 7.9점(45퍼센트 하락)에 4.0리바운드(33퍼센트 하락)를 기록했다.[6]

많은 기업이 이 정도로 실적이 하락한 직원에게는 보상을 해주지 않는다. 하지만 2017년 7월, 워리어스는 안드레와 3년 연장 계약을 맺으며 그의 기본 연봉을 33퍼센트 높은 1,600만 달러로 책정했다.[7] 이 팀은 왜 그의 연봉을 인상해주었을까? 지난 몇 년 동안 워리어스는 대기 선수들의 기량을 향상시킬 수 있도록 안드레에게 경기 초반에 뛰는 역할을 포기하고 코트에서 뛰는 시간을 줄이도록 요구했다. 또한 주요 플레이오프 게임에서 클리블랜드 캐벌리어스의 르브론 제임스나 샌안토니오 스퍼스의 카와이 레너드 같은 상대팀의 주요 선수를 상대할 에너지를 비축하도록 정규시즌 동안에는 되도록 활동을 자제할 것을 요청했다. 워리어스는 개인적인 통계치를 바탕으로 그의 연봉을 측정하지 않았으며 그가 팀의 승리에 기여하기 위해 동료들과 얼마나 협업했는지를 바탕으로 연봉을 책정했다.

협업 신조를 구축하는 데 고려해야 하는 또 다른 요소는 조직의 경영 관행이다. 스티브 커 감독은 선수들뿐만 아니라 프랜차이즈 단장과 관리자, NBA 동료, 팬들에게도 존중받는다. 그는 지난 2년 동안 극심한 등 통증에 시달렸다. 2017년 플레이오프 기간에는 통증이 너무 심해 열한 번의 주요 경기 때 감독 자리에서 물러나야 했다.

밥 마이어스 단장은 커 감독이 결승 2차전에서 복귀한다고 선언하면서 많은 사람의 감정을 대변하듯 이 상황을 세 단어로 요약했다. "온종일 그에게 걸겠다."[8] 커 감독은 그날 밤, 참석한 관중들로부터 기립 박수를 받았다. 감독 자리를 되찾은 그를 보고 모두가 놀라는 한편 기뻐했다.[9]

커 감독은 선수들이 코트에서 부당한 대우를 받는다는 생각이 들 때 선수들을 위해 나설 뿐만 아니라 삶에서도 부당한 대우를 받는 사람들을 위해 나선다. 그는 '미국 역사상 가장 양극화된 시기에 사회 문제에 관해 목소리를 높인[10] 스포츠 지도자 중 한 명이다. 그의 팀은 이를 높이 산다. 듀란트는 최근에 "커 감독은 자신이 무슨 말을 하는지 정확히 알고 있다. 그는 박식하며 사회 문제 관심이 많다"[11]라고 말했다.

커 감독은 팀원들과의 개인적인 대화든 언론과의 공식적인 인터뷰든 복잡한 주제에 관해 서슴없이 논평한다. "지난 몇 년 동안 커 감독은 총기 규제, 콜린 캐퍼닉의 국가 거부, 의료용 마리화나, 도널드 트럼프 대통령의 수사법, 트럼프 대통령이 가장 최근에 부과한 7개 이슬람 국가 여행 금지령에 관해 공개적으로 의사를 표명했다."[12]

요약

이 모든 요소는 워리어스만의 협업 신조를 구성하는 요인인 동시에 SVAC의 전형적인 특징이기도 하다.

골든스테이트 워리어스가 이러한 협업 신조를 갖추게 된 이유는 무엇일까? 자신만 발전하기보다는 서로를 지원하는 선수들의 개인적인 가치와 지역사회를 비롯해 도움이 필요한 이들을 돕고자 하는 자세 덕분이다. 그 밖에도 많은 이유가 있다. 이 모든 요소가 합쳐진 결과 골든스테이트 워리어스만의 독특한 협업 신조가 구축된 것이다.

어떤 조직이라도 자신만의 협업 신조를 만들 수 있다.

| 비법 레시피

골든스테이트 워리어스든, 4장에서 살펴본 '수퍼브 소프트웨어'든, 아니면 협업 신조를 구축한 다른 조직이든, 이 독특한 신조의 비법 레시피를 살펴보는 것은 의미 있는 일이다. 이제부터 인간 본성의 진실에 대해 알아볼 것이다. 왜 인간은 협업을 도모하거나 저해하는 식으로 행동하는 것일까?

우리 대 그들

우리 대부분이 지닌 특징 중 하나는 조직으로 생활하고 일하기를 좋아한다는 것이다. 하지만 그게 다가 아니다. 특정 조직에 속한 우리는 서로를 바라보며 상대가 우리 조직에 속해 있는지 여부를 판단하며 우리 대 그들로 편을 가른다.

전문가들은 이 현상을 오랫동안 연구했으며 새로운 사람을 만날 경우 상대가 우리 조직의 일원인지 판단하기 위한 단서를 찾는 것이 인간의 본성이라고 결론 내렸다.[13]

상대를 분류하는 과정은 거의 무의식적으로 일어나는데, 이런 식으로 상대를 분류하는 것은 우리가 상대에 대해 느끼는 감정과 그들을 다루는 방식을 결정하는 데 큰 영향을 미친다. 누군가가 '우리 조직'에 속할 경우 우리는 그들에게 즉시 감정적인 유대감을 느끼며 그런 자연적인 신뢰감이 없는 상대에게보다 호의를 보인다.

때로는 공통의 가치나 목표가 있는지에 따라 '우리'나 '그들'이라는 판단이 내려지기도 한다. 보다 미묘한 요소들이 영향을 미칠 때도 있다. 종교가 같은가? 상대의 모교는? 직업은? 같은 도시에서 자랐는가? 이러한 판단은 숨은 요인을 바탕으로 할 때도 있다. 상대는 우리처럼 보이거나 행동하는가? 우리는 같은 성별인가? 같은 인종인가? 같은 언어를 사용하는가?

흥미롭게도 다른 사람에 관한 정보가 부족할 경우에도 우리는 때로는 말도 안 되는 요소를 바탕으로 이러한 판단을 한다. 한 연구 결과에 따르면 '두 현대 그림 중 어떤 것을 더 좋아하는지'처럼 사람들을 임의적인 사회 항목으로 분류할 경우 내집단 정체성, 편견, 편애를 낳을 수 있다.[14] 이 같은 사소한 분류가 그러한 충성심을 낳을 수 있다면 강력한 감정적인 유대감을 비롯해 업무 수행과 관련된 가치관의 차이가 어떠한 결과를 낳을지는 불 보듯 뻔하다. 예를 들어 특정 팀원들은 제품을 설계하는 특정한 방식에 집착한 나머지 이 제품을 설계하는 데 참여한 관련 지식이 풍부한 다른 직원들보다 자신에게 더 큰 의사결정권이 있다고 확신할 수 있다.

이는 우울한 상황처럼 보일 수 있다. 우리가 단 하나의 팀만을 주요 팀으로 인식하고 다른 팀을 전부 '그들'로 치부할 경우 그럴 수 있다. 그나마 다행인 것은 반드시 그럴 필요가 없다는 것이다. 1930년대에 활동한 인류학자 마거릿 미드(Margaret Mead)는 우리 안에는 '수많은 자아'[15]가 존재한다는 사실을 발견했다. 우리에게 다수의 정체성이 있다는 사실은 경험과 사회과학으로도 입증된다. 예를 들어 린든 존슨(Lyndon Johnson) 미 상원의원은 자신을 "자유인이자 미국인, 상원의원, 민주당원, 진보주의자, 보수주의자, 텍사스 거주민, 납세자, 목장 주인, 예전만큼 젊지는 않지만 그렇다고 그렇게 늙지도 않은 사람"[16]으로 묘사했다.

다른 부서 직원들을 같은 집단의 일원으로 보는 팀은 서로 효과적으로 협업할 확률이 훨씬 더 높다. 예를 들어, 샐리 스미스는 기술자다. 샐리는 자신을 새로운 디지털 카메라를 개발하는 프로젝트팀의 일원이자 휴가 정책 개정을 담당하는 프로젝트팀의 일원, 이 기업의 존중받는 직원으로(또한 아내이자 엄마, 미드웨스트 출신의 30대 중반 여성으로) 볼 수도 있다.

직원들이 소수의 집단(예를 들어 기술팀 동료) 내에서만 강한 정체성을 형성할 경우 차세대 디지털 카메라 개발 프로젝트를 함께 진행하고 있는 운영팀과 재정팀도 '같은 팀'이라는 사실을 보지 못한다. 하지만 기술팀을 하나의 팀이나 정체성으로 보고 디지털 카메라를 제작하는 큰 프로젝트팀의 정체성도 강하게 인식할 경우 모두가 '우리'의 일부가 된다. 휴가 정책을 개정하는 프로젝트팀이 강력한 팀 정체성을 지니고 있다면 샐리를 비롯한 다른 팀원들은 카메라 개발팀에 느끼는 것만큼 이 팀에 강한 결속감을 느낀다.

다양한 정체성을 인식할 경우 우리는 더 많은 사람과 연결되며 더욱 효과적으로 협업할 수 있다.

요약

개인과 팀이 '우리' 대 '그들' 식의 좁고 편협한 관점에서 벗어나 다수의 긍정적인 정체성을 형성하기 위해서는 경영진의 역할이 중요하다. 직원들이 다양한 정체성을 개발하도록 돕는 방법은 비교적 단순하다. 직원들이 함께 일하는 모든 팀과 기업 전체에 결속감을 느끼도록 장려하고 프로젝트가 완료되면 팀원이 언제든 바뀔 수 있다는 사실을 받아들이도록 하면 된다.

여러분의 리더는 '우리' 문화가 얼마나 쉽게 조성되는지 알고 있는 가? 여러분의 회사는 직원들이 스스로를 여러 팀의 일원으로 보도록 효과적으로 돕고 있는가? 실험을 해보자. 1, 2주 동안 직원들이 다른 팀 직원들을 지칭할 때 '우리'나 '그들' 같은 대명사를 얼마나 자주 사용하는지 기록하라. 직원들이 자신의 팀원을 지칭할 때 '우리'나 '그들' 같은 단어를 사용하는지도 파악하라. 여러분의 회사가 다른 기업과 비슷하다면 직원들이 자신의 팀원을 '우리'로, 다른 팀원을 '그들'로 지칭하는 것을 발견할 것이다. 이런 실험은 여러분과 리더들이 '우리' 문화를 조성하기 위해 어떻게 해야 하는지 추가 단서를 제공할 수 있다.

다음 장에서는 이 책에서 배운 모든 내용과 메모장에 기록한 내용을 전부 활용해 여러분의 기업에 의미 있는 변화를 추구하는 방법을 살펴볼 것이다.

14/
끝은
또 다른 시작이다

개인과 팀을 비롯해 기업 전체가 협업에 전념할 때 모두에게 이롭다는 사실이 명확해졌다. 버라이즌의 밥 머지(Bob Mudge) 회장이 이를 잘 요약했다. "협업은 더 이상 단순한 전략이 아니다. 사업의 장기적인 성공과 경쟁력에 필수 요소다. 이를 누구보다도 빠르게 파악한 기업이 승자가 될 것이다."[1]

협업의 결과는 정량화될 수 있다. 캘리포니아에 위치한 반도체 제조업체 자일링스는 최근 "동료 간 협업을 장려하는 도구를 사용한 결과 기술 생산성이 25퍼센트 증가했다고 보고했다."[2] 이 책에서 살펴보았듯 정성적인 사례나 정량적 사례는 셀 수 없이 많다.

우리는 협업이 실리콘밸리의 기업, 직원, 고객들에게 얼마나 큰 영향을 미치는지 보여주는 수많은 사례를 살펴보았으며 전반적인 협업방식과 자사의 문화에 맞는 독특한 협업 신조를 구축한 것으로 유명한 기업들도 살펴보았다.

자, 이제 여러분의 차례다.

현재 우리 조직의 협업 수준은?

이 책에서 배운 내용과 직접 기록한 내용을 하나로 합쳐 여러분 기업의 협업 상태를 담은 하나의 이야기를 만들어보기 바란다. 동료들과 협업에 관해 이야기 나눌 수 있는 보고서를 만드는 것이 목적이다. 여러분의 기업문화에 가장 잘 맞으며 가장 편안하게 생각하는 형식을 활용하기 바란다. 출판이 가능할 정도의 문서를 작성하겠다는 목표로 오랜 기간 애쓸 필요는 없다. 출간이 목적이 아니다. 이 작업을 마친 뒤에는 생각들을 정리해 여러분의 기업이 잘하고 있는 부분과 부족한 부분을 보여주는 진술서를 작성하면 된다.

이 진술서를 준비한 뒤 여러분의 기업에서 협업이 잘 이루어지는 부분에 관해 관리자와 얘기를 나눠보라. 개선 가능한 부분에 대해서도 언급하라. 여러분이 제안한 개선점에 관해 관리자가 여러분과 같은 의견과 열정을 지니고 있는지 살펴보라. 만약 그렇다면 직원들이 더욱 효과적으로 협업할 수 있는 분위기를 조성하기 위해 다음으로 어떤 단계를 밟아야 할지 파악하라.

다음은 이 책의 각 장에서 제안한 다양한 개념과 활동들의 핵심 질문을 요약한 것이다. 각 활동에 관한 세부사항을 다시 살펴보기를 원할 경우를 대비해 괄호 안에 해당 장을 표기해놓았다.

이 요약사항을 이용해 여러분의 회사에 관해 파악하는 데 도움이 되었던 질문들을 다시 떠올려보자. 이 질문들에 대한 대답들을 여러분의 보고서에 담으면 된다. 이 답들을 하나로 모아 여러분의 회사에서 직원들이 협업하는 방법에 관한 이야기를 만들어보자.

- **협업 정의하기.** 이 책을 읽기 전에 여러분은 협업을 어떻게 정의했는가? 실리콘밸리 리더들이 공유한 협업의 정의와 이 책에서 사용된 협업의 기본적인 정의를 읽은 뒤 생각이 바뀌었는가?(1장)

- **여러분의 회사에서 내리는 협업의 정의.** 여러분의 회사에서 협업을 어떻게 정의하고 있는지 다섯 명의 동료에게 물어볼 것을 제안했다. 그들은 어떻게 대답했는가? 여러분의 회사의 관점은 효과적인 협업을 장려하거나 저해하는가(다섯 명의 동료들이 제공한 답 중 일부를 여러분의 보고서에 포함하고 싶을지도 모른다. 다른 이들의 관점을 포함한다면 보고서가 한층 강화될 수 있다)? 아직 조사를 실시하지 않았더라도 늦지 않았다.(1장)

- **여러분의 회사에서는 언제, 어디에서, 어떻게 협업이 이루어**

지는가? 제품을 제작하고 설계하며 배송하기 위해 여러 부서의 직원들이 협업하는가? 그들은 자신의 지식을 결합해 최고의 아이디어를 제안할 수 있는가? 직원들은 문제 해결 방안을 자유롭게 논하기 위해 협업하는가? 다른 팀보다 협업을 더 잘하는 팀이 있는가?(1장)

- **여러분의 회사에서는 협업이 얼마나 중요한가?** 실리콘밸리 리더들이 협업이 중요하다고 생각하는 것만큼 여러분의 직원들도 협업을 중요하게 생각하는가?(1장)

  → 직원들이 기업의 성공에 협업이 필수적이라고 생각하는지를 보여주는 자료를 수집했는가? 다섯 명의 직원들의 대답을 고려할 때 어떠한 결과를 도출할 수 있을까? 그들의 대답은 어떤 의미를 지니는가?

- **여러분의 회사에서는 어떠한 유형의 협업이 가장 자주 일어나는가?**(1장)

  → 여러분의 기업은 규제가 높은 산업에 속하는가? 통제 수준이 보통인 산업에 속하는가, 통제가 거의 없는 산업에 속하는가?

  → 협업의 세 가지 유형은 1)직접 선발된 소수의 직원이 특정 업무를 수행하기 위해 협업하는 경우 2)뛰어난 성과를 달성할 수 있는 특별한 시너지를 지닌 팀이 구성되는 경우 3) 필요할 때 모두가 동료들과 협업하도록 장려되는 경우다.

여러분의 회사에서는 이 세 가지 유형이 전부 활용되고 있는가? 아니면 한두 가지 유형이 더 자주 사용되는가?

→ 한두 가지 유형을 사용하는 경향이 있다면 이는 기업의 성과에 안 좋은 영향을 미치는가? 왜 그럴까?

■ **협업하는 이들의 여섯 가지 특성**: 여섯 가지 특성은 다음과 같다. 1) 성공을 향한 열망 2) 의미 있는 대상에 기여하고자 하는 욕구 3) 끈기 4) 차이의 수용 5) 진정한 의사소통을 향한 욕구 6) 전사적 목표 이해(2장)

→ 여러분의 회사에서 이 여섯 가지 특성을 찾아볼 수 있는가?

→ 여러분의 회사는 새로운 직원을 채용할 때 이 특성들을 고려하는가? 직원들을 승진시킬 때 이 특성들을 고려하는가? 이 특성들을 기르기 위한 교육을 제공하는가? 그렇게 하는 것이 의미가 있다고 생각하는가?

■ **협업하는 이들의 다섯 가지 핵심 믿음**: 다섯 가지 핵심 믿음은 다음과 같다. 1) 타인의 도움이 필요한 프로젝트가 있다. 2) 함께 성공을 거둘 경우 혼자서 일할 때와는 다른 성취감을 느낄 수 있다. 3) 협업의 주요 장점 중 하나는 타인에게서 배울 수 있는 기회를 얻을 수 있다는 점이다. 4) 지식을 서로 나눌 수 있다. 5) 협업은 네트워킹이다.(2장)

→ 다섯 가지 믿음 중 여러분의 회사에서 찾아볼 수 있는 믿

음은 무엇인가? 이 질문에 대한 답을 평가해보면 직원들이 효과적으로 협업할 준비가 얼마나 되어 있는지 알 수 있을 것이다.

- **성공적인 협업의 세 가지 사례**: 우리는 세 가지 협업 사례를 살펴보았다. 1) 제품의 배송방식을 바꾼 사례 2) 상향식 제품 개발 3) 기업 내부의 업무 시스템 변경 사례(3장)

  → 세 가지 사례 중 여러분의 기업이 더욱 효과적으로 업무를 수행하는 방법에 관해 아이디어를 제공하는 사례가 있는가? 예를 들어, 조직의 리더들은 직원들이 기업의 전략과 방향, 결정을 이해하고 받아들일 수 있도록 전후사정을 충분히 설명하는가? 직원들은 새로운 아이디어를 살펴보고 제안할 수 있는 기회를 얻는가? 내부 절차상의 큰 변화는 어떻게 이루어지는가?

- **실리콘밸리 협업방식**: 간단히 말해 SVAC는 협업할 경우 혼자일 때보다 더 나은 결과를 창출할 수 있는 상황에서 힘을 합치는 문화를 낳는 철학이자 관행이다.(4장)

  → 여러분의 회사에서는 현재 SVAC의 어떤 요소를 찾아볼 수 있는가? 어떠한 요소가 잘 실행되고 있는가? 여러분이 SVAC를 더 잘 실행하려면 어떠한 변화가 이루어져야 할까? 수퍼브 소프트웨어의 협업방식을 살펴보면서 여러분의 기업에서 활용할 수 있는 새로운 아이디어를 얻었는가?

- **개인의 역량**: 네 가지 개인의 역량은 다음과 같다: 1) 자신에게 충실하기 2) 타인에게 충실하기 3) 업무에 충실하기 4) 회사에 충실하기(5, 6, 7장)

  → 여러분의 회사에서 직원들은 네 가지 충실하기 역량을 활용하는가? 한두 가지 충실하기 역량이 다른 역량보다 강조되는가? 직원들은 업무상 발생하는 문제에 대한 해결책을 고안할 때 이 네 가지 관점을 모두 고려하는가?

  → 이 네 가지 관점을 모두 고려하도록 장려할 수 있는 방법이 있는가?

- **애자일**: 팀 프로젝트를 이끌고 관리하는 다목적 절차(8장)

  → 여러분의 회사에서는 팀원들이 프로젝트를 이끄는 데 사용할 수 있는 맞춤화 가능한 다목적 프로젝트 관리 방법이 실행되고 있는가? 그 방법은 얼마나 효과적인가? 여러분의 회사에서 수행 중인 방법을 더욱 효과적으로 해나가기 위해 애자일과 관련된 정보를 활용할 수 있을까? 애자일 절차를 적용해보면 어떠할까?

- **팀원들의 효과적인 업무 수행에 도움이 되는 핵심 팀 도구**: 1) 직원 간 신뢰와 존중 강화 2) 주제를 명확하고 구체적으로 프레이밍하기 3) 시나리오 계획(9장)

  → 여러분의 회사는 직원들 간에 유대감이 형성되도록 상호교류를 돕는가? 개선할 부분이 있는가? 샌디스크 모델을

여러분의 기업에 적용할 수 있을까?

→ 여러분의 회사에서 직원들은 주제를 제대로 프레이밍하는가? 9장에서 제공한 기술과 조언이 도움이 될까?

→ 시나리오 계획은 알 수 없는 미래 때문에 불확실한 주제에 관한 토론을 구조화하는 데 도움이 되는가?

■ **기업 관행**: 직원 관리 관행은 협업의 효율성에 큰 영향을 미친다. 이번 장에서 다룬 내용은 다음과 같다. 1) 협업에 의도치 않은 영향을 미칠 수 있는 전략적인 사업 결정 2) 경영 철학 3) 가치 4) 고무적인 비전 5) 경영 관행 6) 수정 관행 7) 목표 공유 8) 조직 구조 9) 경영진의 협업 방법(10장)

→ 여러분의 회사에서는 특정 관점에서는 합리적이지만 성공적인 협업에 부정적인 영향을 미치는 전략이나 관행이 실행되고 있는가? 그렇다면 리더들은 이 부정적인 영향을 인지하고 있는가?

→ 실리콘밸리의 경영 철학, 가치, 경영 관행, 인력 관리 전략 및 수정 전략 사례 중 여러분이 협업을 강화하도록 돕는 데 이용할 수 있는 사례가 있는가?

→ 여러분의 기업에서는 협업하는 팀 간에 공통의 목표가 수립되어 있는가?

→ 여러분의 기업 구조 중 직원들의 협업을 용이하게 만드는 부분은 무엇이며 직원들의 협업을 저해하는 부분은 무엇

인가?

→ 경영진은 성공적인 협업의 모범사례가 되고 있는가?

- **직원 인센티브**: 금전적인 인센티브는 직원들이 집중적으로 수행하는 특정 활동에 대해 보상을 제공한다.(11장)

  → 여러분의 회사에서 시행 중인 인센티브 제도는 직원들이 열심히 일하고 뛰어난 성과를 달성하도록 장려하는가?

  → 여러분의 회사에서 제공하는 보상금, 상여금을 비롯한 기타 금전적·비금전적 보상은 협업을 강화하는가?

  → 여러분의 회사에서 실행 중인 인센티브 제도가 협력적인 문화를 창조하겠다는 목표를 달성하는 데 부족한 부분이 무엇일까?

- **상호 접근성**: 직원들은 서로에게 손쉽게 접근할 수 있어야 한다. 여기에 포함되는 내용은 다음과 같다. 1) 물리적인 업무 공간 2) 지리적 거리를 극복하기 위한 조치 3) 재택근무(12장)

  → 여러분의 회사에서 업무 공간은 생산성과 편안함을 극대화하도록 설계되었는가? 직원들 간의 협업을 장려하도록 공간이 설계되었는가? 실리콘밸리 기업들의 경험을 여러분의 회사에 적용할 수 있는가? 직원들이 업무 공간 설계에 참여하는가?

  → 여러분의 회사에서는 함께 일해야 하는 직원들 간에 지리적 거리가 존재하는가? 리더들은 이 거리를 인정하며 다양

한 곳에 위치한 직원들 간의 협업을 돕기 위해 조치를 취하고 있는가? 그들이 취할 수 있는 추가 조치가 있을까?

→ 여러분의 회사는 재택근무를 허락하는가? 재택근무하는 직원들은 필요할 때 동료들과 일할 수 있는가? 현 정책이 변경될 경우 여러분의 회사에 이로울까?

- **협업 신조**: 이 장에서는 최고의 기업들이 자사의 문화가 반영된 독특한 협업 신조를 구축한 방법을 살펴보았다(13장).

  → 여러분의 회사는 협업 신조를 갖추고 있는가? 그렇다면 잠시 시간을 갖고 그것을 기술해보자. 그렇지 않다면 자사만의 협업 신조를 수립하는 데 도움이 되는 방법이 존재하는가?

  → 여러분의 회사에서 리더들은 직원이 자신을 여러 팀의 구성원으로 보도록 장려하는가? 여러분은 이번 장에서 제안한 '우리' 대 '그들' 실험을 해보았는가? 결과는 어떠한가?

시간을 갖고 이 질문들에 답해보자. 이 답에서 찾아볼 수 있는 핵심 주제를 요약해보자. 여러분의 회사가 잘하고 있는 부분은 무엇인가? 부족한 부분은 무엇인가? 여러분의 기업에 대한 중립적이고 정확한 문서를 작성하라.

이제 관리자를 만나 이 내용을 공유할 차례다. 여러분과 관리자 둘 다 협업 증진 방안에 관해 다른 직원들과 얘기를 나눌 필요가 있다고 생각할 경우 추가 활동을 실시하기 바란다. 협업의 가치를 인식하고 있는 직원들을 모아 소규모 팀을 만드는 것이다. 이 팀은 여러분의 이야기를 뒷받침하는 수단이 될 수 있다. 팀원 모두에게 이 책을 읽으라고 요청하라. 그 다음에는 직원들 모두의 생각을 모아 경영진에게 보여줄 최종 보고서를 작성한다. 다양한 팀원들과 여러 직책의 관점이 반영된다면 보고서의 설득력이 높아질 것이다.

이 작업을 진행하는 데 도움이 필요하다면 내가 운영하는 컨설팅 회사 크리티컬 체인지로 언제든 연락하기 바란다.

끝으로, 조직문화의 현 상태에 대한 광범위한 피드백을 얻기 위해 직원 설문조사를 실시하고자 하는 이들을 위해 설문조사지를 공유하겠다.

▎협업 상태를 평가하기 위한 직원 설문조사

이 설문조사는 직원 개개인의 협업에 대한 인식을 확고히 하는 데 사용될 수 있으며, 팀원 개개인이 팀 내 혹은 기업 전체의 협업 상태를 평가하기 위해 사용할 수도 있다. 모든 직원이 이 설문조사를 마치면 기업의 협업 문화를 종합적으로 보여주는 스냅사진을 만들 수 있을 것이다.

설문조사에 답하는 직원을 위한 안내의 말

이 설문조사에는 개인적인 견해를 바탕으로 평가를 요청하는 질문도 있고 대부분의 직원이 느끼는 것이나 기업의 관점을 바탕으로 평가를 요청하는 질문도 있다. 물론 우리는 다른 이들의 감정을 확실히 알 수 없다. 따라서 그들이 느끼는 감정이나 기업의 관점에 대한 여러분의 생각을 답하면 된다.

1부터 5까지 등급을 매기기 바란다(1은 절대로 그렇지 않다, 2는 거의 그렇지 않다, 3은 가끔 그렇다, 4는 대부분 그렇다, 5는 늘 그렇다).

자, 이제부터 다음의 64개 질문에 대한 여러분의 평가를 별도의 답안지에 기록해보자.

개인의 역량

A. 자신에게 충실하기

1. 나는 내 가치를 알고 있으며 업무에 반영한다.

2. 나의 현재 직책은 내가 업무상 목표를 향해 나아가는 데 도움이 된다.

3. 나는 내 견해를 신중하고 사려 깊게 밝힐 수 있다.

4. 나는 내 감정이 어떻게 행동으로 이어지는지 잘 알고 있다.

5. 나는 적정한 시기에 적정한 방식으로 내 감정을 표출한다.

6. 나는 감정에 휘둘리지 않으며 감정을 다스릴 줄 안다.

B. 타인에게 충실하기

7. 나는 다른 동료들과 공통점이 많다.

8. 나는 다른 이들의 감정을 이해하기 위해 노력한다.

9. 내가 속한 조직에서는 다른 이들을 돕는 것이 장려된다.

10. 우리는 의견의 불일치를 다양한 생각을 살펴볼 수 있는 기회로 여기며 그것을 개인적으로 받아들이지 않는다.

11. 직원들은 자신의 업무에서 벗어나 타인에게 도움의 손길을 내밀며 그들의 목표 달성에 기여한다.

12. 직원들은 양질의 업무를 수행하는 데 전념한다.

C. 업무에 충실하기

13. 우리는 프로젝트의 문제를 우리 자신의 문제로 본다.

14. 직원들은 나은 업무방식을 찾기 위해 새로운 지식을 습득하며 이 지식을 활용한다.

15. 우리는 정기적으로 다른 이들이 공유한 생각을 채택한다.

16. 우리는 고객의 니즈를 파악한다.

17. 우리는 유연하며 새로운 상황에 적응하려고 한다.

18. 정보는 비밀 정보망이 아니라 적정한 경로를 통해 전달된다.

19. 우리 팀과 협업하는 팀 간에 의사소통이 잘 이루어진다.

20. 우선과제를 고려할 때 우리는 어떠한 결정이 중요한지 잘 알고 있다.

21. 특정 결정에 대한 책임자가 명확하다.

22. 우리는 우선과제를 달성하기 위해 긴밀히 협업해야 하는 대상을 잘 알고 있다.

D. 회사에 충실하기

23. 나는 내 업무가 기업의 목표 달성에 어떻게 기여하는지 잘 알고 있다.

24. 이 회사에서 발생하는 일은 나에게 중요하다.

25. 직원들은 이 기업에서 일하는 것을 자랑스럽게 생각한다.

26. 직원들은 이 기업의 방향과 전략에 전념한다.

27. 직원들은 자신이 속한 팀을 위한 최선과 기업 전체를 위한 최선 중 선택을 해야 할 경우 후자의 방향을 택한다.

28. 직원들은 상황 변화에 유연하게 대처한다.

29. 지도자들은 직원들에게 비밀 정보를 공유함으로써 직원들을 향한 신뢰를 보여준다.

팀 도구

E. 팀 도구

30. 직원들은 정보를 개방적으로 공유한다.

31. 직원들은 동료들로부터 아이디어를 얻는다.

32. 직원들은 자신의 생각을 솔직하고 개방적으로 밝힐 것을 서로

에게 권유한다.

33.. 견해의 차이는 다양한 생각을 살펴보고 더 나은 결정을 내리는 데 사용된다.

34. 직원들은 다른 이들이 하는 말을 주의 깊게 듣는다.

35. 우리는 효과적인 업무를 가능하게 하는 절차와 도구를 갖추고 있다.

36. 우리는 프로젝트의 지침이 되는 다목적 절차를 갖추고 있다.

37. 협업하는 팀들 간에 책임과 업무 할당이 확실하다.

기업 관행

F. 경영 관행

38. 조직의 리더들은 직원들이 기업이 당면한 가장 큰 문제를 이해하도록 돕는다.

39. 경영진은 직원들을 신뢰하며 관련 정보와 생각을 공유한다.

40. 직원들은 자신의 업무와 관련된 수많은 의사결정에 참여하거나 결정을 내리는 이들에게 의견을 제공한다.

41. 이 조직의 경영진은 한 팀으로 협업한다.

42. 관리자는 직원들의 협업을 장려한다.

43. 경영진과 비경영진은 서로 협업한다.

44. 직원들은 업무와 관련된 피드백을 정기적으로 받는다.

45. 관리자는 낮은 업무 성과를 적절히 해결한다.

46. 협업하는 팀들은 공통의 목표와 성과 측정 기준을 지니고 있다.

47. 직원들은 경영신이 공정한 대우를 해줄 거라 믿는다.

G. 직원 인센티브

48. 나는 관리자가 내 업무를 평가하는 방식을 알고 있다.

49. 이 기업에서는 훌륭한 업무를 보상해준다.

50. 직원들은 동료들과 얼마나 잘 협업했는지에 따라 보상받는다.

51. 직원들은 자신이 소속된 팀뿐만 아니라 다른 팀의 성과에 따라서도 보상받는다.

52. 지난 90일 동안 나는 훌륭한 업무를 인정받았으며 칭찬받았다.

53. 내가 업무에 쏟아 부은 노력이 월급에 반영된다.

54. 이 조직에서 승진은 공정하게 이루어진다.

H. 상호 접근성

55. 필요할 때 쉽게 동료들을 찾아 협업할 수 있다.

56. 기술적인 도구 덕분에 물리적으로 동일한 곳에 위치하지 않은 이들과도 쉽게 협업할 수 있다.

57. 직원들이 시간을 보내고 싶게 만들며 최고의 업무 성과를 달성하도록 장려하는 편안한 환경이 조성되어 있다.

58. 이 기업의 재택근무 정책은 합리적이다.

I. 기타

59. 직원들은 자신이 속한 팀뿐만 아니라 다른 팀에도 소속감을 느낀다.

60. 누가 아이디어를 제안했는지가 아니라 최고의 아이디어를 선택하는 것이 중요하다.

61. 나는 이 회사의 중요한 일원이다.

62. 우리 회사에서는 적합한 직원들이 올바른 일을 수행한다.

63. 우리가 이곳에서 수행하는 업무는 중요하다.

64. 우리 회사는 협업 신조를 갖추고 있다.

64개의 질문에 대한 여러분의 답을 점검하기 바란다. 4점 이하의 점수를 준 항목을 눈여겨보라. 개선한다면 기업의 협업 문화를 증진시킬 수 있는 부분이다.

이제 여러분의 대답을 합칠 차례다.

- A항목에 대한 점수를 전부 합친 뒤 6으로 나눈다. 평균 점수를 답안지에 적는다.
- B항목에 대한 점수를 전부 합친 뒤 6으로 나눈다. 평균 점수를 답안지에 적는다.
- C항목에 대한 점수를 전부 합친 뒤 10으로 나눈다. 평균 점수를 답안지에 적는다.

- D항목에 대한 점수를 전부 합친 뒤 7로 나눈다. 평균 점수를 답안지에 적는다.

- E항목에 대한 점수를 전부 합친 뒤 8로 나눈다. 평균 점수를 답안지에 적는다.

- F항목에 대한 점수를 전부 합친 뒤 10으로 나눈다. 평균 점수를 답안지에 적는다.

- G항목에 대한 점수를 전부 합친 뒤 7로 나눈다. 평균 점수를 답안지에 적는다.

- H항목에 대한 점수를 전부 합친 뒤 4로 나눈다. 평균 점수를 답안지에 적는다.

- I항목에 대한 점수를 전부 합친 뒤 6으로 나눈다. 평균 점수를 답안지에 적는다.

여러분이 4점 이하를 준 항목을 살펴본다. 더 나은 협업을 꾀하려면 이 부분부터 개선하면 된다. 4점 이하의 항목을 개선하려고 노력하는 것은 그 분야에서 변화를 추구한다는 의미일 수 있다. 혹은 리더들이 왜 이 시기에 그 부분이 그렇게 수행되어야 하는지 직원들에게 더 잘 설명해야 함을 의미할 수도 있다(맥락을 설정한다는 것이 바로 그런 의미다).

설문조사 결과를 분석하는 데 도움을 받고 싶으면 크리티컬 체인지로 언제든 연락하기 바란다.

| 덧붙이는 글

이로써 우리의 여정이 끝났다. 여러분의 회사가 (직원들의 협업 결과 놀라운 성과를 달성하는) 마법과도 같은 공간으로 탈바꿈하는 데 기여하는 여러분의 여정이 이제 막 시작되었기를 바란다.

여러분은 변화를 가져올 수 있다. 부디 이 과정을 즐기기 바란다. 이제 여러분은 새로운 마음가짐으로 협업을 추구하는 데 기여하기 위해 필요한 도구를 갖추었다. 여러분의 회사도 차세대 구글이 될 수 있다. 혹은 차세대 골든스테이트 워리어스가 될 수 있다. 여러분의 회가가 무엇을 추구하든 여러분을 응원한다.

| 감사의 글

이 책을 쓴 건 나지만 이 책이 탄생하기까지 수많은 협업이 이루어 졌다. 이 책은 스물여덟 명의 실리콘밸리 기업가 덕분에 탄생할 수 있었다. 이 책에서 다루는 협업의 예를 몸소 실행 중인 그들은 시간 을 내어 자신의 생각을 기꺼이 공유해주었다. 그들의 도움이 없었 다면 이처럼 훌륭한 책이 나오지 못했을 것이다. 내가 기업가들을 인터뷰할 수 있도록 적극 도와준 마이크로소프트의 마이크 글래스 와 메리트리소스그룹의 앤 호슬러에게 특히 감사를 전한다. 그들은 온갖 인맥을 동원해 협업의 전형적인 사례를 보여주는 리더들과 나 를 연결해주었다. 그 과정에서 협업의 의미를 몸소 입증해 보여주기 도 했다.

이 책을 집필하는 데 큰 도움을 준 동료와 친구들도 잊을 수 없 다. 유명 작가 루스 나단은 우리가 신체를 통해 마음을 단련하듯 개략적인 이론을 실질적인 개념으로 발전시키는 데 도움을 주었다. 게일 펑거는 전문 자문관으로, 그의 조언 덕분에 나는 내 생각을 시 험하고 구체화할 수 있었다. 존 미드겔리는 아방가르드 지도자 입 장에서 소중한 견해를 제공해주었고 에일린 조르나우는 내 생각을 생생한 이야기로 바꾸는 데 큰 도움이 되었다. 척 프리든베르그는 수년간 나의 조언자로서 내 곁을 지켜주고 있으며 이 책의 초안에 대한 그의 견해는 내가 생각을 구체화하는 데 큰 도움이 되었다. 내 책을 기꺼이 출간하겠다는 출판사를 생각보다 빠르게 찾아준 에이전트 마를린 알렌에게도 감사를 전한다. 내 생각을 믿어주고 이 책의 출간에 도움을 준 커리어 프레스 팀에게도 감사를 표하고 싶다.

로잘린드 워렌은 훌륭한 작가이자 탁월한 편집자다. 그녀를 단순히 내 책의 편집자라 부른다면 이 책의 최종본이 나오기까지 그녀가 맡은 역할을 지나치게 과소평가하는 것이다. 그녀는 전문가답게 이 모든 여정을 이끌었다. 하지만 내 남편 그레이그 스피처는 전문가가 아니었다. 그는 이 책을 계약하기 위해 내가 얼마나 많은 노력을 기울였는지 (나보다도 더 잘) 알았다. 하지만 이 책의 계약이 자신의 인생에 얼마나 큰 영향을 미칠지는 몰랐을 것이다. 남편은 자신의 꿈이 아니었음에도 이 여정에 함께했다. 그뿐 아니라 이 책을 쓰는 매 단계마다 적극적으로 참여했으며 때로는 이 여정을 이끌어나가기도 했다. 남편은 내가 제안한 개념을 현실적으로 적용 가능한 모델로 바꿀 수 있도록 창의력을 발휘했으며 명문장가답게 내 글을 매끄럽고 명확하게 바꾸어주는 등 많은 역할을 해주었다.

이름을 열거하지 못한 다른 이들에게도 큰 도움을 받았다. 이름이 언급되지 않았더라도 이해해주기 바라며 내가 늘 감사해하고 있음을 알아주기 바란다.

주석

서문

1. 실리콘밸리 경쟁력 및 혁신 프로젝트, 18.

2. 상동, 15–17.

3. 아발로스, "실리콘밸리 혁신 경제, 미국에서 정상의 자리에 서 있지만 하락이 머지않았다."

4. 스니브, "이것이 캘리포니아의 대규모 경제가 굴러가는 모습이다."

1장

1. 링크드인 기업, "우리에 관하여"

2. 워드, "혁신과 협업은 새로운 다이내믹 듀오다."

3. 크로스, 마틴, 웨이스, "직원 협업의 가치를 그리다.", 29–30.

4. 라컨티어 미디어 리미티드, "효과적으로 협업하기"

5. 슈라지, "팀은 이제 그만!", 31.

6. 가완디, "빅 메드"

7. 어소시에이티드 프레스, "애플, 거의 3년 만에 신제품 출시하다."

2장

1. 설리반, "여섯 가지 경영 교훈"

2. 미국 통계국, "100대 대도시: 1850"

3. 부댕 베이커리, "우리 이야기"

4. 레비 스트라우스 앤 코, "우리 이야기"

5. J.M. 스머커 컴퍼니, "폴저스 이야기"

6. 위키피디아, "샌프란시스코"

4장

1. 시카라와 반 바벨, "팀 관계의 신경과학"

5장

1. 조셉, "당신 자신에게 충실하기"

2. 트레이시, "자신감의 힘", 6–7.

3. 조셉, "당신 자신에게 충실하기"

4. 트레이시, "자신감의 힘", 35.

5. 트라우고, "목표 달성하기"

6. 브래드베리와 그리브스, 《감정지능 요약본(The Emotional Intelligence Quick Book)》, 121.

7. 코스마이드와 토비, "진화 심리: 입문"

8. 체르니스와 골만, 《감정지능적인 업무 공간(The Emotional Intelligence Workplace)》, 15.

9. 파커와 해켓, "강렬한 장소와 순간", 24.

10. 나는 해봤다 블로그, "구글의 불문율"

11. 아이작스, 《대화와 공동 사고의 기술(dialog and the art of thinking together)》, 17.

12. 상동

13. 에릭슨 인터내셔널, "헌신은 약속을 바꾼다."

14. 웨그너, "마크 저커버그는 페이스북의 비밀을 공유한다."

15. 인용 조사 전문 사이트, 쿼트인베스티케이터 닷컴에 따르면 이 말을 처음 한 사람은 덴마크 정치인, 칼 크리스티안 스테인케였다. 그는 1948년에 출간한 자서전 4권에서 이렇게 밝혔다(http://quoteinvestigator.com/2013/10/20/no-predict/).

6장

1. 이 단계는 브라이언 트레이시의 "자신감의 힘", 인텐셔널 워크플레이스의 "자신의 가치를 실천하다."에서 얻은 아이디어를 비롯해 내가 지난 수년 동안 여러 기업과 지도자, 직원들이 자신의 가치를 확실히 알 수 있도록 도우면서 사용한 팀을 통합한 것이다.

2. TSNE 미션웍스, "충돌을 해결하는 첫 번째 단계"

3. 브래드베리와 그리브스, 《감정지능 요약본(The Emotional Intelligence Quick

Book)》

4. 유리, "No를 극복하는 협상법"

7장

1. 베네트, "앎: 전쟁의 기술", 3.
2. 상동
3. 상동, 5.
4. 엘보우, 《반대 수용하기(Embracing Contraries)》
5. 슈라지, "마음 공유", 34.

8장

1. 케비스 테크놀로지 컨설팅, "우리는 왜 절차를 싫어하는가."
2. 디지트, "우리는 왜 절차를 싫어하는가."
3. 애자일 얼라이언스, "애자일 소프트웨어 개발을 위한 성명서"
4. 애자일 얼라이언스, "열두 가지 원칙"
5. 애자일 얼라이언스, "애자일 용어사전"
6. 린 앤터프라이즈를 위한 SAFe, "린−애자일 지도자들"
7. 야트제크, "애자일의 범위 추가를 제어하는 방법"

9장

1. 인용의 출처에 대한 구체적인 토론은 http://quoteinvestigator.com/2014/05/22/
   solve/ 참고, 2017년, 8월 2일에 접속.
2. 리즈, 《똑똑한 질문(Smart Questions)》, 21.
3. 상동, 27.
4. 슈와츠, 《미래를 읽는 기술》

12장

1. 스튜어트, "구글의 혜택에서 교훈을 찾다."
2. 상동

3. 상동

4. 파커와 해켓, "강렬한 장소와 순간", 24.

5. 전략+사업, "직원들의 뇌는 직접 만나 대화하는 시간이 필요하다."

13장

1. 슬레이터, "워리어스, 챔피언 결정전에서 3년 연속 승리하다."

2. 슬레이터, "사고의 고리"

3. 아믹, "워리어스의 드레이먼드 그린"

4. 상동

5. 슬레이터, "워리어스, 챔피언 결정전에서 3년 연속 승리하다."

6. 안드레의 경기 통계는 베스킷볼 레퍼런스 참고, 2014–2017 연봉에 관한 정보는 영의 "안드레 이궈달라" 참고.

7. 월스, "안드레 이궈달라, 워리어스"

8. 카와카미, "결승전 2차전의 승리는 커 효과다."

9. 상동

10. 혼다, "워리어스의 스티브 커 감독"

11. 상동

12. 상동

13. 키카라와 밴 바벨, "팀 관계의 신경과학", 246–252.

14. 스미스, "정체성에 기인한 충돌", 153.

15. 프래트와 포어맨, "관리 반응 분류하기", 18.

16. 맥퀄런, 리히트, 리히트, "정체성 구조와 생활 만족도", 65.

14장

1. 머지, "협업은 왜 중요한가?"

2. 헤이든, "협업이 여전히 중요한가?"

| 참고문헌

애자일 얼라이언스. "애자일 용어사전", www.agilealliance.org/glossary

애자일 얼라이언스. "애자일 소프트웨어 개발을 위한 성명서, 2017년 7월 6일에 접속, www.agilealliance.org/agile101/the-agile-manifesto/

애자일 얼라이언스. "애자일 성명서의 열두 가지 원칙, 2017년 7월 6일에 접속, www.agilealliance.org/agile101/12-principles-behind-the-agile-manifesto/

루이스 알트만. "직장에서 자신의 가치 실천하기", 인텐셔널 워크플레이스, 2010년 11월 18일, http://intentionalworkplace.com/2010/11/18/living-your-values-at-work/

샘 아믹. "워리어스의 드레이먼드 그린: 작년 결승전의 출전금지는 '나에게 경종이 되었다.'", USA 투데이 스포츠, 2017년 6월 4일.

어소시에이티드 프레스. "애플, 거의 3년 만에 신제품 출시하다.", 〈뉴욕포스트〉, 2017년 6월 6일, 2017년 7월 6일에 접속, nypost.com/2017/06/06/apple-unveils-first-new-gadget-in-nearly-3-years/

조지 아발로스. "실리콘밸리 혁신 경제, 미국에서 정상의 자리에 서 있지만 하락이 머지않았다." 산 호제 머큐리 뉴스, 2016년 3월 2일, 2016년 8월 16일에 업데이트, www.mercurynews.com/2016/03/02/silicon-valley-innovation-economy-tops-u-s-but-perils-loom/

베스킷볼 레퍼런스. "안드레 이궈달라", 2017년 8월 2일에 마지막으로 접속, www.basketball-reference.com/players/i/iguodan01.html.

알렉스 베네트. "앎: 전쟁의 기술(2000)", ResearchGate.net, 2017년 8월 2일에 마지막으로 접속, www.researchgate.net/profile/Alex_Bennet/publication/275522457_Knowing_The_Art_of_War_2000/links/553e976d0cf294deef7174d0.pdf?inViewer=0&pdfJsDownload=0&origin=publication_detail

부댕 베이커리. "우리 이야기" 2017년 7월 6일에 접속, http://boudinbakery.com/our-story/#more

트레비스 브레드베리와 진 그리브스. 《감정지능 요약본(The Emotional Intelligence Quick Book)》, 뉴욕: 파이어사이드, 2005년

캐리 체르니스와 다니엘 골먼 편집. 《감정지능적인 업무 공간(Emotionally Intelligent Workplace)》, 샌프란시스코: 조시-바스, 2001년

미나 치카라와 재이 J. 반 바벨. "팀 관계의 신경과학: 통합 검토" 심리학 조망, 9 no. 3(2014): 245-274.

레다 코스마이드와 존 토비. "진화 심리학: 입문", 산타 바바라, 캘리포니아 대학 진화 심리학 센터, 2017년 8월 1일에 접속. www.cep.ucsb.edu/primer/html.

로버트 크로스 L., 로저스 D. 마틴, 레이 M. 웨이스. "직원 협업의 가치를 그리다.", 〈맥킨지 쿼터리〉, 3(2006): 29-30.

디지트. "우리는 왜 절차를 싫어하는가?", 애자일 ALM, 2012년 9월 10일, 2007년 7월 6일에 접속. www.digite.com/blog/why-we-hate-process/

샬롯 딜론. "구글의 팀 협업 관련 불문율", 나는 해봤다 블로그, 2016년 4월 5일, http://blog.idonethis.com/google-team-collaboration/

피터 엘보우. 《반대 수용하기: 학습과 가르침 연구(Embracing Contraries: Explorations in learning and teaching)》, 뉴욕: 옥스퍼드 대학교 출판부, 1986

에릭슨 인터내셔널. "헌신은 약속을 현실로 바꾼다!", 테레지아 라로끄 블로그 글, 2012년 7월 3일, http://erickson.edu/blog/commitment-transforms-a-promise-into-reality

아툴 가완디. "빅 메드", 〈뉴요커〉, 2012년 8월 13일, www.newyorker.com/magazine/2012/08/13/big-med.

밥 그린. "충돌을 해결하는 첫 단계: '발코니로 나가기'", TSNE 미션웍스, 2014년 2월 14일, http ://tsne.org/blog/first-step-resolving-conflict-go-balcony.

제프 헤이든. "협업은 여전히 성공의 주요 요소인가?" Inc, 2014년 2월 14일, www.inc.com/jeff-haden/is-collaboration-still-a-key-to-success.html.

댄 혼다. "워리어스의 스티브 커 코치는 리더십을 믿으며 리더십이 부족한 회장을 비판한다.", 〈이스트 배이 타임즈〉, 2017년 2월 19일.

윌리엄 아이작스. 《대화와 공동 사고의 기술: 사업과 인생에서 의사소통을 위한 혁신적인 방법(Dialog and the art of thinking together: A pioneering approach to communication in business and in life)》, 뉴욕: 큐런시, 1999.

J. M. 스머커 컴퍼니. "폴저스 이야기" 2017년 7월 6일에 접속, www.folgerscoffee. com/our-story/history.

스테판 조셉. "당신 자신에게 충실하기", 〈사이콜로지 투데이〉, 2013년 4월 11일, www.psychologytoday.com/blog/what-doesnt-kill-us/201304/thin-own-self-be-true.

카비스 테크놀로지 컨설팅. "우리는 절차를 왜 그렇게 싫어할까?", 2017년 8월 2일에 접속, www.kavistechnology.com/blog/why-do-we-hate-process-so-much-anyways/

팀 카와카미. "결승전 2차전의 승리는 커 효과다.", 〈이스트 배이 타임즈〉, 2017년 6월 5일.

도로시 리즈, 《똑똑한 질문: 성공적인 관리자를 위한 새로운 전략(Smart Questions: A new strategy for successful managers)》, 뉴욕: 버클리 퍼블리싱 그룹, 1988.

레비 스트라우스 앤 코. "우리 이야기", 2017년 7월 6일 접속, www.levistrauss. com/our-story/

링크드인 코퍼레이션. "우리에 관하여", 2017년 5월 31일, http://press.linkedin. com/about-linkedin.

에릭 J. 맥널티. "직원들의 뇌는 직접 만나 대화하는 시간이 필요하다.", 전략+사업, 2016년 12월 12일, www.strategy-business.com/blog/Your-Peoples-Brains-Need-Face-Time?gko=31bdc

A. D. 맥퀄런, M.H. 리히트, B. G. 리히트, "정체성 구조와 만년의 생활 만족도", 기초 및 응용 사회 심리학, 23 no. 1(2001): 65-72.

밥 머지. "협업이 성공에 중요한 이유", 패스트 컴퍼니, 2014년 1월 2일, www. fastcompany.com/3024246/why-collaboration-is-crucual-to-success

존 N. 파커와 에드워드 J. 해켓. "과학적인 협업과 사회적 운동의 강렬한 장소 및 순간", 미국 사회학 회보, 77 vol.1(2012): 21-44.

M. G. 프렛과 P. O. 포어맨. "다수의 조직 정체성에 대한 관리 반응 분류하기", 경영 아카데미 리뷰, 25 vol.1(2000): 18-42.

라컨티어 미디어 리미티드. "효과적으로 협업하기: 직장 내 협업과 혁신에 관한 연구", 2017년 5월 31일에 접속, www.raconteur.net/working-better-together.

린 엔터프라이즈를 위한 SAFe. "린-애자일 지도자" 2017년 7월 6일에 접속, www.scaledaileframework.com/lean-agile-leaders.

"샌프란시스코", 위키피디아, 2017년 7월 6일에 접속, http://en.wikipedia.org/wiki/San_Francisco.

마이클 슈라지. 《팀은 더 이상 없다! 창의적인 협업의 역동성 마스터하기(No More Teams! Mastering the Dynamics of Creative Collaboration)》, 뉴욕: 더블데이, 1995.

_.《마음 공유: 협업이라는 신기술(Shared Minds: The New Technologies of Collaboration)》, 뉴욕: 랜덤 하우스, 1990.

피터 슈와츠 《미래를 읽는 기술》, 뉴욕: 크라운 비즈니스, 19196.

애덤 시친스키. "목표 수립 절차의 첫 번째 단계 나누기", 아이큐 매트릭스, 2017년 7월 6일 접속, http://blog.iqimatrix.com/goal-setting-process

실리콘밸리 경쟁력 및 혁신 프로젝트(SVCIP). "실리콘밸리 경쟁력 및 혁신 프로젝트-2017 보고서", 2017년 5월 31일에 접속, http://svcip.com/files/SVCIP_2017.pdf

앤서니 슬레이터. "워리어스, 챔피언 결정전에서 3년 연속 승리하다.", 〈이스트 배이 타임즈〉, 2017년 6월 18일.

_. "사고의 고리, 그린, 벨에게 충고하다.", 〈이스트 배이 타임즈〉, 2017년 6월 24일.

L. F. 스미스. "정체성에 기인한 충돌: 체계적인 접근", 협상 저널, 18 vol.2(2002): 147-161.

커트 스니브, "이것이 캘리포니아의 대규모 경제가 굴러가는 모습이다", 배이 지역 뉴스 그룹, 2017년 2월 10일, www.siliconvalley.com/2017/02/10/heres-how-big-californias-economy-really-is/

제임스 B. 스튜어트. "구글의 특혜에서 교훈을 찾다.", 〈뉴욕 타임즈〉, 2013년 3월 15일, www.nytimes.com/2013/03/16/business/at-google-a-place-to-work-and-play.html

존 설리반. "실리콘밸리에서 찾은 여섯 가지 경영 교훈", Ere 미디어, 2013년 11월 4일, 2017년 7월 12일 접속, www.eremedia.com/ere/6-talent-managementlessons-from-the-silicon-valley/

브라이언 트레이시. 《자신감의 힘: 인생의 모든 부분에서 천하무적, 매력적, 용감
해지기(The Power of Self-Confidence: Become unstoppable, irresistible and
unafraid in every area of your life)》, 뉴저지, 호보켄: 존 윌리 앤 선즈 주식회사,
2012.

존 트라우고. "목표 달성하기: 증거를 바탕으로 한 방법", 미시건 주립대학교 익
스텐션, 2014년 8월 26일, http ://msue.anr.msu.edu/news/achieving_your_
goals_an_evidence_based_approach

미국 통계국. "표 8. 100대 대도시의 인구: 1850", www.census.gov/population/
www/documentation/twps0027/tab08.txt

윌리엄 유리. 《No를 극복하는 협상법》, 뉴욕: 펭귄 랜덤 하우스, 1993.

커트 웨그너. "마크 저커버그는 페이스북의 비밀을 전 직원과 공유하며 이 정
보가 유출되는 일은 거의 없다.", 리코드, 2017년 1월 5일, www.recode.
net/2017/1/5/13987714/mark-zuckerberg-facebook-qa-weekly

존 와드. "혁신과 협업은 새로운 다이내믹 듀오다.", 〈포브스〉, 2017년 1월 4일,
www.forbes.com/sites/sap/2017/01/04/innovation-and-collaboration-are-
the-new-dynamic-duo/#7271cbf44c2d

애덤 웰스. "안드레 이궈달라, 워리어스와 연봉 4800만 달러에 3년 계약", 블리처
리포트, 2017년 7월 1일, http://bleacherreport.com/articles/2704611-andre-
iguodala-warriors-reportedly-agree-to-3-year-48-million-contract

엘라나 야트제크. "애자일에서 범위 추가를 통제하는 방법", 쏘우트웍스, 2012년 8
월 14일, 2017년 7월 6일에 접속, www.thoughtworks.com/insights/blog/how-
control-scope-creep-agile

로이스 영. "안드레 이궈달라, 워리어스와 4년 계약", CBS스포츠닷컴, 2013년 7월
5일, www.cbssports.com/nba/new/sandre-iguodala-agrees-to-four-year-
deal-with-the-warriors/s